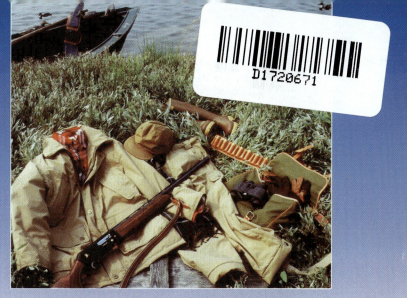

AUTOMATIQUES BERETTA
LES CHAMPIONS DE LA ROBUSTESSE ET DE LA FIABILITE !

De nombreuses fois plébiscités à travers le monde pour leurs qualités et leurs performances, les automatiques BERETTA ont reçu de très nombreuses récompenses et sont même inscrits au «GUINESS BOOK» des records. Le fonctionnement par système d'emprunt de gaz est simple, fiable, d'une très grande efficacité et le meilleur pour une arme semi-automatique.

AL 304
Le A 304, léger et très maniable, est le fusil idéal pour la chasse devant soi ; ses multiples versions de canons lui permettent de s'adapter à tous les types de chasse du petit gibier au grand gibier (tir à balle) et de tirer toutes les cartouches calibre 12 en 67 - 70 mm sans aucun réglage. Le modèle A 304 Luxe présenté existe aussi en version standard.

AL 390
Le A 390 est l'automatique de chasse à emprunt de gaz le plus évolué du marché. Une soupape d'autorégulation est la grande innovation de ce nouveau système qui permet de tirer toutes les cartouches de la 67 mm à la 76 mm (Magnum), de la subsonique à la plus rapide, de la plus légère à la plus lourde charge de plomb (24 g à 57 g).
Elu CIBLE D'OR en 1993, FUSIL DE L'ANNEE aux Etats-Unis en 1994, les chasseurs ne s'y trompent pas, BERETTA est toujours à la pointe de la technologie.
Réalisé en version standard et luxe, ce fusil répond aux exigences des chasseurs qui tirent beaucoup. Il existe également en version tir "Trap, Skeet et Parcours de Chasse". La carcasse a été conçue pour adapter une lunette (type Gabion ou autre).

Système d'emprunt de gaz avec soupape d'autorégulation.

Mobilchokes 3 longueurs, tous les chokages.

Tous ces fusils sont à trois coups, magasin réduit à deux cartouches répondant à la législation en vigueur.
Ils sont proposés dans les longueurs de canon 61, 66, 71, 76, 81 cm Mobilchoke + canon tir à balle.

GIE NobelSport FRANCE BP 83 - 42010 SAINT-ETIENNE CEDEX 2
Documentation et vente chez tous les armuriers qualifiés. Catalogue gratuit sur demande contre 20 F en chèque pour participation aux frais d'envois.

EURO WAY

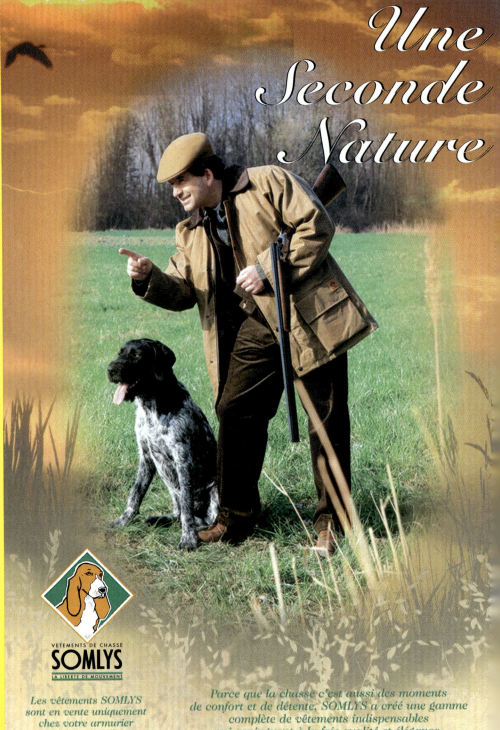

L'INSTANT TUNET PASSIONNEMENT

TUNET
Tradition & Qualité depuis 1933

La chasse est une tradition, la cartouche TUNET aussi ! Depuis plus de 60 ans TUNET est le partenaire des instants privilégiés des chasseurs et des tireurs.
La gamme très diversifiée permet à chacun de trouver la cartouche qui correspond à ses exigences.

CATALOGUE sur demande à : TUNET BP 15 - 31850 MONDOUZIL

AVEC CETTE VIDÉO EN PLUS, LE SUCCÈS À 99 % DE CHANCES (AU MOINS...!)

Un formidable atout supplémentaire pour réussir les épreuves du permis de chasser : un film d'une heure et demie, conçu comme ceux de l'examen. C'est cet « outil » de préparation exceptionnel que vous apporte « La Vidéo de l'examen de chasse » produit, comme le présent livre, par les Editions Chasse-Sports.

Cette vidéo fait davantage que tester vos connaissances :

– Elle est, à elle seule, un cours, car les 60 questions filmées qu'elle comporte sont suivies réponses explicatives qui recouvrent une partie du programme.

– Elle est un plaisir des yeux pour un futur chasseur car les questions sont posées sur scènes de chasse exceptionnelles : celles que nous vous souhaitons de vivre lorsque vous se reçu.

Car, bien sûr, vous serez reçu : en préparant (mais sérieusement... !) l'examen avec « Manuel officiel de l'examen de chasse » et « La Vidéo de l'examen de chasse », vous mettez votre côté 99 % de chances.

« La Vidéo de l'examen de chasse » se trouve, comme le présent livre, en vente chez beauco d'armuriers. Vous pouvez aussi la commander directement à Editions Chasse-Sports.

1 HEURE 30 DE PROJECTION : 195 F

Vous pouvez vous procurer cette cassette en renvoyant le bon de commande ci-dessous à « Editions Chasse-Sports » 28, rue de l'Ermitage – 75020 Paris.

Livraison par retour.

Nom : .... Prénom : ....
Adresse : ....
....

Ci-joint un chèque (ou mandat) de 195 F (frais de port inclus)

c'est une bien petite page pour un grand journal

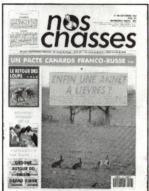

alors, demandez-le grandeur nature...

Adressez le bon ci-dessous (ou sa photocopie) à « Nos Chasses », 28, rue de l'Ermitage, 75020 Paris. Vous recevrez gratuitement les deux derniers numéros parus.

« Nos Chasses », le plaisir de la chasse douze mois par an.

C'est l'équipe de « Nos Chasses » qui a réalisé ce « Manuel » (comme le programme audiovisuel de préparation « Ciné-Chasse » que connaissent beaucoup de candidats). Vous croyez, après cela, que « Nos Chasses » pourrait ne pas être un bon journal... ?

BON GRATUIT

M. _____

Adresse : _____

demande à recevoir gratuitement les deux derniers numéros de « Nos Chasses ».

Les éditeurs expriment leurs vifs remerciements aux spécialistes et chasseurs de grande expérience qui ont bien voulu faire bénéficier ce Manuel de leurs connaissances, conseils, suggestions et critiques. Ils remercient tout particulièrement MM. : Georges Béjot, ancien président de la Région cynégétique de Paris ; Louis Chapet, président de la Fédération des chasseurs d'Eure-et-Loir et président de la Région cynégétique de Paris ; Jack Jenny, docteur en Droit ; Claude Lacoste et Jacques Meyer, armuriers ; Guy Pringalle, ingénieur en chef du Génie rural, des Eaux et des Forêts ; Guy de Saint-Aubin, ingénieur en chef du Génie rural, des Eaux et des Forêts ; Thierry Thuret, ingénieur du Génie rural, des Eaux et des Forêts.

Tous droits de reproduction, de traduction, d'adaptation sous toutes formes et d'exécution réservés pour tous pays.
Copyright 1976 Éditions Chasse Sports, S.A.R.L., Paris.

marc lambert

manuel de l'examen de chasse

cet ouvrage a été agréé par l'office national de la chasse

Il a été tiré de cet ouvrage :
cent cinquante exemplaires hors commerce,
numérotés de 1 à 150,
constituant l'édition originale ;
mille exemplaires numérotés de 151 à 1151.

sommaire

	pages
pourquoi l'examen de chasse	7
organisation de l'examen	8
inscription, convocation	8
programme	9
formation pratique	8

livre 1

que faut-il pour chasser ?	13
le permis de chasser	17
où peut-on chasser ?	19
droit de chasse et droit de chasser	21
les baux de chasse	22
droit de chasser du fermier	21
la chasse maritime	22
où est-il interdit de chasser ?	23
les réserves	25
comment peut-on chasser ?	31
quand peut-on chasser ?	35
jours et heures de chasse	36
temps de neige	37
que peut-on chasser ?	41
les espèces de gibiers	42
les espèces protégées	44
vente, naturalisation	53
infractions et sanctions	56

livre 2

les fusils	61
le calibre	63
les plombs à utiliser	64
les portées	66
les carabines	70
armes et munitions interdites	73
les règles de prudence	77
les ricochets	85
le savoir-chasser	91
la battue	91
chasse à l'approche	95
chasse au gibier d'eau	95

	pages
chasse à courre	97
l'assurance-chasse	100

livre 3

le chasseur et le gibier	103
les actions du chasseur pour le gibier	103
les comptages	106
évolution d'une population de gibier	107
les plans de chasse	108
les plans de gestion	110
le repeuplement	110
le lièvre	113
le lapin	118
le chevreuil	121
le cerf	127
le cerf sika, le daim	132
le sanglier	135
le renard, le blaireau	138
empreintes et voies	140
la perdrix grise	143
la perdrix rouge	150
les colins, la gélinotte	154
la caille, l'alouette	155
le faisan	156
la bécasse	160
les grives, le merle	162
les pigeons, les tourterelles	164
le chamois et l'isard	167
les tétras	171
les autres gibiers de montagne	173
la part du chasseur	175
le gibier d'eau, généralités	177
les oies	179
les canards de surface, généralités	180
le colvert	185
autres canards de surface	189

	pages
les canards plongeurs	191
foulque, poule d'eau, râle	193
les bécassines et apparentés	195
les dégâts de gibier	199

livre 4

les animaux classés « nuisibles », généralités	203
quand et comment détruire les « nuisibles »	204
les espèces généralement classées « nuisibles »	205
les A.C.C.A. et autres associations	209
l'organisation de la chasse	212
le Conseil national de la chasse et l'Office national	212
les Fédérations de chasseurs	213
les gardes	214
les chiens de chasse	217

passez l'examen à blanc

présentation des épreuves	223
épreuves	225
grilles de correction	235

planches couleur

espèces protégées	49 à 52
sachez reconnaître	181
canards de surface	182
canards plongeurs	183
« nuisibles »	184
chiens de chasse	233 et 234

Le premier perdreau (un bon point pour le coup de fusil, mais un mauvais pour les doigts dans l'extrémité des canons).

pourquoi l'examen de chasse ?

L'examen de chasse est obligatoire en France, pour tous les nouveaux chasseurs, depuis 1976. Ceux qui, avant cette date, avaient déjà été titulaires d'un permis de chasse (ou d'une autorisation des Affaires maritimes pour chasser sur le domaine public maritime) ont été dispensés de l'épreuve (1).

> Plusieurs pays européens, notamment l'Allemagne, l'Autriche et la Suisse, nous avaient précédés dans cette voie. La Belgique nous y a accompagnés. L'Italie et l'Espagne vont probablement suivre. La Grande-Bretagne est, pour l'instant, hostile à une telle mesure. Il est cependant probable qu'à court terme, cette dernière s'imposera à tous les pays de la Communauté européenne.

En instituant l'examen, le législateur français a marqué son souci de ne voir accéder à la chasse que des personnes :
– ne constituant pas un danger pour les autres,
– n'imposant pas une gêne aux autres et connaissant, par conséquent, leurs devoirs et la limite de leurs droits,
– conscientes de la rareté du gibier, de son caractère irremplaçable et de la protection qu'il convient de lui apporter pour qu'il subsiste, dans une nature de moins en moins favorable à son développement ou à sa simple présence.

L'homme et l'animal sauvage sont de vieux compagnons. A l'aube du monde, le premier a souvent été victime du second. Puis, peu à peu, il lui a imposé sa loi. Une loi de nécessité quand il s'agissait, pour lui, de se nourrir. Une loi qui, sans renier les origines, doit – maintenant qu'il ne s'agit plus que de sport et que l'animal est menacé – être généreuse et réfléchie. Le gibier est un des plus beaux fleurons de la nature, dont l'homme est l'ultime expression. Il convient de ne porter atteinte à ses rangs que dans le cadre d'une gestion attentive, qui assure les lendemains.

Les trois aspects que doit revêtir l'action de chasse – respect des droits d'autrui, sécurité, connaissance et gestion réfléchie du cheptel gibier – ressortent expressément du programme de l'examen (voir pages suivantes) et définissent les trois grandes divisions de ce manuel.

(1) Le nombre des chasseurs, en France, est d'environ 1.700.000. A titre indicatif : environ 900.000 en Italie, 250.000 en Allemagne, 300.000 en Grande-Bretagne.

organisation de l'examen

Commençons par le commencement : pour passer l'examen du permis de chasser, il faut d'abord s'inscrire...
Trois sessions annuelles sont organisées : en mars, juin et septembre. Un candidat peut s'inscrire à n'importe laquelle des trois. Mais il doit le faire deux mois au moins avant la date de celle qu'il a choisie.
Il peut le faire plus longtemps à l'avance. Par exemple, il peut établir et déposer son dossier dès le mois de janvier pour la session de septembre.

Les « forts en thème » – ceux qui se croient sûrs d'être reçus – choisissent souvent septembre, qui leur laisse le temps d'une ultime révision pendant les vacances. Les moins assurés s'inscrivent dès la première session en sachant que, s'ils échouent, deux chances ultérieures leur seront offertes. Car, en cas d'échec, on peut participer à toutes les sessions qu'on souhaite ; mais en repayant, chaque fois, les droits d'inscription : 100 F en 1995 (jusqu'en 1993 inclus, un candidat ne pouvait se représenter à une seconde session, la même année, que s'il avait obtenu au moins 15 bonnes réponses sur 21 lors de la première ; cette restriction a été annulée).

Les inscriptions s'effectuent dans les mairies (à Paris : à la Préfecture de Police).
Le candidat doit :
– remplir un formulaire qui comporte deux volets : un pour l'examen proprement dit et un pour la formation pratique (voir ci-dessous) ;
– faire établir par sa mairie une fiche d'état-civil attestant de son identité ;
– se procurer des timbres fiscaux pour une somme de 100 F par session ;
– s'il est âgé de moins de 18 ans révolus, faire signer par la personne investie de l'autorité parentale, une autorisation de se présenter ;
– fournir deux enveloppes timbrées à son adresse pour recevoir les convocations à la formation pratique puis à l'examen lui-même.
Il envoie le tout, en recommandé, à la Préfecture et... il attend.

Il suffit qu'un candidat ait 15 ans révolus à la date de son inscription pour pouvoir passer l'examen et recevoir son permis s'il est admis. Mais, même s'il est reçu, il ne pourra demander le visa annuel de son permis et, par conséquent, chasser réellement, qu'à partir de 16 ans révolus.
Lorsque le candidat déclare qu'il aura une autre résidence au moment de l'examen, il peut demander à passer celui-ci dans un autre département.

LA FORMATION PRATIQUE

L'étape suivante est celle de la formation pratique.
Le candidat y est convoqué sous l'une des deux enveloppes qui faisaient partie de son dossier. La formation pratique a lieu environ un mois avant l'examen lui-même. Elle porte notamment sur la connaissance, le maniement des armes et des munitions ainsi que sur les règles de sécurité. Elle ne donne pas lieu à notation. Mais on ne peut se présenter à l'examen si on ne l'a pas suivie.
Elle est assurée par les Fédérations départementales de chasseurs qui l'organisent avec l'aide, selon les cas, de gardes nationaux, de lieutenants de Louveterie, d'armuriers, de clubs de ball-trap... Elle comporte des exposés et démonstrations par les moniteurs et une manipulation d'armes, parfois avec tir réel, par les candidats. Les présents reçoivent une « attestation de participation » qu'ils doivent, le jour de l'examen, remettre à l'entrée de la salle. Cette attestation est valable, deux années, dans tous les départements. Un candidat peut donc suivre la formation une année dans un département et se présenter à l'examen, ailleurs, l'année suivante.

21 QUESTIONS

Continuons le cheminement...
Le candidat a reçu, dans la seconde enveloppe de son dossier, une convocation pour les épreuves théoriques de l'examen.
Celui-ci se déroule généralement dans un seul Centre par département.

le programme de l'examen

Le programme de l'examen du permis de chasser comporte les matières suivantes :

I - Connaissance et sauvegarde du gibier et de la faune sauvage.

Reconnaissance des animaux gibier ci-après : cerf, chevreuil, chamois (isard), sanglier, lièvre, lapin, blaireau, perdrix rouge et grise, caille, faisans, bécasse, pigeons, grives, oies, canards, bécassines, autre gibier d'eau et gibier de montagne autorisé. Connaissances élémentaires sur le régime alimentaire naturel, les mœurs et la reproduction de ces animaux, ainsi que sur les dégâts qu'ils peuvent occasionner aux forêts et aux cultures. Notions sur les prélèvements possibles sur le gibier ainsi que sur les repeuplements. Dans les départements d'outre-mer, le programme porte sur le gibier autochtone.

II - Lois et règlements concernant la police de la chasse

Animaux généralement classés nuisibles : renard, belette, putois, fouine, martre, rat musqué, pie, geai, corneille. Espèces protégées. Les territoires de chasse, baux de chasse, définitions du droit de chasse et du droit de chasser. Les réserves de chasse. Les périodes de chasse. La destruction des animaux nuisibles. La chasse maritime. Les modes de chasse : à tir, à courre, à cor et à cri, et au vol. Le permis de chasser : délivrance, visa, validation. L'organisation générale de la chasse en France, le Conseil national de la chasse et de la faune sauvage, l'Office national de la chasse, les Fédérations départementales des chasseurs, les sociétés et associations de chasse, associations communales et intercommunales de chasse agréées, organisation de la garderie et pouvoirs des gardes. Notions sur la réglementation propre aux départements du Bas-Rhin, du Haut-Rhin et de la Moselle. Les armes autorisées et interdites.

III - Emploi des armes et munitions et règles de sécurité

Notions de fonctionnement des fusils et carabines autorisés pour la chasse en France, portées et dangers.

IV - Les chiens de chasse

Notion sur les races, la biologie, le dressage

Soulignons encore (lire page ci-contre) que chaque série de l'examen comporte une question éliminatoire sur la sécurité en action de chasse. A ce sujet, un conseil aux candidats : on ne vous reprochera jamais d'être trop prudents ; donc, si la question comporte plusieurs options entre lesquelles vous devez vous déterminer, choisissez, en règle générale, celle qui assure la sécurité maximum.

Le futur chasseur doit présenter, à l'entrée, sa convocation, l'attestation de participation à la formation pratique et une pièce d'identité avec photographie.
Il reçoit, pour ses réponses aux questions, une carte comportant de petites cases à perforer et un stylet servant aux perforations. Il doit porter son nom sur la carte, à l'encre ou au stylo-bille (crayons exclus).
L'épreuve se déroule dans une salle équipée d'un écran sur lequel apparaissent des séquences filmées servant de base aux interrogations.

Pour chaque question, sont proposées, par la voix enregistrée d'un commentateur, trois réponses : A, B, C. Le candidat perfore la case qu'il croit être la bonne.
S'il a conscience de s'être trompé, il peut corriger son erreur, sur le champ, en utilisant une grille de rattrapage.

L'examen comporte 21 questions. La série de 21 questions est tirée au sort parmi une vingtaine d'autres. Il faut 16 bonnes réponses pour être reçu. Chaque séquence occupe l'écran pendant environ 20 secondes. Ensuite, pendant encore 20 secondes, apparait, en format réduit, une vue fixe se rapportant à la question. C'est pendant ces 20 secondes qu'il convient de perforer la bonne case.

Ce processus parait un peu compliqué mais toutes les explications sont données par le commentateur à travers trois séquences de démonstration.
Un conseil : si une question vous embarasse trop, n'essayez pas, jusqu'à la dernière seconde, d'y répondre. Tant pis si vous perdez un point. Gardez l'esprit libre pour la question suivante.

Sur les 21 questions, environ 7 portent sur la faune et sa gestion ; 6 ou 7 sur la législation et la réglementation ; 6 ou 7 sur les armes et la sécurité ; 1 ou 2 sur les chiens de chasse.
Il est prévu qu'une question relative à la sécurité devienne éliminatoire. Mais ce n'était pas encore le cas lors des sessions de 1994.

Etape suivante : on a merveilleusement bien réussi et on est reçu. La machine qui a corrigé la carte perforée du candidat et qui lui donne la bonne nouvelle, imprime, en outre, sur le champ, le certificat attestant son succès.

Avec ce certificat, le candidat va demander son permis de chasser à la préfecture de son département ou à sa mairie. Outre le certificat, il doit présenter ou fournir, à cette occasion : un document d'identité officiel (carte d'identité, passeport, fiche d'état-civil...), un document attestant son domicile (quittance EDF, de loyer...), deux photos d'identité. Enfin, il paie une taxe d'Etat (200 F en 1993) et signe une demande...

Il a aussi le droit de dire « ouf »... en attendant de demander le visa annuel de son beau permis tout neuf (voir chapitre ultérieur).

Formation pratique. Elle est obligatoire mais ne donne pas lieu à notation.

livre 1

devoirs du chasseur à l'égard de la loi

Les devoirs du chasseur sont fixés :
– pour tout le territoire national, par des lois, décrets et arrêtés ;
– dans chaque département, par des arrêtés préfectoraux complétant ou modulant certains de ces textes de portée nationale. Par exemple, un arrêté préfectoral établit chaque année la liste des espèces classées « nuisibles » dans le département (voir le chapitre sur ce sujet), à partir d'une liste maximum nationale ;
Les arrêtés préfectoraux peuvent se consulter dans les mairies.
– dans certaines communes, par des arrêtés municipaux qui, au titre de la sécurité, peuvent limiter l'exercice de la chasse.

> REMARQUES. – De plus en plus, la réglementation de la chasse – et d'abord celle qui s'applique aux espèces migratrices – est fixée au niveau de l'Europe par la Communauté Économique Européenne. Nos décrets et arrêtés ne font plus alors que relayer des « Directives européennes ». Parfois, ils sont en retard sur celles-ci, ou partiellement contradictoires avec elles. Les tribunaux donnent alors la primauté aux « Directives ».
> Dans les départements ex-annexés du Bas-Rhin, du Haut-Rhin et de la Moselle, la chasse est régie par une loi locale. Nous signalerons les principales dispositions de cette loi lorsqu'elles feront exception au droit commun.

que faut-il pour chasser ?

Il faut :

1. ÊTRE TITULAIRE D'UN PERMIS DE CHASSER VISÉ ET VALIDÉ.

Nous verrons plus loin ce qu'est le permis de chasser, et comment on obtient son visa et sa validation.

> *REMARQUE. – Jusqu'à une loi du 10 juillet 1976, le propriétaire d'un terrain « attenant à une habitation et entouré d'une clôture continue faisant obstacle à toute communication avec les héritages voisins et empêchant complètement le passage de l'homme et celui du gibier à poil » pouvait chasser ou faire chasser sur ce terrain sans permis. La loi dont il s'agit, que nous serons amenés à évoquer dans plusieurs chapitres car elle a innové à maints propos, a supprimé cette exception.*

2. AVOIR LE DROIT DE CHASSE OU LE DROIT DE CHASSER SUR UN TERRITOIRE.

Contrairement à une croyance répandue, le permis ne donne pas, par lui-même, le droit de chasser.
Nous verrons plus loin (chapitre : « Où peut-on chasser ? »), comment on peut être titulaire d'un droit de chasse ou posséder un droit de chasser.

	Numéro, date du visa et cachet de l'autorité	Numéro, date du visa et cachet de l'autorité

RÉPUBLIQUE FRANÇAISE

ORIGINAL
gratuit

PERMIS DE CHASSER

DATE

Département de validité :		Département de validité :	

Le présent document ne peut être utilisé sans son volet annuel.

RAPPELS

I

En application du code rural (articles 365 et suivants), il est interdit de chasser :
- sans être porteur d'un permis de chasser visé et validé pour le temps et le lieu considérés ;
- sur le terrain d'autrui sans le consentement du propriétaire ou de ses ayants droit ;
- en un temps ou avec des moyens prohibés par les règlements.

II

Le permis de chasser n'est valable que s'il a été visé par le maire et validé par l'apposition des timbres correspondant aux taxes et aux redevances cynégétiques exigibles pour le lieu et le temps où l'on désire chasser.

Il devra par ailleurs comporter l'indication du ou des départements où le permis pourra être utilisé pendant sa période de validité ; celle-ci débute au 1er juillet de la campagne de chasse et prend fin à la date indiquée sur le timbre.

III

L'apposition du timbre mobile, constatant le paiement de la redevance cynégétique départementale, valide le permis pour le département et les cantons limitrophes.

L'apposition du timbre mobile, constatant le paiement de la redevance cynégétique nationale, valide le permis sur tout le territoire français y compris les départements des Antilles et de la Réunion.

IV

Le permis de chasser doit être présenté à toute réquisition des agents autorisés par la loi.

V

Tout chasseur doit observer les dispositions des arrêtés d'ouverture et de clôture de la chasse ainsi que celles de l'arrêté réglementaire permanent sur la police de la chasse du département.

Le permis de chasser comporte plusieurs volets. Deux contiennent les renseignements d'état-civil du titulaire. D'autres accueillent les visas et timbres de validation. D'autres énoncent des « Rappels ». Dans la section III de ceux-ci (ci-dessus) le mot « cantons » est désormais à remplacer par : communes.

ce qu'il faut savoir du permis

Le permis de chasser s'apparente, à certains égards, au permis de conduire.
Comme lui, il est délivré par le Préfet du domicile du chasseur pour toute la vie de ce dernier, après examen s'il s'agit d'une personne qui n'avait jamais eu de permis de chasse avant 1976. Comme lui, il peut être retiré, pour une période s'étendant jusqu'à cinq ans.
La loi prévoit deux cas de retrait :
a) infractions de chasse
b) accident corporel provoqué par le titulaire.
Le permis de chasser peut être demandé à partir de l'âge de 15 ans révolus (1). C'est alors le père, la mère ou le tuteur du candidat qui établit la demande. A partir de 18 ans révolus, c'est le candidat lui-même.
Le permis de chasser doit être <u>visé</u> et <u>validé</u> chaque année.
Le visa est le fait du maire, qui appose sa signature et le cachet de la mairie sur un des volets.
Le maire ne peut accorder son visa que si le chasseur est <u>assuré</u> contre les accidents de chasse corporels et a acquitté une <u>cotisation fédérale</u> départementale dont le paiement est attesté par un timbre fédéral.
La validation résulte de l'apposition, sur un des volets, du ou des timbres d'État correspondant au paiement de redevances annuelles. Ces timbres sont à acquérir chez le percepteur. Certaines mairies les procurent aux administrés.
Il existe une <u>validation départementale</u> qui donne le droit de pratiquer dans un département et les communes limitrophes et une <u>validation nationale</u> qui donne ce droit dans toute la France.
Une validation supplémentaire, concrétisée par un timbre « gibier d'eau » (chez le percepteur), est nécessaire pour chasser le gibier d'eau :
– en zone maritime (voir chapitre « Où peut-on chasser ? ») en tout temps d'ouverture ;

(1) Mais le visa et la validation ne sont obtenus qu'à partir de 16 ans révolus, En sorte que, comme nous l'avons déjà vu à propos de l'organisation de l'examen du permis de chasser, un adolescent peut, entre 15 et 16 ans, être titulaire du permis de chasser sans avoir encore le droit de pratiquer puisque ce droit exige visa et validation.

– ailleurs pendant la période, précédant « l'ouverture générale », où la chasse de ce gibier peut se trouver déjà ouverte.

Par ailleurs, des cotisations supplémentaires (non plus des "validations" d'Etat), également concrétisées par des timbres, sont instituées pour contribuer à la charge des dégâts de sangliers et grands animaux (voir chapitre "Les Dégâts de gibier). Leur régime change fréquemment, en fonction des besoins.

Le schéma ci-dessous indique la suite des démarches à effectuer pour obtenir un permis de chasser et le faire viser et valider chaque année.

EXAMEN DE CHASSE
Sauf pour les chasseurs ayant déjà été titulaires, avant 1976, d'un permis de chasse ou d'une autorisation délivrée par l'Administration des Affaires maritimes aux inscrits matitimes (pêcheurs professionnels, ostréiculteurs, mytiliculteurs). L'examen de chasse donne lieu au paiement d'un droit par le candidat.

DEMANDE DE PERMIS DE CHASSER
A remplir à la préfecture ou à la mairie du domicile.
L'établissement du permis de chasser donne lieu au paiement d'un droit pour les personnes n'ayant pas été titulaires d'un permis de chasse avant 1976.

PERMIS DE CHASSER

Souscription (prouvée par une attestation) d'une assurance contre les accidents corporels de chasse.

Paiement (attesté par un timbre) d'une cotisation annuelle à la Fédération des chasseurs.

VISA ANNUEL PAR LE MAIRE

VALIDATION ANNUELLE DÉPARTEMENTALE OU NATIONALE
Par paiement à la perception - ou dans certaines communes, à la mairie - d'un timbre d'État

Le prix du timbre d'État qui valide le permis a trois affectations :
a) une part pour l'État (22 F à l'époque où ce Manuel a été édité) ;
b) une part pour la Commune (22 F) ;
c) le reste pour l'Office national de la chasse qui l'utilise notamment au paiement des gardes nationaux et à l'indemnisation de la part des dégâts de sangliers et grands gibiers qui lui incombe (voir chapitre "Dégâts de gibier"). Au début de la décennie 90, la validation départementale coûtait

170 F ; la nationale 684 F. La part de l'Office était respectivement de 126 F et 640 F.

Le visa se demande à la mairie du lieu où l'on a son domicile, une résidence secondaire, une propriété ou un droit de chasser. La commune percevant une partie du prix de la validation, on choisit celle vis-à-vis de laquelle on pense avoir le plus de devoirs, généralement celle où l'on chasse le plus souvent.

A Paris, c'est la préfecture de Police qui est compétente.

> REMARQUE. – Un chasseur ayant son domicile, une résidence, une propriété dans un département X peut demander à sa mairie et à sa perception une validation départementale pour un département Y. Mais il doit présenter le timbre fédéral du département Y.
>
> Plusieurs simplifications à la réglementation du permis de chasser sont à l'étude.

Ce qu'il faut encore savoir du permis

La période de validité annuelle est toujours celle du 1er juillet au 30 juin de l'année suivante. Si, par exemple, visa et validation n'interviennent qu'en décembre, ils cesseront quand même d'être valables le 30 juin suivant.

Le permis de chasser et le visa peuvent être refusés dans certains cas (alcooliques dangereux, personnes venant de subir certaines condamnations, personnes atteintes d'une maladie ou d'une infirmité rendant dangereuse la pratique de la chasse...). A chaque demande, on certifie que l'on ne relève pas d'un de ces cas.

> Un requérant qui jugerait injustifié un refus de visa du maire pourrait exercer un recours auprès du sous-préfet. Par ailleurs, c'est celui-ci qui est compétent pour viser le permis de certains requérants : gendarmes, gardes-champêtres, gardes-chasse nationaux, ...
>
> Les étrangers non résidents en France peuvent solliciter à la préfecture une « licence », valable 9 jours, ou un permis avec validation nationale. Si c'est d'une licence qu'il s'agit, ils n'ont pas à passer l'examen ; mais ils doivent être assurés et être titulaires, dans leur pays d'origine, du permis de chasser ou de son équivalent.

permis sur soi

Lorsqu'on est en action de chasse, on doit, sous peine d'une amende de 30 à 250 F, avoir son permis visé et validé sur soi, pour pouvoir le présenter à toute réquisition des agents habilités.

> CAS PARTICULIER. – Les inscrits maritimes et assimilés – marins pêcheurs professionnels, conchyliculteurs (c'est-à-dire exploitants de parcs à huîtres, à moules, etc.) – ne pratiquant que la chasse maritime (voir chapitre suivant) n'ont pas à demander de visa annuel et sont dispensés de la validation. Mais ils doivent être titulaires d'un permis de chasser et assurés. Dans ces conditions, ils obtiennent de l'administration des Affaires maritimes, une autorisation de chasser en zone maritime.

questionnaire

Q. – Où doit-on demander le visa annuel d'un permis de chasser ?

R. – A la mairie du lieu où l'on a son domocile, une résidence secondaire, une propriété ou un droit de chasser.

A Paris, le service des permis et visas dépend de la préfecture de Police.

Q. – Quelles pièces doit-on fournir à l'appui d'une demande de visa ?

R. – Son permis de chasser, une quittance d'assurance, un timbre attestant qu'on a payé sa cotisation fédérale.

Q. – Vous faites seulement viser et valider votre permis de chasser le 1er novembre. Jusqu'à quelle date visa et validation sont-ils valables ?

R. – Jusqu'au 30 juin suivant.

Q. – Un groupe de chasseurs est soumis au cours d'une battue à un contrôle de permis. Le chasseur A a laissé le sien dans sa voiture au rendez-vous de chasse ; B l'a chez lui, mais peut aller le chercher et le présenter dans le délai d'une heure ; C le garde à son bureau et ne pourra le montrer que le lendemain. Lequel de ces chasseurs est en règle ?

R. – Aucun. En action de chasse, le chasseur doit avoir son permis visé et validé sur lui.

où peut-on chasser ?

Un chasseur ne peut pratiquer que là où il est titulaire d'un droit de chasse, ou bien là où il possède un droit de chasser.

On est titulaire d'un droit de chasse en étant :
– propriétaire d'un territoire ;
– locataire de chasse d'un territoire.

On possède un droit de chasser :
– en étant membre d'une société ou association, elle-même propriétaire ou locataire ;
– en étant invité par une personne tenant un droit de chasse ou un droit de chasser d'un des cas déjà énumérés ;
– en étant titulaire d'une licence de chasse ;
– dans certaines conditions, sur les terres d'une ferme, en étant fermier ou métayer de cette ferme

Voyons ces cas.

LE DROIT DU PROPRIÉTAIRE

Le gibier n'appartient à personne (« res nullius » en Droit romain). Mais le propriétaire d'un terrain a le droit - et a seul ce droit - de s'emparer (dans les conditions fixées par les règlements) du gibier qui se trouve sur son terrain et qui devient alors sa propriété. C'est ce qu'on appelle le droit de chasse. Celui-ci comporte la responsabilité de la gestion cynégétique du territoire.

En règle générale, on possède le droit de chasse sur tous les terrains dont on est propriétaire, aussi petits ou aussi grands soient-ils. Mais, il y a des exceptions.

EXCEPTIONS :
Alsace-Lorraine.
Dans les départements du Bas-Rhin, Haut-Rhin et Moselle, en vertu de la loi locale, le droit de chasse est administré par la commune. Le propriétaire d'un territoire de 25 hectares au moins d'un seul tenant (5 hectares pour les lacs et les étangs) peut conserver son droit de chasse mais, dans de nombreux cas, il doit alors en payer la valeur à la commune. Les parcelles inférieures à 25 hectares sont réunies en lots de 200 hectares au moins, mis en location par la commune.

Cas d'A.C.C.A.
Dans les communes où existe une Association Communale de Chasse Agréée (A.C.C.A.), régie par la loi de 1964, les droits de chasse sur les propriétés non closes inférieures à certaines superficies (de 20 à 60 hectares, selon les départements, pour la plaine et le bois) et situées à plus de 150 mètres de toute habitation, sont détachés du droit de propriété pour être attribués d'autorité à l'A.C.C.A. (voir, plus loin, chapitre sur les A.C.C.A.).

REMARQUE – Au plan de la gestion des espèces, et par conséquent de la qualité cynégétique, les exceptions indiquées ci-dessus ont été très heureuses. Il est dommage que, partout ailleurs, un droit de chasse subsiste même sur les territoires

minuscules, dont l'exiguïté ne permet aucune gestion du gibier. Plusieurs projets législatifs visant à corriger cette survivance anachronique n'ont pas abouti. Mais, depuis des textes de 1988 et 1989, les « enclaves » peuvent du moins être contraintes d'appliquer les règles de gestion des territoires organisés qui les entourent. Lorsqu'une « majorité représentative » de chasseurs le demande dans une commune ou – mieux – dans un groupe de communes ou de cantons :
– le ministre peut définir un ou des plans de chasse limitant les captures en fonction des superficies ;
– le préfet peut imposer un « plan de gestion agréé » comportant diverses formes de restrictions.
Ces mesures s'imposent à tous les territoires, y compris aux « enclaves » des communes considérées.
Des groupements de territoires voisins – les groupements d'intérêt cynégétique (G.I.C.) – jouent un rôle déterminant dans l'adoption de telles formules. Ils réunissent, souvent, la « majorité représentative » dont l'Administration demande l'existence pour imposer des limitations allant au-delà du droit commun. Cette notion de « majorité représentative » n'a jamais été nettement chiffrée. On considère généralement qu'elle apparaît à partir de 60 % environ.
Nous reviendrons, plus loin, sur les plans de chasse, les plans de gestion et les G.I.C.

LE DROIT DU LOCATAIRE DE CHASSE

Le droit de chasse peut se louer. Le locataire a alors les droits - et devoirs - qu'aurait le propriétaire.

LES BAUX DE CHASSE

Un droit de chasse peut se louer :
– par location verbale ;
– par bail sous seing privé, le bailleur et le locataire rédigeant eux-mêmes les conditions de leur accord ;
– par acte authentique, devant un notaire ;
– par adjudication, selon les conditions fixées par un cahier des charges.

La location verbale dont, souvent, les parties n'ont pas précisé la durée et dont les conditions sont mal définies, donne lieu à contestations et litiges. Il est d'ailleurs difficile, quand il n'y a pas de loyer en espèces, mais seulement remise d'une bourriche de gibier ou autre transfert en nature, de distinguer la véritable location verbale de la simple « permission de chasser », révocable à tout moment.

S'il y a eu véritable location et si son terme n'a pas été fixé, les tribunaux considèrent qu'elle a été consentie pour un an et qu'elle se renouvelle tacitement d'année en année. Selon la jurisprudence, la dénonciation d'une telle location sans terme précis doit être signifiée à l'autre partie au moins six mois avant la fin d'une campagne de chasse pour prendre effet au terme de cette campagne, par exemple avant le 31 juillet 1993 pour être devenue effective à la fermeture de janvier 1994.

Dans le bail sous seing privé et le bail par acte authentique, les deux parties incluent les conditions sur lesquelles elles sont d'accord : durée de la location, prix, nombre de chasseurs que le locataire pourra s'adjoindre, entretien des allées forestières, etc.

La location des droits de chasse appartenant à l'État (forêts domaniales), à certaines communes, à certains établissements publics s'effectue, le plus souvent, par adjudication. Le bailleur impose un « cahier des charges » avec mise à prix. Les amateurs enchérissent sur cette mise à prix. Est déclaré adjudicataire le plus haut enchérisseur.

Toutes les locations, même simplement verbales, peuvent donner lieu à enregistrement. Cette formalité « officialise » la location à l'égard des tiers. Jusqu'à un loyer de 12 000 F par an, le droit d'enregistrement est de l'ordre de 500 F. Au-dessus de 12 000 F, l'enregistrement est obligatoire et donne lieu à une taxe d'Etat de 18 %.

LE DROIT DE L'ADHÉRENT

Le propriétaire ou locataire d'un droit de chasse peut remettre des participations à des amis qui contribueront aux frais de la chasse. Les droits de ces participants - dits parfois « actionnaires » ou « sociétaires » - dépendent du « règlement intérieur » de la chasse.

Les droits de chasse, par exemple sur une même commune, peuvent être regroupés au sein d'une association, par voie de locations ou d'apports. Les droits des adhérents de l'association sont définis par les statuts et le règlement intérieur de l'association. Par exemple, le règlement fixe les jours et heures de chasse, le nombre de pièces de gibier qui peuvent être capturées par chacun, le nombre de cartes d'invitation, etc.

> Les sanctions prévues au « règlement intérieur » ajoutent une discipline supplémentaire à celle qui découle de la loi, des décrets et arrêtés.
>
> Ainsi, une association de chasse peut décider que sur son territoire, le lièvre sera fermé le 15 novembre, alors que l'arrêté préfectoral prévoit pour ce gibier, une fermeture le premier dimanche de décembre. Si un membre de l'association tue un lièvre entre le 15 novembre et le premier dimanche de décembre, il ne sera pas passible d'un condamnation pénale. Il n'aura pas enfreint la loi. Mais il aura enfreint le règlement de son association, et celle-ci pourra lui appliquer les sanctions prévues dans un tel cas par son règlement intérieur : amende, suspension des droits à l'intérieur de l'association, voire exclusion de celle-ci.
>
> C'est à force de discipline que certaines associations, qui comptent de nombreux adhérents pour un territoire exigu, sont cependant parvenues à maintenir, chez elles, une certaine densité de gibier. Le premier devoir des adhérents est donc de se plier à cette discipline, décidée par tous au profit de tous.

LE DROIT DE L'INVITÉ

L'invité tient son droit de chasser de son invitant. Il a donc les mêmes devoirs que celui-ci, notamment vis-à-vis du règlement intérieur. Ses droits sont également prévus à ce règlement.

LA LICENCE DE CHASSE

L'État exploite le droit de chasse dans certaines de ses forêts et sur certains cours d'eau du domaine public sous forme de « licences », individuelles ou collectives. Les organismes qui délivrent ces licences les assimilent à des « autorisations de chasser » payantes. Les licences sont, en général, valables un an au plus. Certaines le sont une seule journée.

LE DROIT DE CHASSER DU FERMIER OU MÉTAYER

Le fermier ou métayer a le droit de chasser sur les terres qu'il exploite par bail à ferme ou contrat de métayage, un peu à la façon d'un invité obligatoire.

Il doit s'imposer les mêmes limitations que le détenteur du droit de chasse (propriétaire ou locataire de chasse s'il y en a un). Par exemple, si le détenteur du droit de chasse décide de ne chasser qu'un dimanche sur deux, le fermier ne pourra pratiquer en dehors de ce jour-là.

Le droit de chasser du fermier lui est personnel. Il ne s'étend ni à son conjoint, ni à ses descendants ou ascendants. En principe, il ne s'étend pas au gibier d'élevage.

> REMARQUE. – Le droit de chasser du fermier ou métayer n'est pas prévu dans la loi locale applicable au Bas-Rhin, Haut-Rhin et Moselle.

LA CHASSE EN ZONE MARITIME

La chasse en zone maritime, appelée « chasse maritime », obéit à une réglementation particulière.

> Rappelons d'abord que, sauf exception mentionnée plus loin, sa pratique nécessite une validation supplémentaire du permis, attestée par un timbre « gibier d'eau ».

La zone maritime comprend : les eaux territoriales, c'est-à-dire la mer jusqu'à 12 milles marins (22 km) au large des côtes ; les rivages jusqu'aux limites atteintes par la mer lors des plus hautes marées ; les étangs ou plans d'eau salée, les embouchures des fleuves, rivières et canaux jusqu'à la limite de salure des eaux.

La plupart de ces lieux font partie de ce qu'on appelle le domaine public maritime.

Une partie importante du domaine public maritime est en réserve. Le reste est généralement loué par l'État à des « associations de chasse maritime » (deux ou trois par département) en vastes lots dont la limite est fixée, vers le large, par la ligne de retrait des flots lors des plus basses marées (1). En échange de conditions de location avantageuses, ces « associations de chasse maritime » prennent, envers l'État, divers engagements : assurer la garderie et la discipline de chasse sur leurs lots ; œuvrer pour la gestion de la faune ; accueillir, pour un prix de cotisation modeste, les chasseurs d'autres départements, etc.

Une interdiction générale d'emploi de bateaux à moteur pour la chasse et le rabat (voir page 33) s'applique à la chasse maritime. En outre, ici, il ne peut y avoir plus de deux fusils à bord.

Ces armes ne doivent pas : être d'un calibre supérieur au 12 ; être fixées sur affût. Le bateau doit faire l'objet d'une « autorisation » délivrée par le chef de quartier des Affaires maritimes, autorisation qui n'est donnée que si des conditions de sécurité et d'habitabilité sont respectées.

La chasse maritime est prohibée en tous temps :
– au dedans des jetées de protection des ports ;
– dans un rayon de 300 mètres du point de mouillage des navires.

---

(1) Hors examen, une question : quid du droit de chasser entre cette limite et celle, vers le large, des eaux territoriales ? On entre, ici, dans le domaine des inscrits maritimes (marins-pêcheurs, exploitants de parcs à huîtres, à moules, etc.). Rappelons que pour chasser en zone maritime, ces professionnels de la mer peuvent, plutôt que faire valider annuellement leur permis, demander une autorisation de chasser à leur Quartier des Affaires maritimes. Avec cette seule autorisation, ils peuvent chasser entre la limite de retrait des plus basses marées et la limite des eaux territoriales. Par contre, ils doivent adhérer à une « association de chasse maritime » pour chasser sur le domaine public maritime loué à ce type d'associations.

où est-il interdit de chasser ?

Là où on ne possède pas le droit de chasser.

ATTENTION. – Sauf dans les communes où existe une A.C.C.A. (voir plus loin chapitre sur les A.C.C.A.) ce n'est pas au propriétaire d'indiquer qu'il se réserve son droit de chasse. C'est au chasseur de se renseigner pour savoir où il peut aller. L'infraction de chasse sur autrui (jusqu'à 5.000 F d'amende) peut exister même si le détenteur n'a pas, par plaques, avis dans la presse ou tout autre moyen, confirmé son intention de réserver son droit de chasse.

En outre, sur tout le territoire national, il est interdit de chasser :
- dans les localités ;
- sur les routes et chemins publics et voies de chemin de fer ;
- sur les terres portant encore des récoltes, sauf consentement du propriétaire de celles-ci.
- au dedans des jetées des ports et à moins de 300 mètres du point de mouillage des navires (voir chapitre précédent).
- dans les réserves (voir à la fin de ce chapitre), par définition.

Ajoutons que, dans presque tous les départements, des arrêtés préfectoraux ou municipaux interdisent, soit de chasser à 100 ou 150 mètres des habitations, soit, en tout cas, de tirer à « portée de fusil » en direction de celles-ci, ainsi que des routes, voies ferrées, stades, lieux de réunions publiques, caravanes, abris, hangars, lignes électriques, lignes téléphoniques,...

A savoir : un chasseur en tirant de chez lui peut être coupable de chasse sur autrui

Ce n'est pas seulement sur le sol que le droit de chasser appartient au propriétaire du terrain (ou à ses ayants droit : locataire, « actionnaire », etc.). C'est dans tout l'espace compris entre les « cloisons » qu'on pourrait élever verticalement sur les limites du terrain.

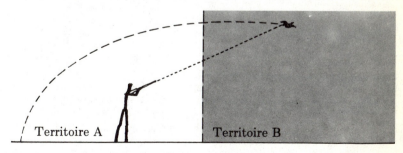

Le tireur A a chassé sur autrui

Cette situation fait qu'un chasseur tirant, depuis son terrain, un oiseau survolant le terrain du voisin, commet l'infraction de chasse sur autrui, même si l'oiseau vient tomber à ses pieds. (Croquis p. 25).

Inversement, dans le cas où le chasseur tire, sur son territoire, un gibier qui va tomber sur le territoire voisin, il n'y a pas infraction; et le tireur a le droit d'aller ramasser le gibier chez le voisin. Avant de pénétrer chez celui-ci, il abandonnera toutefois son fusil ou bien il le désarmera.

C'est le cas ci-dessous.

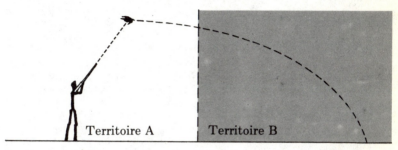

Le tireur A, qui a mortellement atteint un gibier sur ou au-dessus de son territoire, a le droit (1) d'aller (sans son fusil, ou fusil désarmé) le chercher sur le territoire B.

Cas du gibier blessé

Il existe un cas épineux, qui donne souvent lieu à des contestations : un chasseur blesse, sur son territoire, un gibier qui va se réfugier sur le territoire voisin. A-t-il le droit d'aller l'achever et de se l'approprier ? La réponse est « oui » s'il peut capturer l'animal sans avoir à tirer à nouveau sur lui, par exemple s'il peut, s'agissant d'un grand gibier, l'achever à l'arme blanche.

De ce principe découle une pratique particulière à la chasse à courre : on admet qu'un équipage peut poursuivre et « servir », c'est-à-dire achever, chez le voisin (en payant éventuellement les dégâts) l'animal attaqué sur son territoire et qui, sur ses fins, ne peut plus échapper aux chiens. C'est une forme de « droit de suite ». Sauf ce cas particulier, le chasseur doit rappeler ses chiens s'ils sont sortis du territoire auquel s'étend son droit de chasse.

LES RÉSERVES

Les réserves sont des territoires où l'exercice de la chasse est interdit, le plus souvent dans un but de repeuplement ou de protection du gibier.

---

(1) *La loi de chasse du Bas-Rhin, Haut-Rhin, Moselle, exige l'accord du détenteur du droit de chasse sur le terrain où est tombé le gibier.*

CONDITIONS D'EFFICACITÉ

Pour être efficace, une réserve doit :

— Être implantée dans une zone où se trouvent réunis, si possible, tous les éléments qui font la bonne qualité cynégétique d'un territoire (voir chapitre "Le Chasseur et le gibier") : nourriture, tranquillité,

Reprise, au filet, de biches, à Chambord, la plus prestigieuse des réserves nationales.

eau, abris, couverts, sol sain. La formule qui consiste à choisir, comme réserve, la partie du territoire où l'on rencontre toujours le moins de gibier ou, sans autre considération, celle dont l'accès est le moins commode pour les chasseurs, est à condamner.

– Être assez vaste. Par exemple, on considère que, pour atteindre son but, une réserve constituée en faveur du lièvre doit couvrir au moins 350 hectares (voir chapitre sur le lièvre).

– Être implantée au même endroit pendant plusieurs années.

PLUSIEURS TYPES DE RÉSERVES

La réglementation des réserves a été sensiblement modifiée par un décret de septembre 1991.

Du plus simple au plus complexe, on peut distinguer :

a) <u>La réserve ordinaire</u>

Elle est créée, sans autre formalité que l'éventuelle apposition de quelques panneaux, par un propriétaire ou locataire de chasse (société ou particulier) sur une partie de son territoire. Elle n'a d'existence juridique qu'à l'égard des compagnons de chasse du détenteur.

b) <u>La réserve approuvée</u> (1)

Elle est instituée par le Préfet et revêt de ce fait un caractère officiel. Le chasseur qui enfreint ses limites est passible de peines pouvant atteindre 6000 F d'amende et un mois de prison.

La réserve approuvée peut être instituée sur demande du détenteur du territoire. Elle peut aussi (disposition novatrice) « être instituée <u>sans que le détenteur du droit de chasse en fasse la demande, lorsqu'il apparaît nécessaire de conforter des actions importantes</u> de protection et de gestion du gibier effectuées dans l'intérêt général ».

> En vertu de cette disposition, par exemple, un G.I.C. particulièrement efficace peut obtenir qu'une réserve s'étende jusque chez un voisin rétif dont le territoire représenterait une condition de fiabilité.
> Dans l'intérêt du gibier et de la faune, l'arrêté préfectoral instituant la réserve approuvée peut :
> – réglementer ou interdire l'accès des véhicules (voire l'accès des personnes à pied, a l'exception du propriétaire) ;
> – imposer la conservation de certains biotopes (marécages, bosquets, landes,...)
> – interdire certains usages néfastes (brûlages ou broyages de végétaux, épandages de produits antiparasitaires...).
> Il peut aussi prévoir la destruction des « nuisibles » et la capture de certains animaux gibiers en nombre défini, si « nécessaire au maintien des équilibres biologiques et agro-sylvo-cynégétiques ».
> Les Associations communales de chasse agréées (A.C.C.A.), que nous avons déjà eu à citer et que nous retrouverons en détail, doivent avoir, en réserve approuvée, un dixième au moins de leur territoire.
> Les réserves approuvées (d'A.C.C.A. ou autres) sont, en principe, instituées pour des périodes de six ans tacitement renouvelables.

c) <u>La réserve nationale</u>

C'est une réserve approuvée qui présente « une importance particulière » (exemple : réserves des Bauges dans les Alpes, de la Petite-Pierre en Alsace, de Chizé dans les Deux-Sèvres, etc.).

---

(1) La dénomination administrative exacte est « réserve de chasse et de faune sauvage », ce qui implique que les intérêts cynégétiques peuvent ne pas être seuls en cause.

Elle est constituée par un arrêté du ministre de l'Environnement et est gérée par un comité directeur de neuf membres, présidé par le préfet du département et qui comprend des maires, des fonctionnaires, le président de la Fédération des chasseurs...

La réglementation des réserves approuvées concernant l'accès, le maintien des biotopes, leur éventuel caractère obligatoire, etc. s'applique a fortiori aux réserves nationales.

LES PARCS NATIONAUX, RÉSERVES NATURELLES ET LE CONSERVATOIRE DU LITTORAL

La chasse est totalement interdite dans six sur sept (exception : les Cévennes) des parcs nationaux français, parcs institués pour la « conservation de milieux naturels présentant un intérêt spécial ». Ces parcs, implantés pour la plupart en montagne (Vanoise, Mercantour, Ecrins, Pyrénées Occidentales) couvrent au total 400.000 hectares. Non seulement, on ne peut y chasser mais le port d'une arme, voire seulement de munitions, y est un délit et on ne peut, par exemple, sans autorisation, s'y livrer à une « activité cinématographique ».

Les parcs nationaux jouent, accessoirement, un rôle de grandes réserves, mais non sans risques : les densités d'animaux peuvent y favoriser l'apparition d'épizooties (épidémies chez les espèces animales) qui se développent à l'extérieur.

La loi de 1976 sur la protection de la nature a ouvert la possibilité de classer en « réserves naturelles », y compris à la demande des propriétaires, des territoires où « la conservation de la faune, de la flore, du sol, des eaux, des gisements de minéraux ou de fossiles,... » présente une importance particulière. Le classement peut comporter la suppression de la chasse. Cependant, les « réserves naturelles » ne naissent qu'au compte-gouttes.

Des parties de plus en plus importantes des bords de mer sont acquises par un établissement public, le « Conservatoire du littoral », chargé de veiller à « la sauvegarde de l'espace, au respect des sites et à l'équilibre écologique » dans la zone littorale. Devenu propriétaire, le Conservatoire, souvent, interdit la chasse ou la restreint sensiblement.

Les parcs naturels régionaux, gérés par les Régions dans une perspective de « repos des hommes et de tourisme », n'ont, par contre, sauf quelques exceptions, pas d'influence négative sur l'exercice de la chasse.

questionnaire

Q. – Quelle différence fondamentale existe-t-il entre le droit de chasse et un droit de chasser ?

R. – Le droit de chasse, dont on dit qu'il est un « attribut du droit de propriété » confère la jouissance de la chasse, mais aussi la responsabilité de la gestion de celle-ci, sur un territoire. Le droit de chasser est celui de pratiquer l'exercice de la chasse sur un territoire, dans certaines conditions.

Q. – Dans quels cas le droit de chasse n'appartient-ils pas au propriétaire ?

R. – Dans les communes où existe une A.C.C.A., les droits de chasse sur les territoires inférieurs aux surfaces minimales, situés à plus de 150 mètres d'une habitation, sont dévolus à l'A.C.C.A. Dans le Bas-Rhin, Haut-Rhin et Moselle, le droit de chasse est administré par la commune.

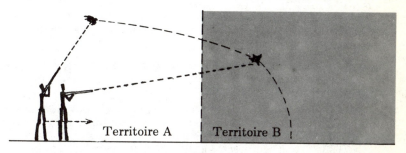

Q. – Le chasseur a blessé un gibier sur son territoire (A). Sans quitter celui-ci, il l'achève d'un coup de fusil, alors que le gibier est, maintenant, sur le territoire B. En a-t-il le droit ?

R. – Non.

Q. – Où est-il interdit de chasser ?

R. – Là où l'on n'a ni droit de chasse, ni droit de chasser. En outre : dans les localités; sur les routes et voies de chemin de fer; dans les champs où existent des récoltes sur pied, sauf consentement du propriétaire de ces récoltes; dans beaucoup de départements, à moins de 150 mètres des habitations; en dedans des jetées des ports et à moins de 300 mètres du point de mouillage des navires ; dans les réserves.

Q. – En quoi consiste le droit de chasser du fermier ou métayer ? Qui profite de ce droit ?

R. – Le fermier ou métayer a le droit de chasser sur les terres qu'il exploite par bail à ferme ou contrat de métayage, en s'imposant les mêmes restrictions que le propriétaire ou le locataire de chasse. Le fermier ou métayer bénéficie seul de ce droit, à l'exclusion des membres de sa famille.

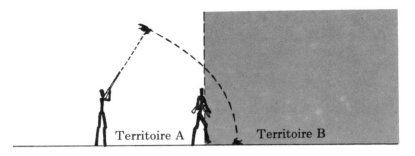

Q. – Le chasseur a blessé, sur son territoire (A), un gibier qui est tombé sur le territoire voisin (B). Sans lâcher son fusil, mais après l'avoir désarmé, il veut aller ramasser ce gibier. En a-t-il le droit ?

R. – Oui, en règle générale. Selon la loi en vigueur en Bas-Rhin, Haut-Rhin et Moselle, il doit avoir l'accord du détenteur du droit de chasse en B.

Q. – A-t-on le droit, et comment, d'aller achever chez le voisin, et de s'approprier, un gibier qu'on a blessé sur son propre territoire ?

R. – On a le droit, à condition de pénétrer sur la propriété du voisin sans son fusil ou fusil désarmé, et à condition que le gibier puisse être capturé sans qu'on ait à tirer à nouveau sur lui. Dans le Bas-Rhin, Haut-Rhin et Moselle, on doit avoir l'accord du voisin.

Q. – Quelle autorité « approuve » une réserve et lui donne, par conséquent, un caractère officiel : a) le maire ; b) le directeur de la protection de la nature ; c) le préfet ?

R. – La bonne réponse est c.

Q. – Qu'est une association de chasse maritime ?

R. – C'est une association, constituée dans le cadre de la réglementation de la chasse maritime, à laquelle l'État loue, dans des conditions favorables, de vastes lots de son domaine maritime. L'association doit adopter un modèle de règlement intérieur qui l'ouvre largement aux chasseurs même non domiciliés dans la région et qui assure la préservation de la faune et une bonne gestion cynégétique.

Q. – Citez les quatre conditions essentielles requises pour la pratique de la chasse en bateau sur le domaine maritime.

R. – Le bateau doit être sans moteur et autorisé par les Affaires maritimes. Il ne peut y avoir, à bord, plus de deux fusils. Ces armes ne peuvent dépasser le calibre 12.

comment peut-on chasser ?

La loi autorise trois moyens de chasse : à tir ; à courre, à cor et à cri (chasse à courre) ; au vol (fauconnerie).
Les autres moyens (fosse, piège, assommoir, bâton, collet, écrasement, etc.) sont interdits. Si on les utilise, on commet l'infraction de « chasse avec engins prohibés ».

> EXCEPTIONS. – Pour la destruction des animaux classés « nuisibles » on peut dans certaines conditions, utiliser des moyens normalement prohibés : poisons, pièges, filets... (voir plus loin, chapitre sur les « nuisibles »)). La fosse est toujours exclue de ces moyens.
>
> – Un amendement législatif du 30 décembre 1988 a donné pouvoir au secrétaire d'État à l'Environnement d'autoriser « des modes et moyens de chasse consacrés par les usages traditionnels » pour la chasse « dans des conditions strictement contrôlées... de certains oiseaux de passage en petites quantités ». Ce texte a redonné une base légale indiscutable à des chasses dites « traditionnelles » (longtemps et vivement combattues par les écologistes) : par exemple, la capture à l'aide de filets ou lacets, dans quelques régions, d'alouettes, grives, vanneaux. Dans le Sud-Ouest, on utilise le filet contre le pigeon ramier (palombières) mais c'est au titre du paragraphe précédent : le pigeon ramier est, là, classé « nuisible »).
> – Avec une autorisation préfectorale, on peut, dans certaines conditions (variables selon les départements), capturer au piège, dans un but de repeuplement certaines espèces de gibier vivant (exemple : capture de faisans à la mue).
>
> NOTE. – L'arc a longtemps été considéré comme un moyen de chasse prohibé, surtout au motif qu'il est silencieux et pourrait donc favoriser le braconnage. La Cour de Cassation, en 1991, en a décidé autrement et l'a défini comme une arme de tir à part entière. Pour l'anecdote : un juge avait relevé que l'arc n'est pas silencieux puisque le mot « flèche » est l'onomatopée du bruit que fait le projectile dans l'air... Cependant, le problème n'est pas entièrement résolu : le tir de certains grands gibiers n'est permis qu'à « balle ». Or, la flèche n'en est pas une. Pour le tir de ces gibiers, on est encore dans le flou.

PRINCIPALES RESTRICTIONS

Est interdit, en action de chasse et pour la destruction des animaux « nuisibles », y compris pour le rabat, l'emploi : de tout aéronef ; de tout engin automobile y compris à usage agricole (tracteur) ; de tout bateau à moteur ; de tout bateau à pédales.
Il est également interdit (y compris pour la destruction des « nuisibles ») :
– dans la pratique, de tirer à plus de 300 mètres, car il est interdit d'uti-

liser une hausse permettant de régler le tir au-delà de cette distance ;
- d'utiliser des émetteurs-récepteurs radio (genre « talky-walky ») pour se renseigner mutuellement sur la position ou la fuite des animaux ;
- d'utiliser certaines armes, munitions ou accessoires par exemple, généralement, les chevrotines (voir chapitre sur les armes) ;
- de tirer cerf, daim, mouflon, chamois ou isard, sanglier (sauf une mini-exception, voir plus loin, concernant cette espèce) autrement qu'à balle.
- d'utiliser, pour attirer les animaux, une source lumineuse, des disques ou bandes enregistrées reproduisant leurs cris, des appeaux ou appelants.

DÉROGATIONS – Appeaux pour le brocard et le cerf, en Bas-Rhin, Haut-Rhin et Moselle. Appelants, dans certaines conditions, pour certains oiseaux migrateurs (canards et pigeon ramier).

- de tirer la perdrix ou le faisan au « poste », c'est-à-dire à l'affût près d'emplacements où l'on attire les oiseaux avec du grain ou un abreuvoir ;
- de tirer la bécasse à la passée ou à la croule (voir chapitre sur ce gibier) ;
- de tirer grands cervidés, chevreuils, chamois, isards, sangliers, à proximité immédiate de dépôts de sel ou de dispositifs d'affouragement (notamment dépôts ou distributeurs de maïs pour les sangliers) ;
- de rechercher ou poursuivre le gibier à l'aide de sources lumineuses, même sans le tirer (exemple : poursuite de grands animaux, en plaine, la nuit, dans la lumière des phares).

REMARQUES – Des interdictions concernent les chiens. Il est interdit :
- en général, d'employer des chiens, de quelque race que ce soit, pour la chasse du chamois, de l'isard ou du mouflon ;
- partout, d'utiliser à la chasse des lévriers de pure race ou croisés ;
- dans certains départements, d'avoir recours à des chiens loups ;
- de promener des chiens non tenus en laisse, dans les bois, en dehors des allées forestières, pendant la période du 15 avril au 30 juin (période des mises bas et de la nidification).

Ces restrictions s'appliquent d'une façon générale. D'autres peuvent être édictées au niveau départemental par des arrêtés préfectoraux.

questionnaire

Q. – A partir de quelle distance et jusqu'à quelle distance a-t-on le droit de tirer un gibier ?

R. – Aucune distance minimum n'est fixée. La distance maximum est, dans la pratique, limitée à 300 mètres : on n'a pas le droit d'utiliser une hausse permettant de régler le tir au-delà.

Q. – Je tire un grand gibier du haut d'un mirador que j'ai construit sur mon territoire. J'ai le droit même si, près du mirador, j'ai :
  a) creusé une mare ;
  b) déposé des pierres à sel ;
  c) mis en place un agrainoir.
  (rayer les réponses inexactes).

R. – La bonne réponse est a. Tirer près d'une mare, oui ; à « proximité immédiate de dépôts de sel ou de dispositifs d'affouragement », non.

Interdit (chasse de nuit)

quand peut-on chasser ?

On ne peut chasser que :
- dans la période d'ouverture du gibier considéré ;
- à certaines heures ;
- souvent, certains jours ;
- quand ne sévissent pas certaines conditions climatiques (par exemple : temps de neige).

> EXCEPTION. – La loi du 10 juillet 1976, déjà citée, prévoit : « Toutefois, le propriétaire ou possesseur peut, en tous temps (donc, hors période d'ouverture) chasser ou faire chasser le gibier à poil dans ses possessions attenant à une habitation et entourées d'une clôture continue et constante faisant obstacle à toute communication avec les héritages voisins et empêchant complètement le passage de ce gibier et celui de l'homme ». On notera les conditions très précises et les limites – correspondant aux mots que nous avons soulignés – d'exercice de cette exception, exception dite de la « chasse en enclos ».

LES PÉRIODES D'OUVERTURE
Les périodes d'ouverture, variables selon les départements, sont fixées, chaque année, pour l'essentiel, par les préfets. Les arrêtés d'ouverture sont affichés dans les mairies.

> NOTE. – Les périodes de chasse à courre et l'ouverture du gibier d'eau lorsqu'elle doit avoir lieu avant l'ouverture générale (cas de beaucoup de départements), sont arrêtées non par les préfets mais par le ministre de l'Environnement.

OUVERTURE DU GIBIER D'EAU
La première ouverture est souvent celle du gibier d'eau.
Attention : lorsqu'elle est seule ouverte, la chasse du gibier d'eau ne peut s'exercer, sur le domaine terrestre, que sur les fleuves, rivières, étangs, lacs et marais non asséchés. Il est interdit, alors, de tirer du gibier d'eau sur des terrains momentanément inondés ou sur un simple ruisseau. Bien entendu, il est interdit, à plus forte raison, de tirer, par exemple, des canards posés en plaine ou volant au-dessus d'elle.

> Il y a plus : non seulement le chasseur ne peut alors tirer que sur ou au-dessus du plan d'eau autorisé mais, théoriquement, il doit lui-même se trouver sur ce plan d'eau. Les tribunaux admettent qu'il peut se tenir sur la berge, pas qu'il en soit éloigné. En période d'ouverture générale, on retrouve le droit de tirer le gibier d'eau en tout lieu, même au-dessus de la plaine.
> Rappelons que, là où la chasse du gibier d'eau ouvre avant l'ouverture générale, sa pratique, jusqu'à celle-ci, nécessite un timbre « gibier d'eau ».

OUVERTURE GÉNÉRALE
L'ouverture générale intervient, dans la plupart des départements, entre le second dimanche de septembre et le premier dimanche d'octobre. Elle

aperçu du calendrier

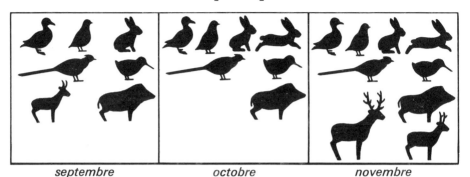

Ce schéma ne donne qu'un aperçu du calendrier de la chasse. Il ne tient pas compte d'éléments marginaux (exemple : ouverture, souvent, du gibier d'eau en août) et de certains chevauchements (ex. : chamois ouvert jusque début octobre; cerf et chevreuil ouverts fin octobre, voire plus tôt à l'approche). Nous avons, pour chacun des six principaux mois de la chasse à tir, représenté les espèces en général, ouvertes. Septembre.
– De gauche à droite et de haut en bas : gibier d'eau, perdrix, lapin, faisan, bécasse,

n'est pas tout à fait « générale » : dans certaions départements, les chasses du lièvre, du chevreuil, du cerf, commencent plus tard.

> *NOTE. – Dans certains départements, surtout à importants dégâts de gibier, l'ouverture du sanglier peut être fixée au 15 août...*

FERMETURE GÉNÉRALE
Dans beaucoup de départements, sont édictées – pour protéger le gibier ou permettre des lâchers (lièvres, perdrix) – des fermetures anticipées, en novembre ou décembre. Mais la fermeture dite « générale » intervient, le plus souvent, en janvier ou en février.

APRÈS LA FERMETURE GÉNÉRALE
Lorsque la fermeture générale intervient en janvier, on a encore, ensuite, souvent, le droit de chasser :
a) le gibier d'eau, jusque fin janvier, ou une partie du mois de février. Mais à nouveau, on ne peut le tirer que sur les fleuves, rivières, étangs, lacs et marais non asséchés, (et sur le domaine maritime).
b) la bécasse et d'autres gibiers de passage (grive, palombe).
En outre, dans les départements où la fermeture générale est fixée à janvier, on peut, en général, les semaines suivantes, détruire des animaux classés « nuisibles » (souvent : sanglier et lapin), dans des conditions fixées par des arrêtés préfectoraux. La chasse à courre peut se pratiquer, selon les espèces, jusqu'en mars ou avril.

> *REMARQUES. – La fermeture du gibier d'eau et des oiseaux de passage a donné lieu à d'interminables contentieux avec les écologistes. Une Directive européenne stipule qu'elle doit intervenir avant que ne commence la « période de reproduction » et le « trajet de retour vers les lieux de nidification ». Mais, quand commence ce trajet ? Comme le distinguer de simples errances ? Une loi française de juin 1994 a décidé qu'en France les fermetures de gibiers d'eau interviendraient, selon les espèces, entre le 31 janvier (colvert) et le 20 février, et que celles des pigeons ramiers, bécasses, grives pourraient être repoussée jusque fin février. Cependant le dossier n'est peut-être pas clos.*

de la chasse à tir

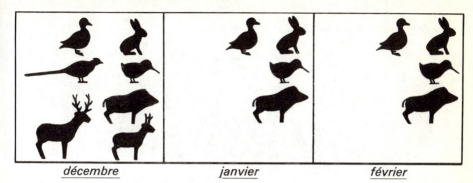

chamois et isard, sanglier. Octobre – Les mêmes qu'en septembre, plus lièvre, mais moins, à la fin parfois, chamois. Novembre. – Les mêmes qu'en octobre plus cerf et chevreuil. Décembre. – Les mêmes qu'en novembre, moins perdrix et lièvre. Janvier. – Gibier d'eau, lapin, sanglier, généralement bécasse dans certaines conditions. Février. – Très variable, par département. Aux espèces représentées ici, ajouter, de l'ouverture à la fermeture générales, renard, pigeon ramier, souvent, en outre, «détruits» au-delà comme «nuisibles».

LES JOURS DE CHASSE

La chasse (sauf, souvent, celle des oiseaux migrateurs) est interdite, dans certains départements, un ou deux jours par semaine, voire davantage (ex.: 5 jours dans l'Yonne), après accord – parfois, à la demande – de la Fédération départementale des chasseurs.

LES HEURES DE CHASSE

Dans la plupart des départements, la chasse du gibier sédentaire (sauf celle aux chiens courants) ne peut se pratiquer qu'entre certaines heures (par exemple, entre 8 et 18 heures, en septembre). Indépendamment de cette réglementation, un grand principe: la chasse de nuit est interdite.

> Mais la «nuit cynégétique» n'est pas celle des calendriers. Ici, encore, il y a eu des polémiques. Cependant, – par analogie avec la réglementation plus précise existant en Alsace – il est de plus en plus souvent admis que la nuit cesse une heure avant l'heure légale du lever du soleil et commence une heure après celle du coucher. En matière de chasse à la passée (2) du gibier d'eau, cette marge est étendue à 2 heures, le matin et le soir. En outre, des coutumes régionales permettent le tir du gibier d'eau, au gabion ou à la hutte (3), de nuit.

NEIGE ET CALAMITÉS

Il est interdit de chasser, sauf certains gibiers, en temps de neige. Le temps de neige est celui où, sur le territoire considéré, la neige recouvre le sol suffisamment pour qu'il soit plus facile d'y suivre les traces du gibier ou pour que celui-ci, épuisé par le jeûne et le froid,

---

(2) Moment où la plupart des oiseaux aquatiques se déplacent.
(3) Abri ou construction, en bordure d'un plan d'eau, où le chasseur se met à l'affût du gibier d'eau. On dit, en général «gabion» pour un abri sur le domaine maritime; «hutte» pour un abri sur le domaine terrestre.

se concentre sur les plaques de terre sans neige.
Par temps de neige, il est cependant permis, souvent, par les arrêtés d'ouverture, de chasser :
– le gibier d'eau (en zone maritime et sur les fleuves, rivières, canaux, marais non asséchés, etc.) ;
– le cerf, le daim et le chevreuil, comme soumis à un plan de chasse d'équilibre « agro-sylvo-cynégétique » (voir « Les Plans de chasse ») ;
– à courre et sous terre (déterrage) ;
– les espèces classées « nuisibles », dont font souvent partie sanglier, lapin, renard et pigeon ramier.

> REMARQUES. – Dans quelques départements, le tir du faisan est autorisé par temps de neige. La loi du Bas-Rhin, Haut-Rhin, Moselle, n'interdit, par temps de neige, que la chasse de la poule faisane et de la perdrix.

En cas de « calamité, incendie, inondation, gel prolongé » susceptibles de provoquer ou de favoriser la destruction du gibier, les préfets peuvent suspendre l'exercice de la chasse pour une période de dix jours renouvelable.

questionnaire

Q. – Ce chasseur ne commet-il pas une infraction ? Si oui, laquelle.
R. – Ce chasseur commet l'infraction de chasse par temps de neige.

Q. – Quand y a-t-il temps de neige en un lieu ?
R. – Quand la neige recouvre suffisamment le sol pour qu'il soit plus facile d'y suivre les traces du gibier, ou quand celui-ci, épuisé, se concentre sur les plaques de terre sans neige.

Q. – Quels sont les animaux qu'on a le droit de chasser par temps de neige, en période d'ouverture, dans votre département ?
R. – Dans presque tous les départements, le gibier d'eau sur les fleuves, rivières, étangs, lacs, réservoirs, marais non asséchés (ainsi, dans les départements côtiers, que sur la zone maritime). En général, cerfs et chevreuils, comme soumis à un plan de chasse « agro-sylvo-cynégétique ». Pour le reste, voir l'arrêté d'ouverture du département : souvent, il permet de continuer de tirer les « nuisibles », dont peuvent faire partie le sanglier, le lapin, le pigeon ramier, et il autorise la chasse à courre.

Q. – **En cas de gel prolongé, le préfet peut fermer la chasse pour une période, renouvelable, de dix jours. Vrai ou faux ?**

R. – Vrai.

Q. – **Dans un département où la fermeture générale est intervenue en janvier, peut-on avoir le droit, en février, de tirer le gibier d'eau :**
   a) dans un marais ?
   b) sur une rivière ?
   c) sur un ruisseau ?

R. – Oui, sur une rivière et dans un marais ; non sur un ruisseau. Car, en dehors de la période d'ouverture générale, la chasse du gibier d'eau n'est jamais permise, sur le domaine terrestre, que sur les fleuves, rivières, étangs, lacs et marais non asséchés.

Q. – **A partir de quelle heure y a-t-il «chasse de nuit» ?**

R. – En matière de chasse, la nuit ne commence pas à une heure précise. Il y a « chasse de nuit » à partir du moment où l'œil humain ne peu plus discerner les objets. Une exception : la loi du Bas-Rhin, Haut-Rhin et Moselle précise qu'en matière de chasse, la nuit commence une heure après l'heure légale de coucher du soleil et s'achève une heure avant l'heure légale de lever du soleil. Cette interprétation tend à se généraliser. Pour la chasse à la passée du gibier d'eau, on considère que la nuit ne commence que 2 heures après l'heure légale du coucher du soleil et cesse 2 heures avant celle du lever.

Q. – **Dans certains départements, où l'ouverture générale est fixée fin septembre, on commence à tirer le sanglier début septembre. Vrai ou faux ?**

R. – Vrai. Il s'agit de départements où les dégâts de sangliers ont été très importants l'année précédente.

que peut-on chasser ?

La loi du 10 juillet 1976 sur la protection de la nature (loi déjà invoquée dans des chapitres précédents) et une série de textes se référant à elle, notamment des décrets et arrêtés de 1977, 1979, et en dernier lieu du 26 juin 1987, ont profondément modifié les principes de la classification de la faune sauvage à l'égard de la chasse.
Auparavant, l'idée générale était qu'on pouvait tirer toutes les espèces qui n'étaient pas protégées. Derrière l'apparente lapalissade, c'était toute une attitude qui s'exprimait : la protection constituait l'exception ; la permission de capturer, la règle.
Maintenant, la permission de capturer ne s'applique qu'à deux listes limitatives d'espèces.

En schématisant, on distingue :
I - Les espèces de gibiers « chassables ». Ce sont celles qui constituent véritablement les animaux et oiseaux de chasse.
II - Les espèces classées "malfaisantes ou nuisibles". Leur liste varie selon les départements. Certaines figurent déjà dans la liste des « gibiers ». Ainsi, le sanglier, le lapin de garenne, le renard sont « gibiers » dans toute la France et, en outre, nuisibles dans un grand nombre de départements. Les animaux classés « malfaisants ou nuisibles » peuvent être capturés à la chasse ; mais ils peuvent aussi, généralement, être détruits en dehors d'elle, dans certaines conditions.
III - Les espèces totalement protégées (sauf autorisations ministérielles de capture à des fins scientifiques). Leur liste comprend la plupart des espèces qui ne sont pas mentionnées dans les « gibiers » et les « nuisibles ».

NOTE. – Quelques espèces ne se situent dans aucune des trois catégories mentionnées. Certaines sont désignées par les textes comme des « gibiers »... non chassables » (exemples : la bécassine double, le tournepierre). Ce sont, souvent, d'anciens gibiers à part entière qui ont été retirés de la liste des « gibiers chassables » en raison de leur régression ou de dispositions européennes. On n'a pas le droit de les chasser, mais ils ne bénéficient pas du vrai statut d'espèces totalement protégées, par exemple par les pénalités s'appliquant à d'éventuels délinquants. Par « gibiers », nous entendrons dans ce livre, les gibiers « chassables ».

Quelques espèces, classées « protégées », mais qui peuvent être localement dommageables, donnent lieu, dans des conditions très strictes, à des autorisations nominatives et limitées de prélèvements, le soin de ceux-ci étant parfois confié aux gardes nationaux. Exemple : cormorans près des pisciculturies ; goélands près des décharges ; diverses espèces dans le ciel des aéroports.

Enfin, signalons comme un cas très particulier – et très flou – le non-statut du sylvilagus américain (voir chapitre sur le lapin de garenne).

Voyons le cas des espèces totalement protégées :

La capture (sauf autorisation à fins scientifiques) ou le colportage, le transport, la mise en vente, la vente, l'achat, la naturalisation d'un sujet d'une des espèces totalement protégées est passible de peines pouvant atteindre 60.000 francs d'amende et (ou) 6 mois de prison.

Des interdictions, non pas de capturer, mais de vendre, d'acheter, existent également à l'égard de certaines espèces de « gibiers » ou de « nuisibles ». Certains de ces derniers sont aussi l'objet d'une interdiction de naturaliser (voir plus loin).

Dans des chapitres ultérieurs, nous traiterons des animaux « nuisibles » et nous étudierons en détail les espèces de « gibiers » mentionnées au programme de l'examen de chasse. Pour l'instant, voyons rapidement la liste des « gibiers », celle des principales espèces protégées, et les interdictions de vendre, acheter, naturaliser, etc.

les espèces de gibiers

La liste des espèces de gibiers « chassables » comprend des mammifères et des oiseaux.

MAMMIFÈRES

sont classés « gibiers » sur « le territoire européen de la France » : *(arrêté du 26-6-87)*	lièvre commun (lièvre brun) lapin de garenne chevreuil cerf élaphe, cerf sika daim sanglier	renard blaireau chamois (isard) mouflon lièvre variable marmotte hermine

Les textes officiels ajoutent à cette liste, des espèces que nous retrouverons à propos des « nuisibles » (belette, fouine, martre, putois, ragondin et rat musqué) et deux espèces non autochtones : le chien viverrin et le vison d'Amérique, que nous retrouverons également.

OISEAUX

La liste des oiseaux gibiers ressort, en grande partie, d'une « Directive » européenne qui s'applique, ou va peu à peu s'appliquer, à tous les pays de la Communauté Économique Européenne.

oiseaux gibiers de plaine ou de bois	perdrix grise perdrix rouge colins caille des blés alouette des champs	faisans de chasse bécasse gélinotte des bois grives, merle noir pigeons, tourterelles
oiseaux d'eau gibiers	– oies : cendrée, des moissons, rieuse – canards de surface : colvert, chipeau, pilet, siffleur, souchet, sarcelles, nette rousse – canards plongeurs : fuligules (milouin,	morillon, milouinan), sauf fuligule nyroca; macreuses, garrot à œil d'or, eider à duvet, harelde de Miquelon – rallidés : foulque macroule, poule d'eau, râle d'eau
oiseaux gibiers des marécages et vasières	bécassines ordinaire et sourde vanneau huppé huîtrier pie barges courlis	pluviers argenté et doré chevaliers aboyeur, arlequin, combattant et gambette bécasseau maubèche
oiseaux gibiers de montagne	Grand tétras mâle «maillé», seulement dans les Pyrénées, («maillé »=ayant son plumage d'adulte ; femelle et jeune totalement protégés.)	petit tétras mâle « maillé » *(la femelle et le jeune sont totalement protégés)* lagopède perdrix bartavelle

Sur cette liste nationale, ne figurent plus, sur injonction européenne expresse : le corbeau freux, la corneille noire, le geai, la pie, l'étourneau sansonnet souvent envahissants en France mais rares dans d'autres pays européens. Cependant les préfets gardent la possibilité – et l'exercent – de les réintroduire, département par département, dans leurs arrêtés d'ouverture et dans leurs listes de « nuisibles ».

les espèces protégées

La chasse ne pouvant s'exercer qu'à l'égard de deux listes limitatives d'espèces (les « gibiers » et les « nuisibles »), toutes les autres sont non-chassables. Les textes renforcent la protection de beaucoup d'entre elles en les classant « protégées » au sens de la loi de 1976 sur la nature (infractions passibles de 60.000 F d'amende). La liste des espèces ainsi totalement protégées comprend des mammifères et des oiseaux. Les principales d'entre elles sont représentées dans nos planches couleur.

MAMMIFÈRES

Huit espèces sont totalement protégées :

ours	chat sauvage	castor
bouquetin	genette	phoque
lynx	loutre	

Ces espèces sont tellement caractéristiques que nous ne les décrirons pas ici. Seulement trois précisions à propos du chat sauvage, relativement commun dans les forêts de l'Est et qu'il ne faut pas confondre avec le chat haret (chat domestique passé à l'état sauvage – voir chapitre « Les Nuisibles »). Le chat sauvage présente : un dos toujours rayé gris et noir ; une tache blanche à la gorge ; une queue très épaisse, annelée grise et noire, à l'extrémité toujours noire ; il a la tête plus ronde que le chat domestique et atteint une taille double de celui-ci ; il est souvent grimpé dans un arbre, soit qu'il s'y tienne aux aguets, soit qu'il y ait trouvé refuge (par exemple lors d'une chasse).

Chat sauvage. Observer la forte tête ronde présentant quatre rayures noires à partir du front, la large tache blanche à la gorge, la queue annelée.

REMARQUE – Les jeunes sujets de certaines espèces classées « gibiers » sont, non pas protégés au sens de la loi de 1976, mais parfois non-chassables. Ainsi, les arrêtés d'ouverture de beaucoup de départements interdisent le tir du marcassin (jeune sanglier encore « en livrée », du chamois ou isard de l'année.
A l'inverse, une bonne gestion peut conduire, à l'égard du cerf et chevreuil, à exercer les prélèvements, en priorité, sur des jeunes de l'année (voir chapitres sur ces différents gibiers).

OISEAUX

Le cas des oiseaux est un peu complexe. Trois cents espèces vivent en France ou y séjournent. Les deux tiers sont protégées. Mais ces espèces protégées se rattachent à quelques familles. Et lorsque, dans une famille, on connaît l'un des oiseaux « interdits de chasse », on peut identifier les autres.

On peut classer les principales espèces d'oiseaux protégés de la façon suivante :

1. Les rapaces diurnes et nocturnes.

> Les rapaces diurnes (exemple : la buse) sont, pour la plupart, très reconnaissables à leur vol, ailes immobiles, comme des planeurs. Les rapaces nocturnes (exemple : le hibou) ont une grosse tête ronde, avec de gros yeux, très caractéristiques, un vol lourd et malhabile.

2. Tous les pics.

> Il s'agit, pour la plupart, d'oiseaux grimpeurs se déplaçant par petits sauts le long des arbres.

Le vol des pics est très caractéristique : phase ascensionnelle avec battement d'ailes ; puis phase plongeante, ailes repliées

3. Tous les petits oiseaux...

> ...autres que l'alouette, le sansonnet étourneau (et, pour le domaine maritime : le bécasseau maubèche). Renonçant à énumérer tous les petits oiseaux protégés (mésanges, fauvettes, rossignols, hirondelles, roitelets, martins-pêcheurs, etc.) un ancien arrêté disait qu'était interdite « la chasse de tous les oiseaux d'une taille inférieure à celle du merle ou de la grive »... exception faite de l'alouette des champs et de l'étourneau. Ce texte a été abrogé ; mais la formule qu'il employait reste valable et la mémoire le retient plus aisément que la longue énumération des nouveaux textes.

4. Le guêpier, le rollier, la huppe, le loriot, l'engoulevent, les coucous, le râle des genêts.

> Les quatre premiers de ces oiseaux ont en commun un plumage aux couleurs vives. La huppe, en outre, comme son nom l'indique, possède une huppe érectile en éventail. L'engoulevent, gris-brun, qui vit caché le jour, ne se rencontre pratiquement jamais à la chasse. Il se nourrit, la nuit, de papillons nocturnes. Les coucous, au chant caractéristique, qui leur a donné leur nom, font penser à des geais mais avec le dessus du corps gris et le dessous blanc barré de gris. Le râle des genêts, qui ne vit chez nous et en très petit nombre, dans les prairies humides, qu'au printemps et en été, ressemble à une caille, mais avec les ailes plus rousses et les pattes plus longues. Le mot « râleur » vient de l'espèce, dont le cri évoque un grincement désagréable.

5. **Les outardes.**

La grande outarde, oiseau des steppes et des grandes plaines, qui mesure un mètre de la pointe du bec à l'extrémité de la queue, a disparu de France depuis longtemps et ne se rencontre plus qu'en Europe de l'Est, un peu en Espagne, et en Asie.
L'outarde canepetière, plus petite (environ 40 centimètres du bec à la queue), qu'on rencontrait, jadis, l'été, en Beauce et dans nos grandes plaines, y est devenue très rare. Son plumage est brun-jaunâtre, blanc en-dessous. La canepetière, très sauvage, se lève très loin. En vol, avec son cou tendu en avant, sa silhouette évoque celle d'un canard.

6. **Le grand corbeau, le chocard, le crave et le casse-noix.**

Il s'agit d'oiseaux de la famille des corvidés (corbeau) vivant, en petit nombre, dans des zones de montagne et, en ce qui concerne le grand corbeau et le crave, dans certaines falaises de Bretagne.

7. **Des oiseaux d'eau.**

– **Les cygnes**

Pas de problème particulier : leur aspect est caractéristique.

– **Les mouettes, les goélands** [sauf le cas très particulier, déjà évoqué, d'autorisations ministérielles limitées de prélèvements], **les sternes (ou hirondelles de mer), les guifettes, pétrels, phalaropes, labbes (ou skuas), fous de Bassan, puffins.**

Chacun connaît les mouettes. Or, les sternes, guifettes, pétrels et phalaropes font penser à de petites mouettes ; les fous de Bassan et les goélands à de grosses mouettes ; les puffins ont le même aspect ; les labbes ressemblent à des mouettes mais en couleur gris fer. En simplifiant, on peut dire <u>que tout ce qui ressemble à une mouette, en plus gros ou en plus petit, est également protégé.</u>

– **L'oie des neiges**

Elle est presque blanche, alors que les oies dont le tir est permis sont à dominante de gris. C'est un oiseau de l'Arctique, qui ne vient qu'exceptionnellement chez nous.

– **Les bernaches**

Il s'agit d'oiseaux au plumage marron-gris (parfois : ventre clair) qui ressemblent à de petites oies, mais avec un bec plus court. Les bernaches ne quittent presque jamais la mer ou les bords de mer.

– **Le tadorne de Belon**

C'est un canard aux couleurs très caractéristiques : large bande orange entourant le devant du corps (blanc) ; bec rouge corail, surmonté, chez le mâle, d'un tubercule de même couleur. On ne rencontre l'espèce qu'au voisinage immédiat des côtes.

– **Le fuligule nyroca**

C'est un petit canard plongeur de couleur brun acajou (mâle et femelle), avec dessous de la queue blanc, qu'on ne voit guère que dans le tiers Est de la France, et l'hiver.

– **Les harles, cormorans, plongeons, grèbes**

Il s'agit d'oiseaux plongeurs, souvent marins, se nourrissant surtout de poissons. Sur l'eau, ils sont très enfoncés dans celle-ci. Leur dos émerge de peu, moins que chez les canards. A leur type de nourriture correspondent deux caractéristiques : ces oiseaux ont le bec pointu, ou crochu, parfois à bords en dents de scie pour retenir leurs proies (les canards plongeurs « chassables » – milouins, morillons, macreuses... – ont le bec plat, adapté à une nourriture de petites larves, mollusques et plantes) ; les harles, cormorants, plongeons, grèbes ont les pattes très en arrière du corps, donc la queue courte, quasi inexistante ; cette position des pattes fait d'eux de merveilleux plongeurs mais les rend très malhabiles à marcher Les harles (plumage coloré) et les plongeons (gris foncé), les uns et les autres en général plus gros que des canards, ne se rencontrent, chez nous, que l'hiver. Les cormorans (jusqu'à 90 cm du bec – crochu – à la queue ; plumage gris foncé) sont les ennemis n° 1 des pisciculteurs de Brenne et de Dombes, régions où ils sont surtout présents à l'automne et au début de l'hiver. Ils y sont l'objet d'autorisations ministérielles limitées de prélèvements.

– Les pingouins, guillemots et macareux

Ces oiseaux marins, noirs et blancs (gros bec rouge chez le macareux), qui marchent dans une position presque verticale, sont très caractéristiques. On ne les rencontre que dans des zones très limitées (notamment la réserve des Sept Iles, au large de la Bretagne).

8 – Des oiseaux des berges, marécages et vasières.
– Les cigognes, la grue, le flamant, la spatule, l'ibis, l'échasse, l'avocette, les hérons

Tous ces oiseaux ont en commun de longues pattes, qu'on distingue, en général, en arrière de leur queue, lorsqu'ils volent, et "un long bec emmanché d'un long cou". Ce sont des échassiers. En schématisant, on peut dire que <u>tous les grands échassiers</u> (exception : le courlis cendré, au long bec recourbé vers le bas) sont protégés (ceux cités ci-dessus mesurent au moins 35 centimètres de haut, et, en vol, leur envergure est au moins de 50 centimètres).

La famille des grands échassiers (protégés) la plus répandue est celle des hérons. Signe caractéristique : ils volent le cou plié en S, la « tête dans les épaules ».

Exception. Un grand échassier dont le tir est permis : le courlis, au long bec recourbé vers le bas. C'est un limicole (voir chapitre « les Bécassines et apparentés).

– Le chevalier guignette

Cet oiseau de couleur brun-olive, qui mesure environ 20 centimètres du bec à la queue, se rencontre le long des lacs, cours d'eau, estuaires. Il vole au ras de l'eau, avec des battements d'ailes brefs. Au repos, il hoche constamment la tête.

A gauche, le guignette (protégé) : dos brun-olive ventre blanc. A droite, le chevalier aboyeur : longues pattes verdâtres dépassant la queue en vol ; bec un peu relevé ; cri : tiou-tiou. Surtout, taille supérieure : env. 30 cm. Tous les chevaliers chassables sont plus grands que le guignette.

- Les bécasseaux autres que le bécasseau maubèche (déjà inclus en 3 comme petits oiseaux).

Ce sont ces oiseaux gris-brun, qui font penser à de forts moineaux, qu'on voit à proximité des plages. Seul, le plus gros, le bécasseau maubèche, est « gibier ».

9 - Des oiseaux de montagne
- Les femelles et les jeunes du grand et du petit tétras.

Il s'agit d'oiseaux qu'on ne rencontre, en France, que dans certaines zones montagneuses et qui sont très caractéristiques (voir, plus loin, les chapitres sur le gibier de montagne).

REMARQUES. — Nous n'avons mentionné que les espèces protégées pouvant directement concerner le chasseur. Il en existe beaucoup d'autres ayant peu ou pas de rapports avec la chasse. Exemples : l'écureuil, le hérisson, les chauves-souris, le vison d'Europe, les salamandres, les tritons, les crapauds, les couleuvres, les lézards, certaines espèces d'escargots, etc. La destruction, la capture ou l'enlèvement de sujets de ces espèces sont passibles de la même amende, pouvant atteindre 60.000 francs, que ceux d'un bouquetin, d'une loutre, ou d'un chat sauvage.
Par ailleurs, signalons que le ramassage des escargots de Bourgogne et des escargots « petits gris » est désormais réglementé et que celui des champignons peut l'être. Il s'agit d'une situation indirectement favorable au gibier, couvées et nichées ayant souvent souffert dans le passé des allées et venues des cueilleurs et ramasseurs.
Un arrêté du 24 avril 1979 prévoit : interdiction, partout, de ramasser et de céder à titre gratuit ou onéreux : en tout temps, les escargots de Bourgogne dont la coquille a un diamètre inférieur à 3 centimètres et les « petits gris » dont la coquille n'est pas encore « bordée »; entre le 1er avril et le 30 juin, les escargots de Bourgogne même dépassant 3 centimètres de diamètre. Les préfets peuvent arrêter des mesures plus restrictives. Ils peuvent aussi interdire ou limiter « le ramassage ou la récolte et la cession, à titre gratuit ou onéreux, de toutes les espèces de champignons non cultivées ».

la vente du gibier

Un principe : la vente du gibier mort n'est licite dans un département que lorsque la chasse de ce gibier y est ouverte.

C'est en application de ce principe qu'un arrêté d'ouverture continue d'être pris chaque année, pour le département de Paris, où ne subsiste aucun territoire de chasse : il fixe, indirectement, les dates entre lesquelles la vente du gibier est licite chez les marchands et dans les restaurants de la capitale.
Outre la vente, le transport du gibier mort est interdit dans un département quand la chasse de ce gibier n'y est pas ouverte. Mais cette disposition, qui permet de confondre des braconniers, donne lieu, pour le reste, à des accommodements. Si elle était appliquée avec rigueur, elle empêcherait, par exemple, qu'un chasseur rapportât, d'un département voisin, un gibier dont la chasse ne serait pas ouverte dans son propre département.

Outre le grand principe de la vente limitée à la période d'ouverture, plusieurs interdictions, édictées dans un souci de protection :

- Depuis un arrêté de décembre 1983, <u>seulement six espèces d'oiseaux gibiers vivant en France peuvent encore être commercialisées. Il s'agit de : canard colvert, perdrix grise, perdrix rouge, faisans de chasse, pigeon ramier, étourneau sansonnet.</u> Toutes les autres espèces (bécasse, grive,

ESPÈCES PROTÉGÉES

canards autres que le colvert, pigeons autres que le ramier, alouette, etc.) sont interdites à la vente, en tout temps.
– Dans beaucoup de départements, la vente de certaines espèces (lièvre, perdreau, notamment) est interdite pendant le mois suivant l'ouverture.
– Il est interdit de «colporter, vendre ou acheter», en tout temps et sous toutes les formes (y compris les conserves et pâtés): le gibier de montagne, notamment chamois et isard. (Exception: le chamois peut donner lieu à commercialisation dans le Haut-Rhin et les Vosges).

Lors du débit d'un grand animal abattu dans le cadre d'un plan de chasse légal (voir chapitre «Le Chasseur et le gibier») un certificat extrait d'un carnet à souches doit être remis avec chaque quartier, ou avec le trophée, même lorsqu'il n'y a pas vente. Ce document est assez souvent exigé lors de contrôles routiers.

Nous avons déjà vu que l'interdiction de « colporter, transporter, vendre et acheter » s'applique à toutes les espèces protégées. Elle s'applique aussi aux peaux de certains animaux à fourrure pourtant généralement classés « nuisibles » (fouine, martre, putois, belette) et à celle de l'hermine.

la naturalisation

Pouvant procurer un profit et constituer une incitation à procéder à de plus nombreuses captures, la naturalisation est interdite pour quatre des espèces à fourrure citées ci-dessus : martre, putois, hermine, belette. S'agissant de la fouine, elle est autorisée, depuis 1985, à des « fins personnelles », c'est-à-dire hors de toute perspective de commercialisation. Nous avons déjà vu que la naturalisation de sujets des espèces protégées est interdite.

questionnaire

Q. – Avez-vous le droit de tirer ces oiseaux ?

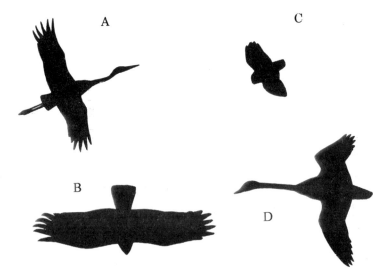

R. – Non. Il s'agit de silhouettes de :
A – cigogne ; B – buse ; C – chouette ; D – cygne.

Q. – Citez huit espèces de mammifères, qui pourraient concerner la chasse, dont le tir est interdit dans toute la France.

R. – L'ours, le bouquetin, le lynx, le chat sauvage, la genette, la loutre, le castor, le phoque.

Q. – Vous voyez, en vol, un oiseau de grande envergure (au moins soixante centimètres) dont les pattes sont tendues derrière la queue. Il est à contre-jour et vous ne pouvez l'identifier. Pourquoi ne tirez-vous pas ?

R. – D'abord, on ne tire jamais un animal qu'on n'a pas identifié à coup sûr comme un gibier ou un « nuisible ». Ensuite : ayant les pattes tendues derrière la queue, cet oiseau est un échassier. Or, tous les grands échassiers (ici : au moins soixante centimètres d'envergure) sont en principe protégés (le seul qui ne l'est pas, le courlis cendré, est reconnaissable à son long et mince bec recourbé, tendu vers l'avant en vol).

Q. – Quels rapaces diurnes ou nocturnes, ne figurent pas dans la liste des espèces protégées ?

R. – Aucun. Tous les rapaces, diurnes ou nocturnes, sont protégés.

Q. – Quelles sont, dans le groupe des oiseaux plongeurs, les principales espèces protégées et comment, en règle générale, les distingue-t-on des canards plongeurs – milouins, morillons, macreuses, etc. – dont la chasse est permise ?

R. – Les principales espèces protégées d'oiseaux plongeurs sont : les harles, les cormorans, les plongeons, les grèbes. Il s'agit d'oiseaux qui se nourrissent surtout de poissons. Ils ont, en général, un bec étroit et pointu, parfois crochu, qui leur permet de mieux tenir leurs proies. Ils ont les pattes très en arrière du corps et par conséquent la queue très courte (sauf le cormoran), ce qui accroît leurs performances nautiques. Les canards plongeurs « chassables », qui se nourrissent plutôt de petits animalcules, de larves et de végétaux, ont le bec plat, les pattes moins en arrière du corps et, par conséquent, la queue un peu moins courte. Ils sont, en général, moins habiles à plonger mais sont moins malhabiles à marcher.

infractions et sanctions

Les infractions de chasse sont punissables même si leur auteur est de bonne foi.
C'est une situation analogue à celle qui existe dans la police de la circulation. Exemple : vous circulez à contre sens dans une voie à sens unique. Vous devrez payer une amende même si vous ignoriez – et en apportez la preuve – que la voie était à sens unique.
De même, vous serez condamné pour chasse dans une réserve si vous avez pénétré dans celle-ci, de bonne foi, en en connaissant mal les limites.

Selon leur gravité, on distingue quatre grandes catégories d'infractions.
1. – Sont passibles d'une amende de 3.000 à 6.000 F, par exemple :
   – la chasse sans permis ;
   – la chasse sur autrui ;
   – la destruction ou l'enlèvement sans droit des œufs, couvées ou portées d'espèces classées «gibiers» ;
   – la divagation des chiens ;
   – la chasse en temps de neige ;
   – le transport, sans autorisation, de gibier vivant en temps d'ouverture.
2. – Sont passibles d'une amende de 3.000 à 6.000 F ou (et) d'une peine de 10 jours à 1 mois de prison :
   – la chasse en temps prohibé ;
   – la chasse dans une réserve approuvée ;
   – la chasse de nuit ;
   – la chasse à l'aide d'engins prohibés (par exemple véhicule motorisé) ;
   – la chasse en contravention d'un plan de chasse ;
   – le transport, la mise en vente, la vente, l'achat de gibier (vivant ou mort) en temps prohibé.
3. – Sont passibles d'une amende pouvant atteindre 15.000 F, ou (et) d'une peine de prison allant jusqu'à 3 mois :
   – la chasse sur autrui dans un terrain clos attenant à une habitation ;
   – la chasse par une personne dont le permis a été suspendu ou retiré par jugement ;
4. – Est passible d'une amende de 2.000 à 60.000 F ou (et) d'une peine de prison pouvant atteindre 6 mois, la capture d'un animal appartenant à une espèce protégée.

L'énumération ci-dessus, qui n'est pas limitative, souligne l'existence de certaines infractions méconnues.
Par exemple :
– C'est une infraction de ramasser des œufs de perdrix ou de faisan « sans droit » (voir ci-dessus).
Or, le « droit », en l'occurrence, n'existe que si deux conditions sont réunies. Il faut :
a) qu'on possède le droit de chasse là où l'on ramasse les œufs ;

b) que ce ramassage soit effectué dans le but de sauver un nid découvert par les travaux agricoles.

– C'est une infraction de transporter du gibier vivant, sans autorisation, même en temps d'ouverture et même si c'est dans l'intention louable de repeupler un territoire. Tout <u>transport de gibier vivant</u> – sauf cas particuliers d'animaux provenant d'élevages déclarés, soumis à contrôle – nécessite une <u>autorisation de la Direction départementale de l'Agriculture</u> du département d'origine. Bien entendu, cette autorisation est, en règle générale, refusée (1) lorsqu'il s'agit d'une espèce classée « nuisible » dans le département de destination (cas, souvent, du sanglier et du lapin). En sorte que les lâchers de « nuisibles » se trouvent, en général, exclus, sauf pour leurs auteurs à encourir des poursuites judiciaires.

> Les peines ci-dessus mentionnées sont théoriquement augmentées dans certains cas (récidive, déguisement, usage d'une automobile, etc.). En fait, elles sont rarement prononcées dans leur intégralité. Mais la loi prévoit des <u>sanctions accessoires</u>, aussi intimidantes que les peines principales. Ce sont, notamment :
> – dans le cas de braconnage en voiture, la suspension du permis de conduire pour une période pouvant aller jusqu'à trois ans, à l'encontre de tous les passagers du véhicule, et, éventuellement, <u>la confiscation</u> de celui-ci ;
> – dans presque tous les cas d'infraction de chasse (chasse sur autrui excepté), la possibilité, pour le tribunal, de prononcer <u>le retrait du permis de chasser</u> de l'intéressé pour une période pouvant aller jusqu'à 5 ans.
> La suspension peut déjà être décidée par le juge d'instance avant que le fautif soit jugé, au simple vu du procès-verbal.
>
> En cas de retrait par le tribunal, l'intéressé doit satisfaire à l'examen de chasse avant d'obtenir la restitution de son permis, au terme du délai fixé. En principe, le retrait de permis est signalé par le parquet au préfet du département du condamné et le préfet transmet au maire du domicile, ce qui empêche le délinquant d'obtenir un duplicata ou le visa d'un nouveau permis en prétextant un cas de perte ou de vol.
>
> Les infractions de chasse peuvent être constatées par tous les officiers et agents de police judiciaire : maires et adjoints, commissaires de police, gendarmes.
> Elles peuvent, en outre, être constatées par des agents spécialement ou accessoirement habilités à cet effet : les lieutenants de louveterie, les gardes nationaux, les gardes des Fédérations (voir chapitre « L'Organisation de la chasse »), les gardes particuliers assermentés, les ingénieurs et préposés des Eaux et Forêts, les gardes champêtres.
>
> REMARQUE. – La loi du Bas-Rhin, Haut-Rhin, Moselle prévoit des sanctions en général plus fortes, notamment envers ceux qui se livrent «professionnellement» à une chasse prohibée.

(1) De rares exceptions : les préfets peuvent donner des «autorisations <u>individuelles</u>» de lâchers <u>limités</u> de lapins et de sangliers, même là où ces espèces sont classées «nuisibles». Sauf ce cas rare, les lâchers de sangliers et lapins sont interdits dans les départements (la majorité) où ces animaux sont «nuisibles».

questionnaire

Q. – La capture d'un sujet d'une espèce protégée est passible d'une amende pouvant atteindre au maximum, la somme de : a) 60.000 F ; b) 20.000 F ; c) 5.000 F.

R. – La bonne réponse est a.

Q. – **Quelles sont les deux peines accessoires qui peuvent être prononcées en cas de braconnage en voiture ?**

R. – La confiscation du véhicule ; la suspension du permis de conduire.

Q. – **En période d'ouverture et sur un territoire où j'ai le droit de chasse, j'ai tiré un gibier du haut d'un tracteur. Mon tracteur peut être confisqué : a) vrai ; b) faux.**

R. – Vrai, car il y a délit de chasse avec véhicule motorisé.

livre 2

devoirs du chasseur à l'égard des autres

L'art et la manière de se servir d'un fusil. Celui-ci est tenu par Michel Carréga, le plus prestigieux tireur français de la dernière décennie. Observez la position : haut du corps légèrement penché en avant ; jambe gauche tendue ; talon droit légèrement soulevé ; crosse bien calée contre la joue, les deux yeux ouverts. Michel Carréga a été champion du monde de ball-trap à la fosse olympique à trois reprises, et médaille d'argent olympique. Il est co-recordman du monde, à la fosse olympique, avec 199 plateaux d'argile atteints, sur 200.

les armes de chasse et leurs munitions

Les devoirs du chasseur envers les autres commencent par une connaissance minimum du redoutable engin qu'il porte : son arme.

Les armes à feu utilisées à la chasse comportent toutes : une crosse qui permet d'épauler ; un mécanisme qui, à la commande du chasseur, fait partir le ou les projectiles ; un canon qui dirige ce ou ces projectiles vers le point visé.

On classe les armes de chasse en deux grands groupes :

1. <u>Les fusils</u>, ou armes à canons lisses, conçus pour tirer de multiples petits projectiles (les plombs), mais qui peuvent aussi tirer des balles.

2. <u>Les carabines</u>, à canons rayés (1), qui ne tirent que des projectiles constitués par un seul bloc de métal : des balles.

les fusils

Certains fusils – à un coup, à répétition (à pompe) ou « automatiques » à trois coups – ne comportent qu'un canon. Mais la plupart en comportent deux.

Le fusil est dit <u>juxtaposé</u> quand les deux canons sont assujettis côte à côte. Il est <u>superposé</u> quand ils sont réunis l'un au-dessus de l'autre. Le premier des deux coups est généralement tiré par le canon de droite dans le juxtaposé, par celui du bas dans le superposé.

---

(1) On trouve, dans le commerce, des armes dites « carabines » 9 mm, 12 mm ou 14 mm, qui sont des armes à canon lisse. Il n'en sera pas question ici.

PRINCIPE DE FONCTIONNEMENT

Ne dites surtout pas : « j'ai appuyé sur la gâchette ». La gâchette est une pièce du mécanisme intérieur du fusil.
Ce que le doigt presse, dans l'action du tir, est la queue de détente. Avec de multiples variantes dans la réalisation mécanique, le principe du fonctionnement d'un fusil est le suivant (les flèches courbes indiquent le sens de déplacement des pièces) :

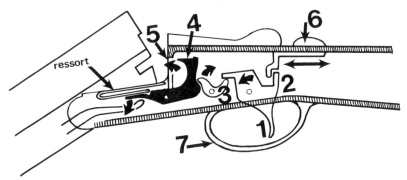

La pression du doigt sur la queue de détente (1) fait pivoter la détente (2) sur son axe. La partie avant de la détente appuie alors sur la gâchette (3), laquelle, en fin de course, libère le chien (4). Ce dernier, par l'effet d'un ressort en V fait saillir (en 5) le percuteur qui frappe violemment l'amorce de la cartouche. Un cran de sûreté (6) peut empêcher la détente de pivoter. La ou les queues de détente (sur le schéma, nous n'en avons représenté qu'une, pour simplifier) sont protégées par un pontet (7).

LA CARTOUCHE

La cartouche se compose d'un étui (1) avec un culot (2) d'une amorce (3), d'une charge de poudre (4), d'une bourre (5), de grenaille de plomb (6) ou d'un seul bloc de métal : la balle ; d'une fermeture (7).
L'amorce contient du tricinate de mercure, qui a pour propriété de détoner sous l'effet d'un choc violent. Frappée par le percuteur, l'amorce fait exploser la poudre.
Une forte pression s'exerce sur la bourre, qui la communique à la charge de plombs, laquelle se trouve éjectée vers la sortie du canon. La bourre, qui est par exemple en plastique, en fibre de bois agglomérée

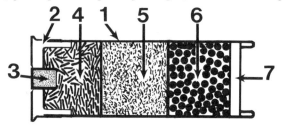

ou en liège, remplit un double rôle : elle protège les plombs ou la balle (qui fondraient partiellement et seraient déformés) de la chaleur dégagée par l'explosion ; elle égalise et amortit, au départ, la pression communiquée par celle-ci.

Il existe des plombs de différentes tailles, correspondant aux catégories de gibier que l'on chasse (tableau page suivante). La grosseur des plombs s'exprime en numéros (de 1 à 10 dans la série dite « de Paris »). <u>Un chiffre plus élevé désigne un plomb plus petit :</u> le 10 est plus petit que le 9, lui-même plus petit que le 8, etc.

> *Mais des plombs d'un même numéro ont la même taille dans des cartouches de calibres différents. Exemple : les plombs nº 4 d'une cartouche de calibre 20 sont identiques aux plombs nº 4 d'une cartouche de calibre 12.*

LE CALIBRE

Les fusils utilisés à la chasse sont de calibre 12 ou 16 (parfois 20). Contrairement à une idée répandue, le calibre d'un fusil de chasse ne désigne pas le diamètre de son canon en millimètres (ce qui est le cas, nous le verrons, pour les carabines à canons rayés).

Le calibre d'un fusil est donné par le nombre de balles sphériques, adaptées à l'arme, que l'on pouvait fondre jadis dans une livre de plomb. Un fusil de calibre 12 est donc un fusil pour lequel on pouvait fondre 12 balles dans une livre de plomb ; un « calibre 16 », un fusil pour lequel on en fondait 16.

> *Le diamètre du canon d'un calibre 12 est normalement de 18,2 mm avant l'éventuel resserrement du choke ; celui d'un calibre 16 : 16,8 mm ; celui d'un calibre 20 : 15,7 mm. Mettre dans un fusil, par inadvertance, une cartouche d'un calibre inférieur serait dangereux. La cartouche pourrait rester coincée dans le canon et celui-ci pourrait exploser au coup suivant.*

<u>Plus le chiffre du calibre d'un fusil est élevé, plus ce calibre est petit.</u> Le calibre 12, étant plus gros, utilise des cartouches qui contiennent un peu plus de poudre et de plombs que le calibre 16. En contrepartie, il pèse un peu plus lourd.

Après le calibre, un fusil est caractérisé par :
– le choke des canons
– la longueur des canons
– la longueur de la chambre des canons

LE CHOKE

La bouche du canon d'un fusil peut être légèrement resserrée. Ce resserrement s'appelle le « choke ». Le choke joue, dans la projection des plombs, un rôle analogue à celui de la lance d'arrosage dans la projection de l'eau :
a) <u>il resserre la gerbe</u> des plombs (qui se dispersent à mesure que la distance s'allonge) et réduit les zones creuses qu'elle comporte à partir d'une certaine distance ;
b) <u>il augmente légèrement la portée utile,</u> en concentrant davantage d'atteintes sur le gibier correctement visé et, par conséquent, en accroissant les chances de le tuer net.

> *Une théorie dite « des cinq atteintes » considère qu'il faut et qu'il suffit qu'un gibier soit atteint par cinq plombs – chacun doté d'une énergie suffisante pour casser un gros os – pour être immobilisé net.*

PLOMBS ET GIBIERS

Le tableau ci-dessous indique les numéros de plombs le plus souvent utilisés dans le tir de quelques espèces courantes. Les numéros sont ceux de la série dite « de Paris ». Quelques cartouches sont encore fabriquées en tenant compte de séries dites « de Lyon », « de Marseille », « de Toulouse », « de Bordeaux » dans lesquelles, pour un même numéro, les plombs sont un peu plus gros.

numéros des plombs	diamètre réel des plombs	chevreuil	renard	lièvre - canard	faisan	perdrix - lapin	grive
9	• • • •						■
8	• • • •					■	■
7	• • • •				■		
6	• • • •			■		■	
5	• • • •		■	■	■		
4	• • • •		■	■			
3	• • • •	■	■				
2	• • • •	■	■				
1	• • • •	■					

Il y a des canons « plein choke » (« full choke », selon l'expression anglaise), « trois quarts de choke », « demi-choke », « quart de choke » et « lisses améliorés ». Le resserrement est de l'ordre de 1 mm dans le « full choke », de 1/10e de mm dans le « lisse amélioré ».

<u>La combinaison la plus courante en France est un canon demi-choke pour le premier coup à tirer et choke pour le second</u>, lequel, souvent, est destiné à un gibier qui s'est un peu éloigné. Certains experts la jugent excessive : le « plein choke » incite à des coups de longueur qui blessent inutilement du gibier.

Par ailleurs, s'il donne quelques chances supplémentaires au chasseur sur un gibier éloigné, le choke excessif comporte des inconvénients sur un gibier tiré à courte distance (notamment lapin sous bois) : la gerbe de plombs, sous son influence, peut se trouver trop resserrée. Le gibier est manqué ou broyé par un coup qui « fait balle ».

> *REMARQUE. – A l'inverse des balles sphériques de jadis, les balles modernes peuvent être tirées sans risque dans des canons plein choke. Mais leur précision a toutes chances d'être meilleure dans des canons demi-choke, quart de choke ou lisses améliorés. Si l'on n'utilise une balle que dans un canon sur deux, il vaut mieux que ce soit dans le moins choké.*

LA LONGUEUR DES CANONS

Les canons ont le plus souvent une longueur de 70 cm. Il en est de plus courts. La portée augmente légèrement avec la longueur. Mais, au-delà d'environ 75 cm, il n'y a plus de progrès.

> *Les canons portent des poinçons, indiquant à quelle pression ils ont été « éprouvés ». Cette pression se situe, en général, entre 900 et 1.200 kg/cm2. Celle qu'exerce la cartouche au départ du coup est de l'ordre de 400 kg/cm2.*

LA LONGUEUR DE LA CHAMBRE

La « chambre » est la partie du canon dans laquelle on introduit la cartouche. Sa longueur s'exprime en millimètres (1).

Les fusils récents sont presque tous chambrés à 70 mm ; certains, dits « magnum » à 76 mm. Ils permettent de tirer des cartouches dont les étuis, avant sertissage, mesurent l'une de ces longueurs. Mais beaucoup de fusils, fabriqués avant 1960 environ, sont chambrés à 65 mm et ne doivent utiliser que des cartouches dont les étuis ont cette taille avant sertissage.

Les cartouches de 70 mm contiennent un peu plus de poudre et un peu plus de plombs que celles de 65 mm ; les « magnum » un peu plus que celles de 70 mm. Les fusils qui peuvent les utiliser envoient donc des gerbes de projectiles un peu plus importantes.

<u>Attention. – Une cartouche de 70 millimètres peut, le plus souvent, entrer dans un fusil chambré à 65 millimètres et une cartouche « magnum » dans un fusil chambré à 70 mm. Mais, il y a danger, pour le fusil et même pour le tireur, à les utiliser dans de telles conditions.</u>

En effet, comme le montre le croquis page suivante, les bords de l'étui, lorsque le coup part, se déplient et, alors, accroissent l'étranglement terminal de la chambre. Il y a surpression dans cette dernière, d'où fatigue et usure de l'arme et, à la limite, risque d'éclatement de la chambre.

(1) En inches, lorsqu'il s'agit d'armes et de munitions anglo-saxonnes. 2 1/2 inches correspondent alors à 65 mm ; 2 3/4 inches à 70 mm ; 3 inches à 76 mm.

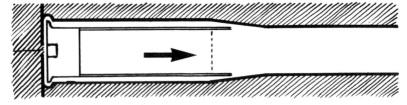

Tir d'une cartouche de longueur adéquate : il n'y a pas d'obstacle devant, la poussée provoquée par l'explosion de la poudre.

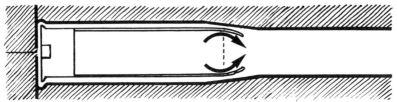

Tir d'une cartouche trop longue : il y a obstacle devant la poussée et, par conséquent, surpression dangereuse dans la chambre.

Un chasseur doit connaître <u>la longueur de chambre des canons de son fusil et n'utiliser que des cartouches qui lui sont adaptées</u>. L'indication de cette longueur est souvent gravée dans le métal.

Au besoin, la faire mesurer par l'armurier.

<u>**calibre, choke, longueur et chambre : conclusion**</u>

Résumons quelques conséquences pratiques de certaines caractéristiques des fusils.
Un fusil envoie une gerbe de plombs un peu plus importante :
– s'il est d'un plus gros calibre,
– s'il peut utiliser des cartouches de 70 ou 76 millimètres avant sertissage.
Il a une portée un peu plus longue si ses canons atteignent 75 cm et une portée utile un peu accrue s'il est choké.
Il est mieux adapté au tir de la balle et aux coups rapprochés s'il est peu choké.

PORTÉES

Il faut considérer trois portées d'un coup de fusil de chasse tirant de la grenaille de plomb : la portée utile ; la portée maximum normale ; la portée maximum accidentelle.

I – PORTÉE UTILE

C'est la distance jusqu'à laquelle l'énergie des projectiles est telle qu'on est à peu près sûr de <u>tuer net</u> un gibier, si le plomb utilisé est approprié et le coup parfaitement centré.
Cette portée utile se situe entre 30 et 40 mètres selon l'arme et son

chargement. Cette distance peut paraître faible mais c'est, par exemple, la hauteur d'un immeuble de 12 étages. Qui peut se flatter d'avoir tué net beaucoup de faisans passant à une hauteur correspondant à celle d'un immeuble de 12 étages ?

Lorsque c'est une balle qui est tirée dans le fusil, la portée utile peut être évaluée à une cinquantaine de mètres. Dans ce cas, ce n'est pas une diminution de l'énergie du projectile qui limite la portée utile : la balle garde assez de puissance pour tuer plus loin. Mais, au-delà d'une cinquantaine de mètres, sa précision diminue.

Un chasseur consciencieux ne tire pas au-delà de la portée utile. Plus il s'en éloigne, moins il a de chances de tuer le gibier et plus il risque (car la gerbe de plombs s'élargit) de le blesser en pure perte.

Un chasseur sérieux ne tire pas non plus un gibier à trop courte distance : la gerbe est alors très étroite; le coup « fait balle »; le gibier est broyé (on dit parfois : « déshonoré »).

II – PORTÉE MAXIMUM NORMALE

C'est la distance à laquelle les plombs retombent au sol (plombs « morts ») lorsque le coup a été tiré sous l'angle le plus favorable, celui-ci se situant aux alentours de 20° par rapport à l'horizontale. La portée maximum dépend dans une faible mesure – nous l'avons vu – de la longueur des canons. Elle peut aussi être influencée par la qualité du chargement de la cartouche. Mais elle dépend surtout, dans une proportion importante, des dimensions des projectiles.

En simplifiant, on peut dire qu'un plomb plus gros est animé d'une énergie plus grande et, par conséquent, va plus loin (1).

Le tableau suivant indique, pour les numéros de plombs fréquemment utilisés, l'ordre de grandeur des portées maximums normales.

Plomb n° 8 :   200 mètres
Plomb n° 7 :   220 mètres
Plomb n° 6 :   240 mètres
Plomb n° 4 :   280 mètres
Plomb n° 2 :   330 mètres
Plomb n° 1 :   350 mètres
Balle   : 1 200/1 500 mètres

III – PORTÉE MAXIMUM ACCIDENTELLE

Elle est le fait de la formation d'une grappe de plombs. Ces derniers se trouvent accidentellement agglutinés par les gaz brûlants de l'explosion, qui les fondent à demi et les soudent entre eux. A la limite, la grappe a presque l'importance d'une balle. Elle peut alors

---

(1) Un célèbre spécialiste de la balistique, le général Journée, a établi que sous l'angle de tir de 20° « la portée maximum des plombs, en mètres, correspond à environ 80 fois leur diamètre en millimètres ». Ainsi, ayant un diamètre de 3 mm, des plombs n° 5 auraient une portée maximum de 3 × 80 = 240 mètres. Mais le général Journée considérait des munitions un peu moins puissantes que celles de maintenant. Aujourd'hui, les portées maximums normales sont plutôt supérieures à celles qui découlaient de sa règle.

atteindre une distance beaucoup plus importante que la portée maximum normale de plombs restés séparés. Le danger est d'autant plus grand que la grappe, de forme irrégulière, est très imprécise.

La formation de grappes peut avoir plusieurs origines : bourre défectueuse, canon très « piqué » (points d'oxydation qui ont creusé de petites cavités le long de la paroi intérieure), plombs insuffisamment « durcis », chargement défectueux, etc.

Le cas est relativement rare. Mais aucune garantie ne peut en écarter à 100 % le risque.

Il en découle une règle de sécurité que nous retrouverons : on ne tire pas un gibier lorsqu'une personne se trouve dans l'axe, même au-delà de la portée maximum normale.

CORRECTIONS DE TIR

Entre l'instant où le cerveau donne l'ordre à l'index de presser la queue de détente, celui où ce geste s'accomplit, puis celui où la poudre explose et le coup part, il se passe plus d'un dizième de seconde, pendant lequel un gibier, lancé à toute vitesse, se déplace légèrement.

Les plombs (ou la balle) ont, à la sortie du canon d'un fusil, une vitesse de l'ordre de 370 mètres à la seconde. Ils mettent donc un dixième de seconde environ pour atteindre un gibier situé à 40 mètres. Pendant ce dixième de seconde, le gibier s'est encore déplacé (de deux mètres environ dans le cas d'un perdreau; d'un mètre dans celui d'un lièvre). Conclusion : le chasseur doit viser non pas l'endroit où se trouve le gibier quand son cerveau donne l'ordre à son index de presser la queue de détente, mais celui où il se trouvera deux à trois dixièmes de seconde plus tard.

Les corrections de tir, qui peuvent atteindre 6 à 7 mètres, et même davantage, dans le tir d'un perdreau bénéficiant d'un fort vent favorable, font toute la difficulté du tir de chasse et lui confèrent, par conséquent, son caractère sportif.

On a intérêt à les prévoir, en général, plutôt trop amples que pas assez. Car la gerbe des plombs s'étend, en profondeur, sur plusieurs mètres. Si l'on tire un peu trop devant, les premiers projectiles, certes, passeront devant le gibier, mais celui-ci viendra se jeter dans la traînée de plombs qui suit. Au contraire, dans le cas où l'on tire un peu trop en arrière, les chances seront définitivement nulles si l'animal n'est pas atteint par les premiers plombs.

Les grands tireurs mettent en pratique une technique de tir qui limite le besoin de correction. De leur ligne de mire, ils suivent un court instant la trajectoire du gibier, puis la précèdent et pressent la queue de détente sans cesser de déplacer leur arme selon cette trajectoire. C'est le « swing ». Comme l'extrémité du canon s'est déplacée selon l'angle correspondant à la course du gibier, la correction exacte se trouve, théoriquement, réalisée.

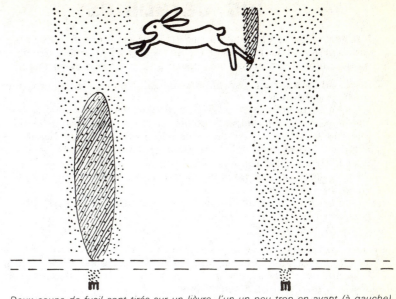

Deux coups de fusil sont tirés sur un lièvre, l'un un peu trop en avant (à gauche), l'autre un peu trop en arrière (à droite). La profondeur de la gerbe aidant, le lièvre sera atteint dans le premier cas par une partie importante (en grisé) des projectiles. Dans le second cas, il est seulement blessé par quelques plombs (également en grisé) puisque, quand la majeure partie de la gerbe coupe sa trajectoire, il s'est déjà éloigné.

CE QU'IL FAUT ENCORE SAVOIR DU FUSIL

Les pièces du mécanisme d'un fusil s'usent légèrement à l'usage. Lorsqu'elles sont usées, le chien peut se trouver libéré à la suite d'un simple choc. Il faut absolument faire vérifier une arme lorsqu'on sent que le départ du coup ne nécessite plus qu'une pression diminuée sur la queue de détente.

D'une façon générale, même si l'on ne constate rien d'anormal, il est prudent de faire vérifier un fusil tous les deux ou trois ans.

Le fusil doit être adapté à la conformation de celui qui l'utilise. Les trois éléments les plus importants sont la « pente », l'« avantage » et la longueur de la crosse. Leur éventuelle modification est du domaine de l'armurier.

Le terme « hammerless » (en anglais : « sans marteau ») désignait, à l'époque où se fabriquaient des armes à « chiens » extérieurs, celles au mécanisme entièrement intérieur. Maintenant, tous les fusils sont des « hammerless ».

LES CHEVROTINES

Les chevrotines sont des gros plombs, d'un diamètre supérieur à 4 millimètres, qu'on utilisait naguère dans le tir du grand gibier. Elles sont dangereuses pour les autres chasseurs par leur dispersion et leurs ricochets. Dans le cas d'une atteinte unique – ou de deux – elles blessent mortellement l'animal de chasse, alors condamné à mourir au loin, sans le tuer net. Leur utilisation est maintenant, en règle générale, interdite dans tous les cas, y compris là où le sanglier est classé « nuisible ». Cependant, « dans les départements présentant des formations de garrigue ou de maquis » (où, souvent, on tire les animaux au débuché, à très courte distance), une exception peut être prévue, dans l'arrêté d'ouverture, pour le tir du sanglier en battues collectives.

les carabines

Les carabines de chasse sont des armes à canon rayé. L'intérieur du canon présente des rayures en forme de spires, imprimant à la balle un mouvement de rotation, qui ajoute à la précision de la trajectoire.

Les carabines offrent, par rapport au fusil, plusieurs avantages pour le tir du grand gibier :
— Une grande vitesse du projectile : de l'ordre de 750 à 1000 mètres/seconde, parfois 1250 mètres/seconde, alors que la vitesse de la balle de fusil, nous l'avons vu, est d'environ 370 mètres/seconde. La vitesse de la balle de carabine réduit considérablement la nécessité de la correction de tir tenant compte de la course du gibier.
— Une grande énergie au choc qui permet de tuer net lorsqu'on utilise un calibre suffisant.
— Une grande précision, donnée par les spires du canon et, pour une part, par l'énergie de la balle.
— Une grande portée.

Dans certains types de chasse, notamment dans la chasse du cerf ou du chevreuil à l'approche, dans celle du chamois ou de l'isard, le chasseur peut être amené à tirer un gibier se trouvant au-delà de la portée utile d'un fusil à canon lisse.

La carabine lui apporte cette possibilité. Elle permet au bon tireur d'atteindre un chevreuil, un cerf, un chamois, à 150 ou 200 mètres. La portée maximum normale des carabines est de l'ordre de deux à cinq kilomètres.

uniquement tir fichant

La grande portée de la carabine la rend très dangereuse. Le tireur à la carabine ne doit jamais oublier que ses balles peuvent atteindre des distances de l'ordre de 5 000 mètres sous certains angles et pour certaines munitions. Rien, même dans le cas de la chasse en montagne, ne peut donner la garantie que personne ne se trouve dans l'axe de tir, en deçà de cette distance. On ne doit donc tirer à la carabine qu'en tir fichant, c'est-à-dire selon une trajectoire telle que la balle s'enfoncera dans le sol ou rencontrera un obstacle à courte distance.

On ne tire pas, avec une carabine, un gibier qui se présente de telle façon que le coup serait rasant et que la balle pourrait poursuivre sa trajectoire.

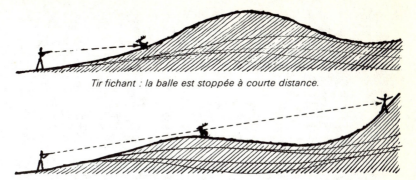

Tir fichant : la balle est stoppée à courte distance.

Tir rasant : la balle atteint une distance de plusieurs kilomètres.

LE CALIBRE DES CARABINES

Le calibre des carabines est exprimé de façon différente par les fabricants des pays utilisant le système métrique (Europe continentale) et par ceux des pays de tradition anglo-saxonne (Grande-Bretagne et U.S.A. notamment).

En Europe continentale, le calibre est défini par une combinaison de deux nombres, séparés par le signe ×. Exemple : 5,6 × 57. Le premier des nombres indique le diamètre, en millimètres, de la balle que projette l'arme ; le second la longueur, également en millimètres, de la douille de la munition. La combinaison des deux nombres est parfois suivie d'une lettre qui précise une caractéristique de la munition. Par exemple : R, initiale d'un mot allemand signifiant « bourrelet », indique que l'arme utilise des cartouches à bourrelet.

Les fabricants anglo-saxons définissent leurs carabines par un nombre qui est, en principe, le diamètre de la balle en centièmes ou en millièmes d'inch (l'inch – pouce en français – est égal à 25,4 millimètres). Une 300 Winchester, par exemple, tire des balles d'un diamètre de 300 × 0,0254 = 7,62 mm. Par ailleurs, au lieu de la longueur de la douille, les fabricants anglo-saxons font entrer, dans la définition du calibre, une référence repère (1) ou le nom de leur marque. On ne se contente pas, par exemple, de dire une 243 ou une 280, mais une 243 Winchester, une 280 Remington. Le nom de la marque est nécessaire et suffisant pour caractériser la munition adaptée à l'arme.

PRINCIPES ET EXEMPLES D'UTILISATION

Des cartouches correspondant à un même calibre peuvent contenir des charges de poudre différentes, des balles de poids, de forme et de constitution différents : tête en plomb ou en cuivre, noyau dur ou non, etc. (mais les balles doivent toujours être « expansives », voir plus loin). Ces caractéristiques ont autant d'influence sur les per-

---

(1) Exemple : L.R. dans 22 long rifle, laquelle, cependant, d'un trop petit calibre, n'est pas une arme de chasse.

formances du coup (vitesse du projectile, puissance de choc, flèche (1) de la trajectoire) que le calibre lui-même.

Il existe une vingtaine de calibres courants (sur plus de deux cents) et, pour nombre d'entre eux, plusieurs variantes de charge et de balle. Le chasseur a donc le choix entre une large gamme.
Deux principes :
* *Toujours utiliser une munition de puissance suffisante ; sinon, on peut blesser sans tuer net.*
* *En général, on utilise une arme et une munition assurant une grande vitesse et une trajectoire tendue, sur les animaux qu'on tire loin (chamois, isard, chevreuil « à l'approche »); au contraire on peut préférer une balle lourde moins rapide mais à grande puissance de choc, sur ceux qu'on tire à courte distance (sanglier en battue).*

Nous avons indiqué ci-dessous à propos des principales espèces de grand gibier tirées en France, quelques calibres de carabines fréquemment utilisées. Pour fixer les idées et à titre d'exemples, nous avons figuré, grandeur nature, trois cartouches classiques correspondant à trois calibres également classiques, (en noir, également à leur taille réelle, les balles).

On remarquera que certains calibres se retrouvent à propos d'utilisations différentes. C'est que, il n'y a pas de « cloisons » étanches entre ces utilisations, d'autant que les variantes de charge et de balle permettent souvent de modifier, comme nous l'avons vu, les performances.

cerf, sanglier

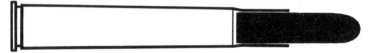

9,3 × 74 R (ci-dessus); 8 × 68 S; 300 Winchester; 7 mm Remington magnum; 7 × 65 R; 7 × 64.

chamois, isard, mouflon, chevreuil « à l'approche »

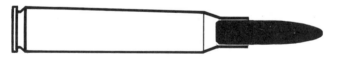

7 × 64 (ci-dessus); 7 mm Remington magnum; 270 Winchester; 6,5 × 57; 6,5 × 68; 243 Winchester; 5,6 × 57.

chevreuil (à distance moyenne)

243 Winchester (ci-dessus); 6,5 × 68; 6,5 × 57 R; 5,6 × 57; 5,6 × 52 R.

(1) Baisse de la trajectoire, sous l'effet de la pesanteur, à partir d'une certaine distance. On la corrige en utilisant la « hausse » qui fait tirer, dans la même proportion, au-dessus du point visé.

CE QU'IL FAUT ENCORE SAVOIR DES CARABINES

– Les carabines de fort et moyen calibre, celles qui doivent être utilisées à la chasse, sont à « percussion centrale » : il y a, comme nous l'avons vu pour le fusil, percussion d'une amorce centrale de la cartouche.

– Des carabines de petits calibres, moins puissantes, sont à « percussion annulaire » : il n'y a pas d'amorce centrale et la percussion se réalise par pincement du bord de la douille entre la « cuvette » de la chambre et le percuteur (exemple : 22 long rifle).

– La plupart des carabines de chasse sont à répétition. Elles comportent un « magasin » qui contient plusieurs cartouches. Dès qu'un coup est parti, une nouvelle cartouche peut passer dans le canon, par une manœuvre de la culasse ou, dans certains modèles, automatiquement.

– Quelques carabines ont deux canons. Ce sont les « express ».

– Beaucoup de carabines sont équipées d'une lunette grossissante, surtout lorsqu'elles sont utilisées dans la chasse « à l'approche » où, le plus souvent, on tire un gibier arrêté.

– Il existe des armes mixtes fusil-carabine, qui comportent un ou deux canons lisses (généralement, deux) et un ou deux canons rayés (généralement, un). Ce sont les « drillings ».

les armes et les munitions interdites à la chasse

Sont interdits pour la chasse, ou la destruction des animaux "nuisibles", comme dangereux, pouvant favoriser le braconnage, ou trop destructeurs pour le gibier :

- Les armes de guerre.
- Les armes de chasse non susceptibles d'être épaulées sans appui (ce qui était le cas, jadis, d'armes de très gros calibre fixées sur des barques ou dans des huttes pour la chasse au gibier d'eau).
- Les armes à rechargement automatique permettant le tir de plus de trois cartouches sans réapprovisionnement de l'arme (les « automatiques » à plus de 3 coups, qu'il s'agisse de fusils ou de carabines)
- Les armes à canons rayés munies d'une hausse permettant d'ajuster le tir à une distance de plus de 300 mètres
- Les cannes-fusils
- Les armes à air comprimé
- Les dispositifs dits « silencieux »
- Les « dispositifs de visée comportant un convertisseur d'image ou un amplificateur d'image électronique » (accessoires d'armes de guerre)
- Les chevrotines et plombs d'un diamètre supérieur à 4 mm (plombs plus gros que le n° 1 dans la série de Paris), sauf – nous l'avons vu – pour des battues collectives aux sangliers dans quelques départements.

● Les balles <u>non expansives</u>

Les balles du commerce, utilisées à la chasse (balles expansives), se fractionnent lorsqu'elles rencontrent un obstacle. Elles provoquent de multiples blessures à l'intérieur du corps du gibier et peuvent, ainsi, tuer net. Si la cible est manquée, il y a des chances pour qu'elles se désagrègent au contact d'un obstacle (branches). Elles sont donc moins dangereuses que le seraient des balles blindées.

Sont interdites pour le tir du cerf, chevreuil, sanglier, daim, mouflon, chamois (isard) : toutes les armes à percussion annulaire (22 LR, 22 magnum...) et celles, même à percussion centrale, d'un calibre inférieur à 5,6 mm (cas de la 22 hornet) ou « dont le projectile ne développe pas une énergie minimale de 1 kilojoule à 100 mètres ».

Pour le transport, une règle générale : toute arme de chasse ne peut être transportée à bord d'un véhicule que démontée, ou déchargée et placée sous étui.

Cette disposition, outre son intérêt au titre de la sécurité, peut aider à confondre des braconniers.

formalités

Des règles de sécurité publique s'appliquent à toutes les armes de chasse, fusils ou carabines :
- elles ne peuvent être vendues à des mineurs de moins de 16 ans (entre 16 et 18 ans : autorisation parentale) ;
- en cas de perte ou vol, leur possesseur doit effectuer sans délai une déclaration au commissariat ou à la gendarmerie.
- les carabines à canon rayé (même les simples 22 long rifle) ne peuvent être vendues sans que le commerçant note sur un registre l'identité de l'acheteur, qui doit donc présenter sa carte d'identité ou équivalent.

A partir d'avril 1995 doit encore s'appliquer une réglementation, à vrai dire confuse, selon laquelle :
- doivent être <u>déclarées à la gendarmerie ou au commissariat</u> : les fusils dits "automatiques" dont la capacité de tir a été réduite à trois coups (ce qui est une obligation en matière cynégétique) par un <u>réducteur inamovible</u> ; les carabines, quel que soit le calibre, et drillings détenus avant que n'existe l'obligation faite aux commerçants de consigner l'achat de telles armes, c'est-à-dire avant l'automne 1983.
- nécessitent une <u>autorisation préfectorale annuelle</u>, la détention de fusils "automatiques" dont le réducteur à trois coups a un caractère amovible ; celle de carabines semi-automatiques (type 280 Remington ou Browning Bar). - Ni déclaration, ni autorisation pour les fusils de chasse classiques à deux canons, juxtaposés ou superposés.
Beaucoup d'armes, qui ne sont pas utilisées à la chasse mais que des chasseurs peuvent détenir, doivent donner lieu à autorisation préfectorale annuelle de détention. Citons les armes :
- même à un seul coup dont la longueur de canon est inférieure à 45 cm ou la longueur totale inférieure à 80 cm (fusils à canons sciés) ;
- à répétition, ou semi-automatiques, même à canon lisse, dont le canon est inférieur à 60 cm ;
- à répétition, même 22 LR, dont le magasin et la chambre peuvent contenir plus de dix cartouches ;
- semi-automatiques ayant l'apparence d'une arme de guerre, quel que soit le calibre ;
- camouflées sous la forme d'un autre objet. Exemple : canne-fusil (interdite à la chasse, rappelons-le,)...
Bien que les textes soient, sur ce point, très ambigus, il semble que le particulier qui vend une carabine à canon rayé à un autre particulier doive, comme l'armurier dans un tel cas, vérifier et noter l'identité de l'acquéreur.

questionnaire

Q. – Entre un fusil de calibre 12 et un fusil de calibre 20, quel est celui qui tire les cartouches les plus grosses ?

R. – Le calibre 12.

Q. – D'une cartouche de n° 4 et d'une cartouche de n° 8, quelle est celle qui a la plus grande portée ?

R. – La cartouche de n° 4.

Q. – A quel ordre de distance les plombs d'une cartouche de n° 4 peuvent-ils retomber ? à 50 mètres ? à 150 mètres ? à 280 mètres ?

R. – A 280 mètres.

Q. – Le choke d'un canon est (rayer les réponses inexactes) :
   a) un procédé de fabrication
   b) un poinçon
   c) le léger rétrécissement de ce canon à sa bouche

R. – La bonne réponse est c.

Q. – Un canon choké :
   a) resserre la gerbe de plombs
   b) fait un plus long usage
   c) disperse la gerbe de plombs et accroît les chances du tireur
   (rayer les réponses inexactes).

R. – La bonne réponse est a.

Q. – En utilisant une cartouche de 70 millimètres de longueur avant sertissage dans un fusil chambré à 65, on :
   a) accroît la portée
   b) obtient une gerbe de plombs plus large et plus profonde
   c) crée un danger
   (rayer les réponses inexactes).

R. – La bonne réponse est c.

Q. – Expliquez, en résumé, comment se produit le phénomène qui, dans l'énoncé de la question précédente, constituait, selon vous, la bonne réponse.

R. – Lorsque le coup part, l'extrémité de l'étui de la cartouche, qui avait été pliée pour le sertissage, se déplie. Elle encombre l'extrémité de la chambre si celle-ci est trop courte pour la munition. Le rétrécissement ainsi créé provoque, dans la chambre, une surpression qui use l'arme et peut, à la limite, entraîner un éclatement de la chambre, blessant grièvement le tireur.

Q. – **De deux carabines, 7 × 64 et 9,3 × 72, quelle est celle qui tire les balles du plus gros diamètre ?**

R. – La 9,3 × 72.

Q. – **A quel ordre de distance retombe une balle de carabine : à 400 mètres ? à 600 mètres ? à plus de 2.000 mètres ?**

R. – Dans le cas de beaucoup de carabines et de munitions, à plus de 2.000 mètres. Pour certaines, jusqu'à 5.000 mètres.

Q. – **Sont interdites, pour la chasse :**
  a) les balles expansives ;
  b) les balles blindées ;

R. – La bonne réponse est b.

Q. – **L'usage des chevrotines :**
  a) est permis dans la chasse du sanglier, là où l'espèce est classée nuisible ;
  b) est prohibé dans tous les cas ;
  c) est, en règle générale, prohibé, sauf exception prévue dans l'arrêté d'ouverture pour le tir du sanglier en battues collectives.
  (rayer les réponses inexactes).

R. – La bonne réponse est c.

Q. – **Un chasseur s'aperçoit que son fusil de chasse a disparu. Quelle formalité doit-il accomplir ?**

R. – La perte (ou le vol) d'un fusil de chasse doit, depuis un décret du 11 juin 1976, être déclarée sans délai au commissariat ou à la gendarmerie.

les règles de prudence

Il existe de multiples modes de chasse :
– devant soi,
– en battue,
– à l'approche,
– à l'affût, pour certains gibiers,
– en bateau,
– etc.

Certaines de ces chasses nécessitent (voir, plus loin, chapitre « Le savoir chasser ») des précautions particulières.
Mais il existe une première série de règles de prudence qui s'appliquent dans tous les cas et auxquelles tout chasseur doit toujours, et impérativement se plier.
Elles concernent : l'arme elle-même, le port de l'arme, le tir.

Voyons ces différents chapitres.

règles concernant l'arme

I – NE JAMAIS LAISSER UN FUSIL CHARGÉ
Les cartouches se glissent dans le canon quand commence l'action de chasse et en sont retirées dès que cette action s'achève.

II – NE JAMAIS LAISSER UN FUSIL A PORTÉE DES ENFANTS...
même si les cartouches sont sous clé.

III – NE PAS SE FIER AU CRAN DE SURETÉ
D'abord, le cran de sûreté peut ne pas empêcher le percuteur de fonctionner en cas de choc de l'arme.
Surtout, l'expérience a montré tragiquement qu'il prête à des confusions. On croit l'avoir actionné et on néglige d'autres précautions alors que c'était à l'issue d'une traque précédente qu'on avait manœuvré le poussoir.
Il faut avoir recours à une forme plus <u>visible</u> de sécurité. Elle consiste à <u>ouvrir et décharger son fusil</u> chaque fois que serait souhaitable le recours au cran de sûreté.
On ouvre son fusil (on le « déverrouille » selon le terme technique) :

— en le pliant s'il s'agit d'une arme à canon basculant,
— en tirant la culasse s'il s'agit d'une arme à culasse mobile.

IV – VÉRIFIER SI UN CANON N'EST PAS OBSTRUÉ

On procède notamment à cette vérification :
— lorsqu'on monte le fusil, car on pourrait avoir oublié, à l'intérieur, un chiffon de nettoyage,
— en action de chasse, si l'extrémité de l'arme a touché le sol, par exemple dans une chute.

Il suffit d'un bouchon de terre ou d'un chiffon obstruant le canon pour que celui-ci explose, quand un coup part, blessant grièvement le tireur.

> *Les tireurs chevronnés, souvent, soufflent dans le canon de leur fusil, ou regardent l'intérieur, après chaque tir, pour vérifier qu'il n'est pas obstrué par la bourre de la cartouche qui vient d'être tirée. C'est une bonne précaution : une bourre peut, accidentellement, rester bloquée dans le canon.*

V – BIEN SÉPARER LES CARTOUCHES A BALLE DES AUTRES MUNITIONS

Voilà quelques années, par inadvertance, un chasseur croyant utiliser du plomb n° 8, a tiré un perdreau avec une balle. Il a tué un chasseur placé à 300 mètres de là, distance que n'aurait, normalement, pas atteinte une cartouche de 8.

règles concernant le port de l'arme

A – AVANT ET APRÈS L'ACTION DE CHASSE

1 – ON DOIT GARDER SON FUSIL DÉMONTÉ LE PLUS LONGTEMPS POSSIBLE

Rappelons (voir précédemment « Les Armes et les munitions interdites à la chasse ») qu'un arrêté ministériel (de 1986) a imposé que fusils et carabines soient démontés ou placés en étui pour tout transport à bord d'un véhicule.

> *En principe, cette disposition s'applique même au simple transport entre deux battues d'un même territoire de chasse.*

La règle générale est qu'on ne monte son fusil qu'au moment où l'action de chasse va commencer et qu'on le démonte dès qu'elle est terminée.

2. LORSQUE L'ARME EST MONTÉE (OU SORTIE DE SON ÉTUI), ET QU'ON N'EST PAS ENCORE EN ACTION DE CHASSE, TROIS GRANDS PRINCIPES :

— l'arme ne doit pas être chargée,
— l'arme doit être ouverte (déverrouillée),

port de l'arme
en dehors de l'action de chasse

POSITIONS CORRECTES

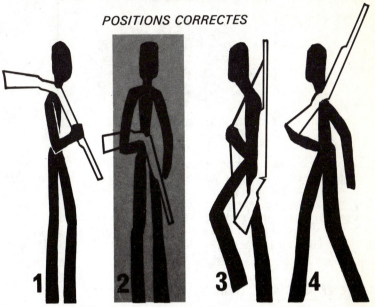

Dans la position 3, le fusil est muni d'une bretelle. C'est un accessoire à prohiber au bois et à déconseiller en général : la bretelle accroche les branches ou aspérités et accroît les risques d'accidents. Elle ne se justifie que lorsqu'on a à effectuer un long et pénible parcours à pied pour atteindre le lieu de chasse, par exemple en montagne.

POSITIONS A PROSCRIRE

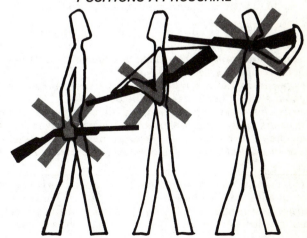

– elle doit être tenue de telle façon qu'à aucun moment, un participant ne puisse voir ceci, qui est l'extrémité des canons :

La façon correcte de porter une arme avant l'action de chasse, après l'action de chasse, entre les battues, quand on passe une clôture, un fossé, quand on traverse une route, quand on rejoint ou qu'on est rejoint par d'autres chasseurs, quand on rattache les chiens, quand on les tient en laisse, bref, chaque fois qu'on ne se trouve pas devant l'éventualité d'avoir à tirer immédiatement à tout moment est indiquée par le dessin 2 de la page précédente. On peut admettre les positions figurées par les dessins 1, 3 et 4. Toutes les autres sont à proscrire.

B – PENDANT L'ACTION DE CHASSE

La façon de tenir le fusil, qui est alors chargé et fermé (verrouillé), doit correspondre à trois impératifs.
Il faut :
1. pouvoir épauler vite, à tout moment, avec sûreté, sous des angles multiples ;
2. que le fusil ne soit, à aucun moment, dirigé vers un compagnon de chasse ;
3. que le fusil ne soit pas dirigé vers une partie du corps du chasseur, par exemple ses pieds.
Les positions représentées dans la planche ci-contre et qui sont classiques, remplissent ces trois conditions.
Les positions 1 et 2, qui permettent de tirer le plus rapidement, sont surtout à conseiller dans la chasse devant soi.
La position 3 est souvent adoptée, dans la chasse en battue, par les chasseurs postés qui, en principe, voient arriver le gibier ou sont prévenus de son approche : elle ne permet pas d'épauler aussi vite que les positions 1 et 2 mais est moins fatigante lorsque l'attente est longue.

Attention :
– Charger l'arme, en maintenant les canons dirigés vers le bas.
Lorsque les cartouches sont en place, fermer l'arme en remontant la crosse (ou en poussant la culasse dans les armes à culasse mobile), sans que les canons cessent d'être dirigés vers le bas.

port de l'arme
pendant l'action de chasse

POSITIONS CORRECTES

POSITIONS A PROSCRIRE

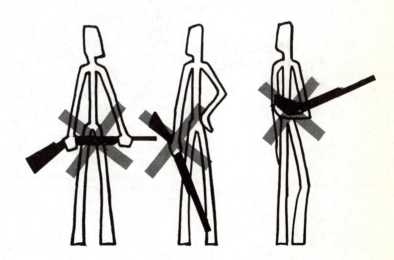

- Ne jamais avoir le doigt posé à l'avance sur la queue de détente. Il est temps de l'y porter quand un gibier se présente.
- Ne pas battre un buisson, une haie, un roncier, etc. avec son fusil.
- Prendre garde à ce que la queue de détente ne soit pas accrochée par une branchette, un bouton de la veste, etc.
- Se méfier des mouvements de joie des chiens. En sautant, ils peuvent accrocher la queue de détente.
- Ne pas poser son arme à terre, contre un arbre, etc., sans l'avoir ouverte et déchargée. Vérifier l'intérieur des canons avant de recharger.
- Ouvrir et décharger son fusil quand on a un obstacle (clôture, fossé, etc.) à franchir et quand on se retrouve au contact d'autres chasseurs.

règles concernant le tir

Nous avons vu (chapitre sur les armes) que la portée des plombs de chasse, variable selon leur taille, est souvent de l'ordre de 300 mètres. Celle d'une balle de fusil est de l'ordre de 1 200/1 500 mètres ; celle des balles de carabines de chasse se situe entre 2 000 et 5 000 mètres. Ces chiffres imposent de premières règles de tir, impératives, absolues : Ne pas tirer à hauteur d'homme si l'on n'a pas la certitude que personne ne se trouve dans la direction visée à moins de :
- 350 mètres (en prenant une marge de sécurité) dans le tir de plombs de petite taille ;
- 1 500 mètres, en rase campagne, dans le tir d'une balle de fusil.

Ne se servir de la carabine qu'en tir fichant (v. chapitre armes).

jamais en direction d'une personne.

Les distances ne sont pas faciles à apprécier. Même dans le cas de tir de petits plombs, la vraie règle de prudence est donc de ne pas tirer à hauteur d'homme en direction d'une personne, celle-ci paraîtrait-elle se trouver au-delà de la limite de portée (portée qui, d'ailleurs, nous l'avons vu, peut se trouver accidentellement très accrue : grappes).

On vise, le plus souvent, un animal en mouvement. Quelques dixièmes de seconde plus tard, il ne se trouvera plus dans l'axe dangereux et il ne sera pas plus difficile à atteindre. Il suffit d'attendre ces quelques dixièmes de seconde.

5 autres règles

– Ne pas tirer à hauteur d'homme, en direction, ou au travers d'une haie, d'un buisson, de rangées de maïs : ces obstacles peuvent dissimuler quelqu'un.

– Si un gibier vient vers une ligne de chasseurs, le tirer bien avant qu'il l'atteigne, ou après qu'il l'a dépassée, mais pas au moment où il la franchit. Le chasseur doit désépauler au moment où un gibier passe la ligne des fusils, à terre ou à faible hauteur (perdreau). Il ne remet en joue que lorsque le gibier se trouve nettement derrière la ligne.

– D'une façon générale, ne pas se laisser « aveugler » par le gibier que l'on a mis en joue.
Beaucoup d'accidents se produisent de la façon suivante : un chasseur « suit » un gibier avec son fusil, attendant le moment favorable pour tirer. Il ne voit plus que « son » gibier et ne se rend pas compte que celui-ci, au moment où il tire, se trouve juste dans l'axe de quelqu'un.

– Identifier le gibier avec certitude avant de tirer.
Il ne s'agit pas de tirer sur « quelque chose qui bouge » : ce peut être une personne, à tout le moins un chien ou un animal dont la chasse est interdite.

– Redoubler de précaution sur un territoire accidenté :
– une crête peut dissimuler un autre chasseur qui ne sera cependant pas à l'abri des plombs ;
– une vallée encaissée peut être moins large qu'on ne le croit et le coup tiré d'un versant sur un oiseau peut atteindre un chasseur se trouvant sur l'autre versant ; etc.

(illustration de ces règles, page suivante)

les ricochets

Une cause fréquente d'accidents réside dans les ricochets. Un projectile qui rencontre un corps dur, ou au contraire élastique, est réfléchi dans une direction différente de celle qu'il suivait.
L'angle de renvoi du projectile (l'angle de ricochet) est supérieur à l'angle d'arrivée, ce qui augmente le danger. Ainsi, dans le croquis ci-dessous, l'angle B est plus ouvert que l'angle A.

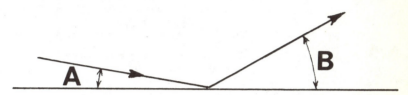

On admet (mais il y a des exceptions) qu'en général les ricochets sont à craindre :
– jusqu'à un angle d'arrivée de 15° environ, sur une surface de ricochet relativement meuble ;
– jusqu'à un angle d'arrivée de 30°, sur une surface très dure ou élastique. Pour illustrer cette situation, on peut se représenter le cadran d'une montre ou d'une horloge.

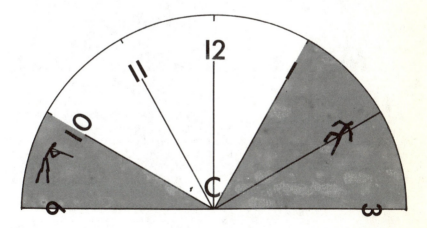

Imaginons qu'un point de ricochet dur ou élastique (rocher, arbre, branche, etc.) existe au centre C du cadran. Le ricochet risquera de se produire pour tout projectile tiré vers C depuis l'intérieur de la zone grisée délimitée par 9 h et 10 h. Cette zone correspond exactement à un angle de 30°. Le projectile, après avoir atteint C, ricochera à l'intérieur de la zone délimitée par 1 h et 3 h.

**zone interdite
dans certains cas**

La conclusion, pour le chasseur, est nette : dans les situations favorisant les ricochets, il devra s'abstenir de tirer lorsqu'il se trouvera à l'intérieur de la zone 9 h - 10 h et que quelqu'un se trouvera dans la zone 1 h - 3 h. L'abstention sera notamment de rigueur dans une chasse au bois à grand gibier, où l'on est amené à tirer à hauteur d'homme au milieu d'arbres.

Dans le cas où le point de ricochet C est relativement meuble, les zones deviennent respectivement (ci-dessous) à peu près : 9 h - 9 h 30 ; 2 h - 3 h.

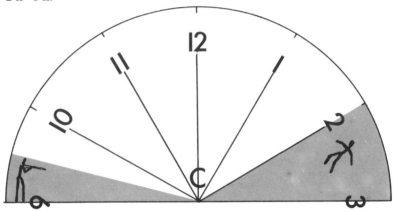

**zone interdite
dans tous les cas**

Les zones du croquis ci-dessus indiquent un risque présent dans tous les cas, même ceux où ne se trouvent pas d'obstacles favorables aux ricochets. Un chasseur ne doit donc jamais tirer lorsque, par rapport à un point possible de ricochet et à une personne se tenant dans la zone 2 h - 3 h, il se trouve dans la zone 9 - 9 h 30.

Les ricochets sont particulièrement à craindre sur la glace ou le sol gelé, les arbres ou branches d'arbres (surtout par temps de gel), les sols rocailleux, les plans d'eau.
Il convient d'être très prudent lorsqu'on se trouve sur un terrain en pente, par exemple à flanc de colline ; l'angle que font les projectiles avec leur ligne de réflexion est alors beaucoup plus fermé qu'il ne le paraît au chasseur.

ce qu'il faut encore savoir (et faire) pour être un chasseur prudent

1. DANS UNE CHASSE EN BATTUE

Les chasseurs postés doivent rester à leur place jusqu'à la fin de la battue.

Ils ne doivent pas, notamment, quitter la ligne de tir pour aller ramasser un gibier qu'ils viennent d'abattre.
– C'est dangereux.
– Cela désorganise la battue : si le reste du gibier voit un « trou » dans la ligne de tir, il s'y précipitera.
– C'est inefficace. Si le gibier atteint est mort, il ne bougera évidemment plus. S'il n'est que blessé, il aura tendance, n'étant pas poursuivi, à se tapir sur place où il succombera ; voyant accourir le chasseur, il utilisera au contraire ses dernières forces à se défiler et, parfois, à disparaître derechef.

L'obligation de rester sur place, pour le chasseur posté, s'impose même dans le cas où un grand gibier blessé « fait ferme », c'est-à-dire fait front aux chiens qui aboient autour de lui. C'est aux chasseurs marchant sous bois avec les rabatteurs à aller au ferme et à achever l'animal blessé. Et ils ne doivent le faire qu'en signalant, de la voix, leurs positions successives.

2. EN BATEAU : AVOIR LE FUSIL MARIN

Pour chasser le gibier d'eau en bateau, il faut avoir le fusil marin : ne pas laisser son arme se diriger vers le rameur ou vers un autre passager, lors d'un coup d'aviron plus appuyé ou sous l'effet de la houle.

Lorsqu'il y a un rameur et un chasseur, le chasseur se tient généralement à l'avant du bateau ; le rameur à l'arrière. Le chasseur ne doit jamais tirer au-dessus du rameur. Ce pourrait être au moment où il appuierait sur la queue de détente qu'une vague lui ferait perdre l'équilibre et ferait baisser son fusil.

Lorsque deux tireurs ont pris place dans le bateau, ils se tiennent dos à dos et s'attribuent chacun une zone de tir.

UNE CIVIÈRE D'OCCASION

On peut, au cours d'une partie de chasse, se trouver éloigné de tout, alors qu'un compagnon a, d'urgence, besoin de secours.
Voici un moyen simple de confectionner une civière d'occasion. On retourne à l'intérieur, à la façon d'un gant, les manches de deux ou trois vestes qu'on boutonne sur le devant. Les manches retournées des vestes, mises bout à bout, forment une sorte de tube dans lequel on introduit deux perches, comme l'indique le croquis ci-dessous.

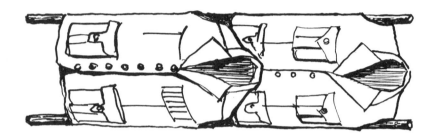

questionnaire

Q. – **Citez au moins trois règles de sécurité concernant votre arme et les munitions.**

R. – On peut citer :
- ne jamais laisser l'arme chargée, en dehors de l'action de chasse ;
- ne jamais la laisser à portée des enfants ;
- ne pas se fier au cran de sûreté ;
- vérifier que le canon n'est pas obstrué lorsqu'il y a eu un risque qu'il le soit ;
- bien séparer les cartouches à balle des autres.

Q. – **De ces trois chasseurs qui ne sont pas encore en action de chasse, quel est celui ou quels sont ceux qui tiennent correctement leur fusil.**

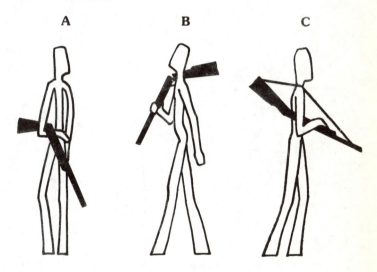

R. – Les chasseurs A et B.

Q. – **Citez au moins cinq règles de sécurité à observer, à propos de votre fusil, en action de chasse.**

R. – On peut citer :
- le fusil doit être chargé dans la position les canons orientés vers le bas ;

– le doigt ne doit jamais être posé sur la queue de détente avant qu'on épaule ;
– le fusil doit être ouvert et déchargé lorsqu'on franchit un obstacle ou lorsqu'on approche de quelqu'un ;
– on ne doit pas se servir de son arme pour battre un buisson ;
– on ne pose son fusil qu'après l'avoir ouvert et déchargé.

Q. – Citez au moins trois règles de prudence concernant le tir.

R. – On peut citer :
– ne jamais tirer en direction de quelqu'un ;
– ne pas tirer à hauteur d'homme au travers ou en direction d'une haie, d'un buisson, de rangées de maïs ;
– identifier le gibier avec certitude avant de tirer ;
– en battue, ne pas tirer un gibier à terre ou à hauteur d'homme au moment où il franchit la ligne des chasseurs placés (ou la ligne des rabatteurs si l'on en fait partie).
– ne pas se laisser absorber par la vision du gibier au point de ne pas voir ce qui peut se trouver dans le même axe.

Q. – De ces trois chasseurs de plaine, quel est celui qui traque en tenant correctement son fusil ?

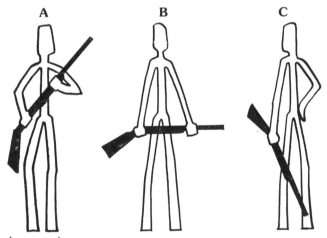

R. – Le chasseur A.

Q. – En battue, un chasseur a blessé un gibier qui est tombé derrière la ligne des tireurs. Le chasseur doit (rayer les réponses inexactes) :
a) aller ramasser et, éventuellement, achever le gibier ;
b) aller le ramasser, mais en laissant son fusil à la place qu'il occupait ;
c) ne pas se déplacer et attendre la fin de la battue pour aller ramasser le gibier.

R. – La bonne réponse est c.

le savoir-chasser

Le premier devoir du chasseur à l'égard de ses compagnons étant d'écarter, par son comportement, tout risque d'accident, le second est de ne pas les gêner.
Le jeune chasseur acquerra progressivement, au contact de ses aînés, la technique de la chasse. Mais, dès ses premières sorties, il doit avoir des notions de ce qui se fait et de ce qui ne se fait pas, du « savoir-chasser ».
D'abord un grand principe : en action de chasse, on marche lentement, en effectuant des zig-zag, en s'arrêtant souvent. Devant un chasseur qui a ce comportement, un gibier se croit découvert et se lève. Devant un homme passant à pas pressés, même tout près de lui, il ne bouge pas : il sent que le danger va être vite éloigné.
Ce principe est valable aussi bien dans la chasse individuelle, avec ou sans chien, que dans celles en groupe.
Une forme de chasse en groupe exige des participants une discipline particulière. Il s'agit de la battue.
On chasse en battue aussi bien en plaine qu'au bois, le petit gibier que le grand.
Comme le nom le suggère, il s'agit de « battre » un territoire pour essayer de « lever » tout le gibier qui s'y trouve.
La battue est effectuée par une ligne de participants (rabatteurs, ou chasseurs, ou rabatteurs et chasseurs) qui essaie de faire fuir le gibier vers une ligne de fusils postés (on dit : ligne de tir).
Les règles du savoir-chasser varient selon que l'on est chasseur-rabatteur (ce qui est presque toujours le cas des jeunes, à la jambe alerte) ou chasseur posté.

CAS DU CHASSEUR-RABATTEUR

Les participants s'étant placés à intervalles réguliers, la ligne de rabat se met en mouvement sur un signal (souvent : un coup de trompe) du président ou d'un responsable. C'est seulement à ce signal que le chasseur-rabatteur charge et ferme (verrouille) son arme.

La ligne de rabat. Le chasseur placé à chaque extrémité (exemple : ici, celui au premier plan) marche généralement un peu en avant, pour « fermer » la battue aux ailes.

A partir de ce moment, le chasseur-rabatteur doit :
1. bien marcher dans la direction générale qui lui a été indiquée;
2. rester à égale distance de ses voisins ;
3. ne jamais devancer la ligne de rabat, ni rester en arrière.

Si ces règles ne sont pas observées, tout le succès de la battue peut être compromis car :
a) une partie du gibier, profitant d'intervalles trop grands entre deux participants, n'est pas levée ;
b) une partie du gibier peut refluer dans l'intervalle trop grand, laissant une battue vidée ;
c) les autres chasseurs de la ligne de rabat sont gênés pour tirer.

Dans certaines chasses, les chasseurs faisant partie de la ligne de rabat ne tirent que le gibier qui part en arrière (on dit : en retour), laissant celui qui fuit dans le bon sens aux chasseurs de la ligne de tir. Dans d'autres chasses, liberté est laissée à la ligne de rabat de tirer également devant, au moins au début de la battue.
Si un chasseur de la ligne de rabat abat un gibier, il peut s'écarter de la ligne pour aller le ramasser. Mais alors toute la ligne doit s'arrêter, attendre qu'il ait trouvé son gibier et ait rejoint sa place.

Quand la ligne de rabat arrive à portée de fusil de la ligne de tir, un signal (généralement : deux coups de trompe) du responsable de la battue indique que, sur une ligne comme sur l'autre, on ne doit plus tirer qu'en arrière.
La ligne de rabat doit alors marcher encore plus lentement, en « battant » mieux le terrain : c'est souvent dans les dernières dizaines de mètres que s'est regroupée la plus grande quantité de gibier.

A la fin de la battue, un nouveau signal (souvent : trois coups de trompe) indique, entre autres, qu'on doit ouvrir et décharger les armes.
Les membres de la ligne de rabat aident alors ceux de la ligne de tir à retrouver et ramasser le gibier qu'ils ont abattu.

AU BOIS

Trois particularités de la battue au bois :
– les chasseurs de la ligne de rabat s'appellent (hop! hop!) à intervalles réguliers pour se situer les uns par rapport aux autres et maintenir, à la fois, l'alignement et les distances ;
– si le responsable de la battue n'a pas pris d'autres dispositions, les chasseurs de la ligne de tir se signalent à ceux de la ligne de rabat quand ceux-ci approchent de l'extrémité de la battue (et, souvent, ne s'en rendent pas compte).
– il n'est pas toujours facile à un chasseur marchant sous bois de tenir son arme selon une des positions correctes et classiques que nous avons définies. La règle est, en tout cas, qu'une main recouvre le pontet pour éviter qu'une branchette n'actionne la queue de détente.

CAS DU CHASSEUR POSTÉ

La plupart des règles auxquelles doit se plier le chasseur posté ont été rencontrées à propos des règles de prudence.

Rappelons que :
1. il ne charge et ne ferme son fusil qu'au signal du début de la battue ;
2. il cesse de mettre en joue un gibier quand celui-ci passe la ligne de tir au sol ou à faible hauteur ;
3. il ne se déplace pas avant la fin de la battue, même pour rechercher un gibier blessé ;
4. il cesse de tirer vers l'intérieur de la battue au signal du responsable ;
5. il ouvre et décharge son fusil dès le signal de fin de battue.

En outre, s'il a un chien pour rapporter le gibier, il ne le lâche pas avant la fin de la battue, pour ne pas troubler le déroulement de celle-ci. Il est important, à la fois pour la sécurité et pour ne pas se gêner, que les chasseurs de la ligne de tir soient bien alignés. En plaine, cette règle ne soulève aucun problème.

AU BOIS

Dans une battue à grand gibier, le chasseur posté doit se placer « ventre au bois ». Cela signifie que, sur une allée, il se place du côté de l'enceinte où a lieu la chasse, face à cette enceinte, le « ventre » contre elle. On doit tirer le grand gibier lorsqu'il a déjà franchi l'allée – où l'on a eu le temps de l'identifier – et va entrer dans l'enceinte contiguë. La position « ventre au bois » est celle qui assure la meilleure sécurité à l'ensemble de la ligne de chasseurs et laisse le plus de temps pour bien reconnaître le gibier.

Dans une battue aux faisans, où l'on ne tire pas à hauteur d'homme, il est, par contre, habituel, dans certaines chasses, de se placer à l'exté-

La ligne des chasseurs s'est placée « ventre au bois » ou... genou au bois dans le cas du personnage au premier plan. Dans les battues à grand gibier, il est admis que les participants – qui peuvent être amenés à rester plusieurs heures au même endroit se munissent d'un siège pliant ou d'une canne-siège. La position « ventre au bois » est de règle pour toutes les battues au gibier « poil ».

rieur de l'allée, dos contre l'enceinte contiguë : de cette façon, on ve mieux arriver les oiseaux.

Même sur la ligne de tir, un chasseur peut ne pas voir très bien s voisins, parfois dissimulés par un arbre. Il doit les situer très exact ment avant que ne commence la battue.

COURTOISIE

En plaine ou au bois, le chasseur posté doit encore observer une règle courtoisie : il ne tire pas le gibier qui passe plus près de son voisin que lui-même. Et si deux chasseurs tirent en même temps une pièce de gibier tombe, la courtoisie commande à chacun de se comporter comme s'il é persuadé que c'est son voisin qui l'a fait tomber.

LE RESPECT DU GIBIER

Tous les gibiers sont des animaux nobles, que le chasseur doit respecter notamment, ne tirer qu'en leur laissant leurs chances.
On ne tire pas un oiseau gibier à pattes, un lièvre gîté, un faisan branché...
Même si l'on ne va pas jusqu'au cérémonial allemand (dans lequel le chasseu découvre devant le cerf, le chevreuil ou le chamois qu'il vient de capturer) :
– on ne jette pas un gibier mort, on le pose ;
– on ne traîne pas un cervidé ou un sanglier ; on le porte, à deux, trois quatre chasseurs ;
– si plusieurs animaux sont posés l'un sur l'autre à la fin d'une battue, on pousse pas du pied ceux qui se trouvent dessus pour voir ceux qui se trou dessous. On les déplace à la main.

LA CHASSE A L'APPROCHE

Une méthode de chasse, traditionnelle dans les pays d'Europe centrale et dans la région Est de la France, se développe. Elle consiste à tirer cerfs, chevreuils, sangliers, chamois, isards à la carabine (munie d'une lunette), après les avoir approchés assez près (cinquante à deux cents mètres), en prenant toutes précautions de silence et de progression à bon vent. La chasse à l'approche du cerf et du chevreuil se pratique surtout dans la première et la dernière heure du jour, quand les animaux sont au « gagnage (1) » en plaine ou – le matin – en reviennent et séjournent encore en bordure, avant de rejoindre leur cantonnement. On progresse très silencieusement par des sentiers qui suivent les lisières : les sentiers de « pirsch » (c'est le nom de cette forme de chasse en Alsace). La meilleure époque du pirsch est celle du rut. Cerfs et chevreuils sont moins méfiants ; ils portent leurs bois ; plusieurs sujets peuvent être réunis, ce qui permet d'établir des comparaisons.

Des autorisations préfectorales individuelles, dérogeant aux périodes normales d'ouverture, permettent, dans certains départements, le pirsch du chevreuil en juillet, époque du rut dans cette espèce. La chasse au brâme du cerf, en septembre – période du rut dans cette espèce – est prévue dans les arrêtés normaux d'ouverture de beaucoup de départements.

> *La chasse à l'approche, avec les précautions, la connaissance approfondie du territoire et des mœurs des animaux qu'elle nécessite, les efforts physiques qu'elle implique (parfois, par exemple, on achève l'approche en rampant) est une des plus sportives.*
>
> *Elle permet un tir sélectif. Le chasseur observe parfois « ses » animaux plusieurs saisons de suite. Il peut, avec le minimum de risques d'erreur, se désigner les sujets médiocres (on dit : « sujets d'élimination ») que, pour la qualité du cheptel, il vaut mieux sacrifier, et les « sujets de récolte », sujets au contraire remarquables, dont on attend, pour les tirer, qu'ils soient parvenus à leur apogée et qu'ils aient largement procréé. Par ces deux aspects, la chasse à l'approche est, incontestablement, celle qui permet la meilleure gestion d'un cheptel.*

Une variante de la chasse à l'approche est la chasse au mirador, où l'on observe – et éventuellement tire – les animaux du haut d'un observatoire édifié dans un endroit qu'ils fréquentent (lisière de forêt, point d'eau, etc.).

LA CHASSE AU GIBIER D'EAU

Outre des formes proches de la chasse terrestre (battue, tir devant soi, à pied ou en bateau...) la chasse au gibier d'eau peut se pratiquer selon des techniques particulières : la passée et la hutte (ou gabion). A la chute et au lever du jour, les oiseaux de beaucoup d'espèces aquatiques se déplacent : entre les marais de l'intérieur et la mer

---

(1) On appelle « gagnage », les zones où le gibier se nourrit. Des animaux au gagnage sont des animaux en train de se nourrir dans ces zones.

(pour ceux qui y vivent le jour) ; d'un plan d'eau à l'autre ; vers les cultures (où certains vont se nourrir la nuit) et retour. La chasse à la passée consiste à se mettre à l'affût de ces oiseaux sur leur passage. Parfois, le chasseur se dissimule : dans un affût de branchages, une « tonne », etc.

La chasse à la passée est tolérée dans les 2 heures qui suivent l'heure légale du coucher du soleil et dans les 2 heures qui précèdent celle de son lever (voir chapitre : « Quand peut-on chasser »).

La hutte (ou le gabion) est une construction en partie enterrée, édifiée en bordure d'un plan d'eau (on dit : d'une « mare »), d'où l'on tire, par une « guignette » (meurtrière), les oiseaux qui viennent se poser sur ce plan d'eau, le plus souvent la nuit. Des appelants mis en place sur la mare (on dit : « piqués ») attirent le gibier.

> L'ensemble des appelants s'appelle un "attelage". Il est composé selon un ordre savant qui tient compte notamment de la direction du vent et qui utilise des canes « long cri » et « court cri ». La détention d'appelants d'espèces classées gibier est libre. Mais leur éventuel transport, de l'endroit où ils sont gardés vers le plan d'eau où ils seront utilisés, est soumise à autorisation annuelle : de la D.D.A. si le plan d'eau se trouve sur le domaine terrestre ; du Quartier des Affaires maritimes s'il est situé sur le domaine maritime. Hors gibier d'eau, une réglementation identique s'applique aux pigeons ramiers dans les départements où des sujets de l'espèce peuvent être utilisés comme appelants.

Plus encore que la chasse à la passée aux heures crépusculaires, la chasse à la hutte, la nuit, relève de tolérances régionales.

Chasse à la passée. Les chasseurs ont mis en place sur un marais, situé dans une zone que survole le gibier d'eau aux heures crépusculaires, un abri, dans lequel ils se dissimulent. Ils ont «piqué», à proximité, des appelants qui inciteront les voyageurs à se poser ou, en tout cas, à diminuer leur altitude pour venir observer ces «congénères». Certains des appelants, ici, sont artificiels. Ils sont en plastique ou en bois. On appelle ces leurres : «formes», ou «blettes».

On ne peut édifier, pour la chasse, de nouveaux gabions en zone maritime. Dans certains départements (Nord, Pas-de-Calais, Oise...), la construction de nouvelles huttes de chasse est également réglementée sur le domaine terrestre.

LA CHASSE A COURRE

La chasse à courre, qui consiste à forcer un animal (cerf, chevreuil, daim, sanglier, renard, lièvre) à la course, en utilisant des chiens animés et guidés par des chasseurs à cheval (ou parfois à pied), obéit, pour certaines règles, à une tradition presque millénaire. Les chasseurs, le personnel (piqueurs, valet de limier, valets de chiens) et les chevaux constituent « l'équipage ». Le maître de chasse s'appelle « maître d'équipage » ; ses associés : les « boutons » (car ils portent la tenue avec les boutons spécifiques de l'équipage).

Dans le « courre » du cerf, du sanglier, le matin de la chasse, le valet de limier « rembûche » les animaux qui lui paraissent dignes d'être chassés (c'est-à-dire, en suivant leur voie, détermine les enceintes où ils se sont « remis »). Le maître d'équipage choisit, parmi ces animaux, celui qu'on va « attaquer ». On « découple » les chiens sur sa voie. Les cavaliers essaient d'encercler en permanence la chasse. Ils se renseignent mutuellement sur le déroulement de celle-ci à son de trompe, chaque fanfare qu'ils sonnent ayant une signification. Eventuellement, des chiens frais relaient les premiers.

> Lorsque la chasse est réussie, elle se termine par « l'hallali » – au cours duquel l'animal est « servi » (à la carabine et non plus à la dague, dans les nouvelles règles de la Société de vénerie) – et par la « curée », récompense des chiens. La meute utilisée par l'équipage doit bénéficier d'une « attestation » du directeur départemental de l'agriculture et de la forêt, lequel ne délivre généralement ce document qu'au vu d'un « certificat » de la Société de vénerie. Par ce processus, la pratique de la chasse à courre relève de l'équivalent d'une forme d'autorisation spécifique.
>
> Deux cent cinquante équipages environ fonctionnent actuellement en France. Une trentaine découplent sur le cerf ; une douzaine sur le sanglier ; une soixantaine sur le chevreuil (espèce dont le « courre » est le plus subtil, notamment par le fait que le « sentiment » laissé par l'animal est très faible). La chasse à courre du lièvre (petite vénerie) – à l'appareil plus simple mais au déroulement également subtil – reste à l'honneur dans l'Ouest. Elle intéresse une centaine d'équipages sur les deux cent cinquante en activité.

Les prélèvements réalisés dans la chasse à courre sont faibles : un équipage prend, au mieux, un animal par chasse et, en matière de cervidés, il ne découple que sur les mâles.

LE DÉTERRAGE

On assimile à la chasse à courre, la chasse sous terre ou déterrage. Là aussi, ce sont les chiens qui forcent l'animal de chasse, l'homme n'intervenant qu'au dernier stade.

> On déterre surtout renards et blaireaux. Le chien – qu'un autre relaie, éventuellement, par la suite – est mis dans un terrier qu'on sait fréquenté. Le renard ou le blaireau qui s'y trouve, après avoir tenté de barrer la voie à l'intrus, s'accule au fond d'une galerie, où il fait front. Le chasseur doit alors creuser jusqu'à

cette galerie pour l'attraper avec de longues pinces. Il suit les péripéties de la chasse et les localise en perçant au-dessus du terrier des trous de barre à mine, auxquels il colle l'oreille.
La petite meute de chiens (souvent, des fox) utilisée pour le déterrage doit, comme dans la chasse à courre, faire l'objet d'une « attestation » du directeur départemental de l'agriculture et de la forêt.

LA RECHERCHE AU SANG

Même dans le tir à balle du grand gibier, il arrive qu'on blesse sans tuer net. Ce risque est évidemment accru si l'on tire le chevreuil à plombs, ce qui est encore permis dans la moitié des départements.

Pour l'éthique de la chasse et pour une bonne gestion (qui doit comptabiliser le plus exactement possible le nombre des animaux prélevés), il convient de retrouver les blessés.

C'est le rôle de « chiens de sang » ou « chiens de rouge ». Il s'agit d'animaux qu'on a dressés (sur des pistes artificielles constituées par quelques gouttes de sang de-ci, de-là) à suivre les voies, même les plus discrètes. On utilise souvent des teckels, à qui leur petite taille permet de se faufiler sous tous les ronciers.

Dans la pratique, le chasseur qui a blessé balise l'endroit où s'est réalisé l'impact et celui où, éventuellement, il trouve une trace de celui-ci (sang, touffe de poils, etc.) ; mais il évite de piétiner la voie. Le « chien de rouge » n'est mis sur celle-ci que le lendemain, en tout cas plusieurs heures après, afin que le temps ait épuisé et souvent ankylosé le blessé. Le conducteur du chien, qui est armé, suit son élève au bout d'une longue laisse.

Dans un nombre grandissant de départements, pour encourager la recherche au sang, un animal retrouvé par un conducteur agréé donne droit à un bracelet de plan de chasse suplémentaire. Il est comptabilisé dans le plan mais celui-ci est augmenté d'une unité.

LA CHASSE AU VOL

La chasse au vol consiste à utiliser des rapaces pour capturer des animaux gibiers : oiseaux (pigeons, perdrix, grives, etc.) ou mammifères (lièvres, lapins...). Très à l'honneur au Moyen-Orient, elle n'a en France que quelques adeptes.

On distingue la chasse de bas vol, où le rapace – qui est alors un aigle, un épervier ou, plus souvent, un autour (d'où le nom d'autourserie) – chasse au ras du sol, et la chasse de haut vol où il monte très haut dans le ciel avant de piquer sur sa proie et de la « lier » dans ses serres. La chasse de haut vol utilise des faucons (d'où son nom de fauconnerie) de différentes espèces. Il s'agit maintenant, dans la plupart des cas, d'oiseaux nés en captivité, les faucons sauvages étant très rares.

questionnaire

Q. – En battue, un chasseur marchant dans la ligne de rabat doit (rayer les réponses inexactes) :
a) se tenir toujours à l'avant des rabatteurs ;
b) veiller à maintenir l'alignement et le bon écartement avec ses voisins ;
c) marcher en retrait des rabatteurs non armés.

R. – La bonne réponse est b.

Q. – Vous faites partie d'une ligne de tir lors d'une battue aux sangliers, qui, dans le croquis ci-dessous, se déroule dans l'enceinte où sont figurés des arbres. Vous devez vous placer : en A ? en B ? en C ?
Indiquez la bonne réponse et justifiez-la.

R. – Je me place en B, c'est-à-dire « ventre au bois ». C'est la place qui assure la meilleure sécurité des chasseurs tout en permettant de voir plus longtemps le gibier avant de tirer, donc de l'identifier avec le plus de sûreté et de précision.

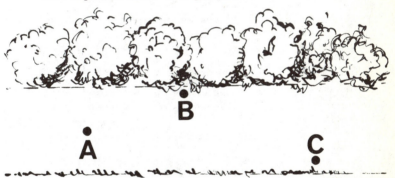

Q. – Je fais partie de la ligne de tir dans une battue au bois. Le responsable de la chasse n'a pas donné de consignes pour les fins de traques. A l'approche de la ligne des rabatteurs-chasseurs : a) je signale ma présence à ceux-ci ; b) j'entre à mon tour sous bois ; c) je me place sur l'autre lisière de l'allée.

R. – La bonne réponse est a.

Q. – Quels avantages offre la chasse à l'approche sur les autres formes de chasse, pour la gestion d'un cheptel de grands animaux ?

R. – Elle permet d'observer l'animal avant de le tirer, souvent de le comparer à d'autres, par conséquent, d'effectuer un prélèvement sélectif.

Q. – Qu'appelle-t-on un "attelage" dans la chasse à la hutte ?

R. – C'est l'ensemble des appelants "piqués" sur la "mare".

l'assurance-chasse

La loi fait obligation au chasseur d'être assuré pour une somme illimitée contre les accidents corporels causés aux tiers, en action de chasse, par lui-même ou ses chiens.
Toute demande de visa de permis doit être accompagnée d'une attestation d'assurance valable pour la période pendant laquelle le visa est sollicité.
Attention : l'assurance obligatoire ne couvre pas tous les risques. Le chasseur n'est pas couvert :
– s'il se blesse lui-même, ou s'il blesse ses préposés et salariés pendant leur service ;
– pour les dommages aux choses ou aux animaux (chiens).

On peut s'ouscrire une assurance supplémentaire, pour couvrir, par exemple, les dommages aux choses et aux animaux.

> L'assurance obligatoire couvre, maintenant, les blessures pouvant être occasionnées par le chasseur en action de chasse à son conjoint et à ses descendants et ascendants, ce qui n'était pas le cas avant 1982.
>
> Les présidents de sociétés de chasse ont intérêt à contracter une assurance couvrant leur responsabilité d'organisateurs : elle peut être engagée dans un accident qu'ils n'ont pas causé eux-mêmes, par exemple s'ils ont accepté un participant non titulaire du permis de chasser, s'ils ont placé un chasseur dans un endroit dangereux sans le prévenir, etc.

questionnaire

Q. – Vous êtes titulaire de la seule assurance chasse obligatoire et vous blessez mortellement un chien. Parmi les réponses suivantes, rayez celles qui sont inexactes :
a) vous êtes « couvert » ;
b) vous êtes couvert si l'accident a eu lieu pendant la chasse elle-même ;
c) vous n'êtes pas « couvert ».

R. – La bonne réponse est c.

livre 3

devoirs du chasseur à l'égard de la faune

Baguage (le plus souvent à l'aile) de poules faisanes, en vue d'étudier les phénomènes de dispersion de ces oiseaux, au Centre d'expérimentation de l'Office National de la Chasse, à Saint-Benoît (78).

le chasseur et le gibier

Le gibier se gère. Tout chasseur doit connaître les bases de cette gestion.

En simplifiant, on peut considérer que la fraction de la population d'une espèce, « prélevable » pendant une saison de chasse, dépend de :

1. la « graine », c'est-à-dire la quantité de gibier reproducteur qui existait sur le terrain à la fin de l'hiver ;
2. le rythme d'accroissement de l'espèce ;
3. certaines qualités du territoire ;
4. le climat de l'année ;
5. l'efficacité du contrôle des prédateurs (animaux qui s'attaquent aux espèces gibier).

Le chasseur peut agir sur plusieurs de ces facteurs.
Voyons comment.

1. LA « GRAINE »

Toujours penser aux coupes sombres de l'hiver.

Tous les chasseurs ont conscience que, pour retrouver du gibier lors de la saison de chasse suivante, ils doivent en laisser suffisamment à la fermeture. Mais peu tiennent un compte assez large des coupes sombres que l'hiver va creuser dans le cheptel, entre la fermeture et le début de la saison de reproduction.

Le tribut payé à l'hiver atteint, et dépasse parfois 30 %, pour une espèce comme la perdrix grise.

Le chasseur peut - et doit - faire en sorte que ce tribut soit le moins lourd possible. Il aide le gibier à faire front à l'hiver :
- en laissant ou en mettant à sa disposition une nourriture naturelle : céréales d'hiver, très favorables au petit gibier; parcelles de culture à gibier (maïs, choux, mélanges divers);
- en lui fournissant, en outre, si besoin est, une nourriture d'appoint (agrainage des oiseaux, affouragement des grands animaux);
- en laissant ou en mettant à sa disposition des abris (haies, coupe-vent, bandes-abris).

2. L'ACCROISSEMENT DE POPULATION

Le rythme de reproduction varie selon les espèces. Par exemple, aux deux extrêmes, une lapine peut avoir vingt petits (dont les premiers, à leur tour, peuvent se reproduire) par an; une biche : un.

Lorsque les petits sont nés, ils sont plus ou moins fragiles et plus ou moins sensibles à certaines circonstances du moment : orages (faisandeaux, perdreaux); gels tardifs; longues périodes pluvieuses et froides.

Le rythme de reproduction d'une espèce et sa résistance aux facteurs défavorables, notamment climatiques, conditionnent son «accroissement à l'ouverture». On appelle ainsi (1) l'augmentation des effectifs d'une espèce entre la fin de l'hiver - donc, juste avant la saison des naissances - et la période d'ouverture de la chasse.

Cet accroissement - variable selon les espèces et les années - est la principale donnée sur laquelle le chasseur doit se baser pour fixer le prélèvement qu'il va effectuer pendant la saison de chasse.

Le chasseur ne doit prélever qu'une partie de l'accroissement à l'ouverture. Il doit tenir compte :
- des pertes naturelles à prévoir au cours de l'hiver suivant;
- des pertes accidentelles (routes, peut-être braconnage) qui priveront également le territoire d'un certain nombre de futurs reproducteurs.

Certaines espèces (faisan, cerf, sanglier) sont nettement polygames. Dans leur cas, un rapport des sexes favorable aux femelles, au début de la période de reproduction, permet un accroissement plus important.

Le chasseur peut, dans une certaine mesure, influer sur l'accroissement d'une population :
a) en favorisant la reproduction;
b) en venant en aide aux jeunes sujets qui en sont issus (voir plus loin, notamment : climat et contrôle des prédateurs).

Il favorise la reproduction :
- pour le petit gibier, en laissant subsister haies, bordures de chemins, friches, boqueteaux qui peuvent servir de points de nidification;
- en procédant à des aménagements destinés à fournir de tels points de nidification, notamment aux perdrix (bandes-abris) et aux canes (nids artificiels);
- chez les grands animaux, en éliminant les sujets déficients ou trop âgés, ne produisant pas ou mal, et qui gênent les autres.

(1) Pour certaines espèces de grand gibier, dans lesquelles les pertes hivernales sont normalement très faibles, on raisonne sur un accroissement annuel, d'un automne à l'autre, plutôt que sur un accroissement à l'ouverture.

3. LA QUALITÉ DU TERRITOIRE

Certains territoires peuvent porter une plus forte densité de gibier et en produire davantage que d'autres.

Ce phénomène est d'abord lié à la nourriture qu'ils procurent.

Mais les besoins en nourriture du gibier peuvent être subtils et une population prospérera parfois moins sur un territoire où, en apparence, règne l'abondance.

Exemple : les nichées de perdreaux viendront mieux sur un territoire paraissant relativement pauvre, morcelé, avec des jachères où vivent beaucoup d'insectes – lesquels constituent la principale nourriture des jeunes – que sur certains territoires portant de riches récoltes.

Outre la nourriture, un territoire est en général favorable :
- quand il fournit : l'eau, la tranquilité, des abris et des couverts ;
- quand son sol « ressuie » vite (le gibier, en général, « vient » mal, sur les terres trop humides).

Le chasseur peut aider à ce qu'un territoire réunisse le plus possible de ces conditions favorables.

- Il laisse subsister les bordures enherbées des chemins, des haies, quelques coins de friches, etc. Ces parcelles échappant aux insecticides et autres produits de traitement, la génération d'insectes, si nécessaires aux jeunes oiseaux-gibier, s'y trouve favorisée.

- Il aménage des points d'eau, si la nécessité en apparaît (sécheresse d'été).

- Il assure tranquillité et abri : par les réserves ; en éloignant, aux périodes concernées, les promeneurs des lieux de reproduction ;

> *Rappelons – voir chapitre "Comment peut-on chasser ?" – qu'il est désormais interdit : de promener des chiens non tenus en laisse, en forêt, hors des allées, entre le 15 avril et le 30 juin ; d'observer aux phares les animaux, par exemple lors du brâme.*

LES JACHÈRES

Depuis 1993, une réglementation européenne visant à limiter les surplus agricoles impose aux céréaliers de laisser en jachères – contre une modeste indemnisation – une fraction (de l'ordre de 15 %) de leurs exploitations. C'est, pour le gibier et la chasse un atout et un risque.

Il existe deux grandes catégories de jachères : les « rotationnelles », dont l'implantation change chaque année ; les « les pluri-annuelles » (souvent maintenues au même endroit pendant 5 ans).

L'énorme inconvénient des « rotationnelles » est qu'elles doivent être débarrassées de leur végétation parasite avant que celle-ci ne vienne à graines et ne pollue le voisinage agricole.

L'échéance se situe vers début juillet, époque des jeunes nichées et portées. Si l'agriculteur intervient par un traitement chimique « doux », il y a moindre mal. Mais s'il procède à un ou des broyages, le gibier qui avait été attiré là par la tranquillité des lieux au printemps subit des coupes sombres.

Dans la jachère pluri-annuelle on sème une plante de couverture qui reste en place plusieurs saisons. Les végétations parasites n'ont pas le champ libre. Il y a donc beaucoup moins nécessité de broyages, et à des dates moins précoces. La jachère peut alors être un havre de paix pour la faune.

Les organisations de chasse ont fait reconnaître par l'État la notion de « jachères faune sauvage », où les intérêts du gibier sont explicitement pris en compte, notamment par la possibilité d'utiliser des plantes qui lui sont favorables (dans certains cas : maïs, luzerne), plantes bannies ailleurs. Des Fédérations de chasseurs subventionnent ces jachères.

4. LE CLIMAT DE L'ANNÉE

Dans la plupart des espèces, les naissances se produisent aux mois de mai-juin. Des conditions climatiques défavorables, à cette époque, peuvent compromettre la réussite des couvées et des portées. Les abris – naturels ou artificiels – déjà évoqués, remplissent, à cet égard encore, un rôle utile.

5. LE CONTRÔLE DES PRÉDATEURS

Le gibier a des ennemis : renards, belettes, pies, rats, etc. En petit nombre, ces prédateurs ont un rôle utile à jouer. Par exemple, ils contribuent à une sélection naturelle, en éliminant les animaux les plus faibles. Ils peuvent éviter qu'une épizootie ne se propage, en faisant disparaître les premiers sujets qui en sont atteints. Mais si leurs rangs deviennent trop denses, leur équilibre est rompu, et la population gibier régresse. Le rôle du chasseur consiste à rétablir l'équilibre, en éliminant les prédateurs en excès (v. chapitre « Les animaux classés nuisibles »).

comptages

La résultante des cinq grandes lignes de force que nous avons évoquées – « graine », rythme d'accroissement, qualités du territoire, climat, contrôle des prédateurs – est la présence d'une certaine quantité d'animaux sur le territoire, à la veille de la saison de chasse. Le chasseur sérieux se fixe alors, pour chaque espèce, le nombre de sujets à capturer : il se trace, volontairement, un « plan de chasse ». L'établissement d'un tel plan suppose une connaissance aussi précise que possible de la situation de chaque population, donc dans tous les cas, des comptages, et, pour les grands animaux, une estimation des rapports de sexes et d'âges (1).

Diverses méthodes sont utilisées. Exemples : pour le faisan, observation des oiseaux sur les sentiers d'agrainage ; pour le perdreau, battues à blanc permettant de compter les compagnies ; pour le grand gibier, observation des animaux depuis des miradors, etc.

Si des circonstances impératives empêchent de procéder à des comptages, il reste, en matière de petit gibier, un recours : déterminer la proportion de sujets de l'année qui figurent au tableau de la première chasse. Cette proportion donne au moins une idée de l'accroissement de l'année et, par conséquent, des effectifs de l'espèce (voir chapitres « Lièvre » et « Perdrix grise »).

parfois, prélèvement zéro

Les comptages (ou l'examen du premier tableau) peuvent faire apparaître que – notamment à la suite de mauvaises conditions climatiques, ou d'une épizootie – l'accroissement de l'année, dans une espèce, est tout juste suffisant pour équilibrer les pertes qu'entraînera l'hiver suivant. Le devoir du chasseur est, alors, de stopper tout prélèvement sur cette espèce.

(1) Cette estimation est particulièrement importante à l'égard de l'espèce cerf. Le rapport des sexes doit s'y établir entre 0,8 et 1,2 mâle pour une femelle, selon l'objectif poursuivi (accroissement quantitatif ou production de beaux trophées). Le cheptel doit comporter davantage de jeunes sujets que de vieux, sans cependant que le rapport soit excessif. La « pyramide des âges », dont parlent les spécialistes et dans laquelle les âges sont représentés par des couches superposées, rend compte de cette situation.

ÉVOLUTION ANNUELLE D'UNE POPULATION DE PERDRIX GRISES

Le graphique ci-dessous illustre, pour une espèce dans laquelle les variations d'effectifs sont très sensibles d'une saison à l'autre, la perdrix grise, l'évolution d'une population gibier pendant une année : de la fin d'une saison de chasse au début de la saison suivante.

A la fin de la saison de chasse, il reste 60 perdrix sur un territoire. 20 disparaissent au cours de l'hiver. Les 40 qui subsistent au début du printemps produisent 300 œufs ou oisillons. 210 environ de ceux-ci sont détruits ou succombent. Sur la population totale de 130 sujets qui subsiste alors, une trentaine d'oiseaux disparaissent du fait des prédateurs ou de pertes accidentelles (routes, travaux agricoles autres que les premières fauchaisons, etc.). Il reste au début de la chasse environ 100 perdrix. Il faut en épargner 60 pour que le cycle recommence. Le chasseur peut donc prélever 40 oiseaux.

Avec des variations saisonnières en général beaucoup moins importantes, la même évolution annuelle se retrouve pour toutes les espèces gibier.

gibier, agriculteurs et forestiers

La plupart des moyens d'aide au gibier que nous avons signalés passent par une action sur le sol et la végétation. Dans la pratique, l'aide au gibier suppose donc une entente entre le chasseur et l'agriculteur, ou le forestier.
En plaine, la necessité de cette entente se retrouve lors de l'épandage des produits de traitement agricole, lors de certains travaux des champs, dans la gestion des jachères obligatoires, etc.

> Par le choix des produits de traitement, les dates et les conditions de leur emploi, l'agriculteur peut éviter de porter préjudice au gibier. De même, en prenant certaines précautions, notamment lors des fauchaisons, du moissonnage, du broyage des pailles, il épargne des nids, des portées ou des animaux.

L'action du forestier est également très importante.
En créant des parcelles de prairies ou de cultures à gibier à l'intérieur de la forêt, en ensemençant les bordures des plus larges sommières, les bandes de terrain situées sous les lignes à haute tension (où les arbres doivent être coupés), etc., le forestier met à la disposition du gibier une nourriture qui facilite son accroissement. En évitant que, lors d'une coupe, ne soient abattus des arbres dont l'ombrage empêche une mare de sécher, il sauve un point d'eau qui peut attirer faisans, cerfs ou sangliers (souille), etc.
En fait, la « culture » du gibier va de pair avec la culture tout court et avec la sylviculture.

les plans de chasse

La forme de gestion du gibier la plus élaborée et la plus efficace réside dans le plan de chasse légal.
Dans ce système, le nombre d'animaux à prélever de la ou des espèces concernées est défini, chaque année, pour chaque territoire, par une commission d'une dizaine de membres présidée par le préfet et composée de chasseurs, de forestiers, d'agriculteurs, de fonctionnaires (et de protecteurs de la nature, s'il s'agit de petits gibiers). La commission se prononce au vu des résultats de comptages ou d'autres éléments d'estimation. Lorsqu'il s'agit de grand gibier, elle tient un large compte des risques de dégâts.
L'attribution impartie à chaque territoire est notifiée (1) à son détenteur par le préfet.
Pour chaque animal attribue est délivré une marque numérotée (bracelet ou équivalent) conçue pour ne pouvoir servir qu'une fois. La

marque doit être apposée aussitôt après la capture (2). Elle ne peut être utilisée que sur le territoire pour lequel elle a été attribuée.
Sa délivrance peut donner lieu à perception d'une taxe abondant le budget d'indemnisation des dégats (voir page 201).

Le plan de chasse est de droit dans toute la France pour les espèces : cerf, chevreuil, daim, mouflon, chamois, isard.

A noter que le plan de chasse ne fait pas qu'autoriser un prélèvement : il fixe une fourchette d'animaux à capturer, avec un minimum et un maximum, et la réalisation minimum est obligatoire. Cette obligation n'est que théorique à l'égard des espèces ne commettant pas de dégats : le prélèvement minimum est alors fixé à zéro. Mais à l'égard du cerf, du daim et du chevreuil, espèces à dégats, pour lesquelles le plan de chasse contribue à assurer un équilibre « agro-sylvo-cynégétique » (situation dans laquelle la faune, l'agriculture et la forêt font le « meilleur ménage » possible), l'obligation de prélever est appliquée. C'est ainsi que, pour les cerfs, un pied de l'animal capturé doit, dans certains départements, être présenté à titre de justificatif au garde national du secteur. Dans le cas où un plan de chasse à l'une des quatre espèces citées ne serait pas réalisé, le préfet pourrait ordonner une battue administrative de destruction.

Outre les six espèces mentionnées ci-dessus, pour lesquelles il est de droit, le plan de chasse peut, depuis 1989, s'appliquer à toutes les espèces classées gibier.

Il est institué dans une vingtaine de départements ou parties de départements pour le lièvre, la perdrix grise (il peut même l'être pour le sanglier si celui-ci a été retiré de la liste des « nuisibles »). Lorsqu'il a un caractère local, il est édicté par le préfet, année après année, dans l'arrêté d'ouverture. Il s'applique alors au minimum à une commune ; beaucoup plus souvent à un groupe de communes. Le préfet se détermine à la demande d'une « majorité représentative » de chasseurs de la ou des communes en cause, chasseurs ayant obtenu l'avis favorable de la fédération.

> Le détenteur de territoire qui peut bénéficier d'un plan de chasse le demande chaque année : — à l'Office national des forêts lorsqu'il s'agit d'un territoire domanial ou communal ; — à la Fédération des chasseurs pour un territoire privé.
>
> Dans les dix jours suivant la clôture de la chasse, les détenteurs de plans doivent rendre compte de l'exécution de ceux-ci au préfet.

PLAN DE CHASSE LEGAL QUALITATIF

> Dans certains départements, et pour certains grands gibiers (cerf), c'est un plan de chasse qualitatif qui est mis en œuvre. L'arrêté préfectoral ne se borne pas à attribuer un nombre global d'animaux, ni même à opérer des attributions par sexe (ce qui est déjà la règle, pour le cerf, dans le plan de chasse simple). Il distingue des catégories : jeunes de moins d'un an, sujets « d'élimination », sujets « de récolte » (voir chapitre « Le Savoir-chasser »). Le but est de réaliser une meilleure gestion. Par exemple, il peut être souhaitable d'éliminer des jeunes de l'année, même bien conformés, pour supprimer des concurrents à des reproducteurs particulièrement beaux dont on attend une amélioration du cheptel. En tout état de cause, la réalisa-

(1) La notification rappelle beaucoup des précisions pratiques indiquées dans cette page.

(2) Cependant, un système de « prémarquage » peut être instauré par arrêté ministériel. Utile, surtout en montagne, où l'on chasse individuellement. Les bagues sont gardées au village. Jusqu'à celui-ci, le chasseur qui a tué un chamois met en place, sur l'animal, un « prémarquage ».

tion d'une partie du plan de chasse aux dépens de jeunes de l'année (qui ne commenceront à reproduire qu'un ou deux ans plus tard) plutôt qu'aux dépens d'adultes (reproducteurs immédiats), aboutit à un accroissement quantitatif.

les plans de gestion agréés

Lorsque dans une commune, un groupe de communes, un canton, un groupe de cantons,... une « majorité représentative » de chasseurs le demande, le préfet peut, dans son arrêté annuel d'ouverture, définir, pour cette ou ces communes, ce ou ces cantons, des règles de gestion allant au-delà du droit commun sans cependant comporter de plans de chasse (exemples : période d'ouverture plus courte pour une ou plusieurs espèces ; non-tir de la poule faisane ; prélèvement en sangliers ne s'exerçant que sur des animaux de 50 kilos au plus, de façon à privilégier les adultes, reproducteurs immédiats, etc.). Ces formules s'imposent alors à tous les territoires de la ou des communes concernées, y compris bien entendu aux « enclaves » dont les détenteurs doivent ainsi se plier à la discipline commune. On appelle « plan de gestion agréé » l'ensemble des règles ainsi définies.

Dans le plan de chasse local, comme dans le « plan de gestion agréé », la « majorité représentative », nécessaire pour enclancher les processus, est souvent constituée par un G.I.C. (« groupement d'intérêt cynégétique »), association de chasses proches (1) qui ont d'abord défini pour elles-mêmes un plan de chasse volontaire ou un plan de gestion, dont elles demandent, dans l'intérêt de la faune, l'extension à tout un secteur.

Le « plan de gestion agréé » constitue souvent une étape préparant les esprits et les attitudes au plan de chasse, qui est institué quelques saisons plus tard.

CONTRATS DE GESTION

Depuis 1988, certains préfets prennent aussi en compte dans leurs arrêtés d'ouverture des « contrats de gestion », comportant de plus larges périodes d'ouverture pour les territoires qui s'engagent à ne pas dépasser un certain prélèvement aux 100 hectares, fixé en accord avec les techniciens de la fédération. Le prélèvement défini peut être soumis à contrôle par les gardes nationaux.

le repeuplement

Après tous les moyens d'action que nous avons signalés, le chasseur dispose encore, dans des cas particuliers, d'une possibilité : le repeuplement.

L'animal dit « de repeuplement », provient d'un territoire extérieur (souvent de l'étranger) ou a été élevé en captivité.

Dans un cas comme dans l'autre, il devra d'abord, dans la meilleure hypothèse, c'est-à-dire s'il survit, – et ce n'est pas toujours le cas – s'adapter au territoire auquel on le destine. Souvent il n'y parviendra qu'au bout de plusieurs semaines, voire plusieurs mois, pendant lesquels il ne reproduira pas. S'il s'agit d'un animal provenant d'une région éloignée, il peut être porteur du germe d'une maladie encore inconnue sur le territoire auquel on le destine, et qui va se propager chez les sujets autochtones. Pour ces deux raisons principales – et ce ne sont pas les seules – le repeuplement n'est pas aussi efficace

(1) voir chapitre "Les A.C.C.A. et autres associations"

qu'on le croit généralement et n'est pas totalement exempt de risques. Dans une bonne gestion de chasse, il ne doit être utilisé que pour faire face à des cas extrêmes, par exemple quand un cheptel a été décimé par une épizootie.

En dessous d'un certain seuil – qui peut être de l'ordre, par exemple, chez la perdrix, d'un couple aux 100 hectares – une population s'éteint, même si on ne la chasse plus. On peut se trouver, dans un secteur, devant un tel cas, et il faut bien tenter quelque chose : un repeuplement.
Celui-ci, pour avoir une chance de réussir, doit être précédé ou accompagné de conditions très strictes.
Il faut (avant le lâcher) :
– avoir procédé à des aménagements du territoire rendant celui-ci plus sûr et plus accueillant ;
– avoir éliminé les prédateurs en excès et écarté chiens et chats errants.
Il faut :
– choisir des animaux sains, robustes, ayant gardé les caractères de sujets sauvages, capables, notamment, de se nourrir et de se défendre dans la nature ;
– procéder aux lâchers :
  ● selon certaines techniques propres à y préparer les animaux (parcs de transition),
  ● aux moments de la journée où les animaux auront le plus tendance à se cantonner à proximité (le soir pour les oiseaux adultes, le matin pour le « poil »),
Dans les espèces de petits gibiers, les lâchers semblent réussir un peu mieux avec de jeunes sujets libérés l'été dans des réserves, où ils ont le temps de s'adapter au milieu avant d'avoir à se reproduire, qu'avec des sujets adultes lâchés l'hiver.
Une technique, surtout en usage pour le faisan (voir ce chapitre) consiste à lâcher des produits de sujets préalablement repris sur le même territoire et qu'on a fait procréer en parquets. La capture des géniteurs vivants, même en période d'ouverture, nécessite une autorisation préfectorale (facilement accordée).

Ayant, dans ce chapitre, étudié les moyens dont dispose, en général, le chasseur pour venir en aide au gibier, nous passerons en revue, dans les suivants, les principales espèces.
Nous indiquerons, à propos de chacune : l'aide qu'on peut lui apporter ; les prélèvements annuels moyens que le chasseur ne doit pas dépasser.

questionnaire

Q. – Que peut, en règle générale, prélever le chasseur au cours d'une saison de chasse au petit gibier ?

R. – L'accroissement de population diminué des pertes à prévoir au cours de l'hiver.

Q. – Citer des travaux agricoles dangereux pour le gibier avec les techniques modernes et qui nécessitent d'être effectués avec précautions si on veut l'épargner.

R. – La fauchaison ; le moissonnage ; le broyage des pailles ; l'épandage des produits de traitement.

Q. – **Quel est, dans un cheptel, le pourcentage des pertes provoquées par l'hiver ?**

R. – Variable selon les espèces et les hivers. Il peut atteindre et dépasser 30 %.

Q. – **Pour quelles espèces le plan de chasse est-il obligatoire ?**

R. – Le cerf, le chevreuil, le daim, le mouflon, le chamois, l'isard.

Q. – **Qu'est le plan de chasse légal qualitatif ?**

R. – C'est un plan de chasse dans lequel les attributions sont faites par catégories de sujets : animaux « de récolte », « d'élimination », « jeunes ».

Q. – **Dans le plan de chasse, les attributions d'animaux sont faites par (rayer les réponses inexactes) :**
a) **le maire**
b) **la Fédération des chasseurs**
c) **l'Office national des Forêts**
d) **le préfet, après avis d'une commission**
e) **le ministère de l'Agriculture.**

R. – La bonne réponse est d.

Q. – **Quelle différence essentielle existe-t-il entre un plan de chasse cerf et un plan de chasse perdrix ?**

R. – Le premier, qui tient compte des risques de dégâts, a un caractère obligatoire. Il attribue un nombre d'animaux comportant un minimum et un maximum ; le minimum doit être atteint.

Q. – **Un plan de chasse peut être institué dans un département ou une partie de département (rayer les réponses inexactes) :**
a) **pour le grand gibier**
b) **pour le grand gibier + le lièvre et la perdrix grise**
c) **pour tous les gibiers, sauf le sanglier**
d) **pour tous les animaux classés gibiers.**

R. – La bonne réponse est d.

Q. – **Que sont les plans de gestion agréés ?**

R. – Ce sont des formules de gestion dans lesquelles, à la demande d'une « majorité représentative » de chasseurs (presque toujours des G.I.C.) qui applique déjà, dans l'intérêt de la faune, des restrictions allant au-delà du droit commun, le préfet impose ces mêmes restrictions à tous les territoires de la ou des communes où s'est exprimée cette majorité. Le plan de gestion est inclus dans l'arrêté d'ouverture. Il est donc valable pour un an, renouvelable.

le lièvre commun

HABITAT

La plaine, les bois clairs, les lisières de forêt. Là où il y a plaine et bois, le lièvre vit alternativement dans ces deux lieux, selon les saisons et le temps. Le lièvre commun se rencontre jusqu'à 1.800 mètres d'altitude. Au-delà, on peut rencontrer le lièvre variable (voir chapitres « Le Gibier de montagne »).

> REMARQUE. – Le pelage et la taille du lièvre commun varient légèrement selon les régions. Le lièvre dit « de pays », qu'on trouvait jadis dans la majeure partie de la France, est plus petit et plus roux que le « lièvre d'Europe centrale », avec lequel il s'est trouvé métissé après des lâchers de repeuplement. Les oreilles du lièvre, dont les extrémités sont noires, sont plus longues que la tête, à l'inverse de ce qu'on observe chez le lapin. L'iris de l'œil est toujours clair.

NOURRITURE ET BESOINS VITAUX

Nourriture très variée, exclusivement végétale, que le lièvre prélève, de-ci, de-là, au cours de ses randonnées nocturnes, consommant une feuille d'une espèce, une tige d'une autre plante, un fruit tombé, etc. Le calme est, pour le lièvre, un besoin vital. C'est un animal chez lequel un déréglement des habitudes, une frayeur, peuvent avoir des conséquences graves (cas des lièvres d'importation qui, parfois, ne se remettent pas du choc de la captivité et du voyage).

> Une particularité physiologique étonnante : le lièvre réingurgite une des premières crottes résultant de chacune de ses digestions. Cette crotte, enrichie en vitamines et bactéries, aide à la suite de l'activité digestive. On dit que l'espèce est « caecotrophage ».

Le lièvre est très sensible à des maladies : tularémie, pseudo-tuberculose, coccidiose, V.H.D. (viral haemorrhagic disease) ou E.B.H.S.

> La tularémie et la pseudo-tuberculose sont des maladies microbiennes. Dans la tularémie, l'animal ne change pas d'aspect, mais il devient apathique, ne fuit plus. Les organes atteints sont principalement le foie et la rate. Dans la pseudo-tuberculose, qui se manifeste surtout à la fin des hivers longs et humides, l'animal devient squelettique. La tularémie, à laquelle sont sensibles beaucoup d'espèces de rongeurs, peut aussi se communiquer à l'homme (surtout par manipulation

d'un sujet malade). Elle provoque, chez lui, la fièvre, une inflammation des ganglions, mais cède aux antibiotiques.
La coccidiose est une maladie parasitaire qui apparaît surtout par temps humide : les coccidies, agents de la maladie, se multiplient dans l'herbe mouillée.
Le V.H.D., qui est surtout une maladie du lapin, apparaît, sur certaines fortes populations de lièvres, à la fin de l'été, en brusques, dévastatrices et éphémères flambées. Les animaux sont victimes d'hémorragies de la trachée-artère, des poumons et du foie. Ceux qui meurent sont trouvés, apparemment en bon état, avec juste une goutte de sang aux naseaux.

MŒURS

Le lièvre se nourrit au crépuscule et la nuit, au cours de laquelle il se déplace constamment. Le jour, il est gîté, au pied d'une touffe d'herbe, d'un arbuste, ou contre une motte, prêt à fuir. Vit cantonné dans un secteur d'environ un kilomètre de rayon, soit à peu près 350 hectares. On en déduit que c'est là la surface minimum à prévoir pour une réserve surtout destinée à des lièvres.

Le lièvre vit en solitaire, qu'il s'agisse du mâle (bouquin) ou de la femelle (hase).

Le lièvre aime se trouver sur un terrain sec. C'est ce qui explique que, par temps pluvieux, on le rencontre souvent, la nuit, sur les routes où il risque d'être victime de la circulation. Le revêtement de la route sèche plus vite et l'attire.

REPRODUCTION

Le lièvre commence à se reproduire à partir de l'âge de huit à neuf mois. Le rut s'appelle le bouquinage. La hase a, par an, de deux à quatre portées, chacune de deux à quatre levrauts, après une gestation d'une quarantaine de jours. Les premières naissances interviennent en février-mars, les dernières en octobre.

La hase met au monde ses levrauts à même le sol, chacun dans un endroit différent, bien camouflé. Les petits n'ont pas de « sentiment » pour les chiens. Même avec ceux-ci, il est donc rare qu'on en trouve un. Mais si tel est le cas, il ne faut pas croire qu'il est abandonné. La hase allaite ses petits – qui ont cependant vite une vie indépendante – jusqu'à environ 25 jours. Il a été établi que, vers le 10 octobre, 60 % des mères allaitent encore des jeunes des dernières portées. On ne devrait donc commencer à chasser l'espèce que plus tard, après le 15 octobre au moins.
L'espèce est une des rares où il y a superfétation. Ce terme signifie que la femelle peut être à nouveau fécondée alors qu'elle porte encore les petits de la précédente gestation.

ACCROISSEMENT A L'OUVERTURE

Dans des conditions favorables, 3 à 4 sujets par hase existant sur un territoire l'hiver.

CE QUE LE CHASSEUR PEUT PRÉLEVER

Compte tenu des pertes qui interviendront au cours de l'hiver, du fait que des femelles se révéleront stériles – c'est assez fréquent –, des cas d'écrasement sur la route, le chasseur qui veut retrouver la même densité, l'année suivante, ne doit pas prélever, au cours d'une saison de chasse, même favorable, plus de 50 % du cheptel.

Les comptages – qui devraient permettre d'affiner la marge possible de prélèvements – sont difficiles à réaliser dans cette espèce : souvent, on voit plusieurs fois les mêmes sujets. La technique des I.K.A. (1), mise en œuvre par les techniciens de certaines Fédérations départementales de chasseurs, ne donne une approximation – et assez vague – que pour l'ensemble d'une région. Il convient donc, lors de la première chasse, là où les

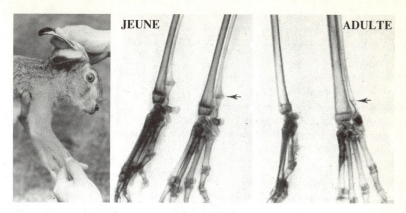

Radiographies des pattes avant de deux lièvres : un sujet âgé d'environ six mois (cliché du centre); un adulte (à droite). Le pouce du manipulateur (photo de gauche) indique la partie de la patte où, chez le jeune, on perçoit le renflement, désigné par une flèche sur la radio (clichés I.N.R.A.-Pépin).

chasseurs pratiquent en groupe, d'examiner attentivement le tableau et de déterminer la proportion d'animaux de l'année qu'il comprend, afin d'apprécier ce qu'a été la reproduction.

> *On détecte les sujets de l'année – qui ont la taille d'adultes s'ils appartiennent à une portée de février/mars – à la présence d'un renflement cartilagineux sur les pattes avant, à la base du cubitus, côté externe (voir photos). Les sujets âgés de plus de neuf mois environ ne présentent plus cette boursouflure. Celle-ci commence à s'atténuer à partir de l'âge de 7-8 mois (2).*

Si le nombre des jeunes au tableau ne dépasse pas celui des adultes, il faut restreindre le prélèvement à environ 20 % de la population à ce moment. S'il est sensiblement inférieur au nombre des adultes, il faut immédiatement cesser la chasse de l'espèce car, alors l'accroissement de l'année est tout juste suffisant pour compenser les futures pertes hivernales.

ÉVOLUTION DE L'ESPÈCE

L'espèce se maintient là où la pression de chasse tient compte des règles que nous venons d'exposer. Dans un nombre grandissant de secteurs, elle fait l'objet, sous l'influence de G.I.C., de plans de chasse ou de plans de gestion agréés qui se révèlent efficaces. Dans d'autres, par contre, elle souffre grandement de prélèvements excessifs, de l'accroissement de la circulation routière, de l'usage inconsidéré de certains produits agricoles toxiques, et des affections virales (notamment V.H.D.) que nous avons signalées.

(1) Indice kilométrique d'abondance. Il s'agit, chaque année, après l'enlèvement des récoltes, de parcourir, de nuit, en voiture, si possible sous les mêmes conditions climatiques, le même itinéraire (20 à 30 km) de chemins de champs. Le nombre des lièvres vus, dans la lumière de projecteurs éclairant les côtés jusqu'à 150 mètres, donne une indication sur l'évolution du cheptel.
(2) On peut déterminer, à quelques semaines près, l'âge de tous les lièvres, y compris adultes, par pesée, après dessiccation, en laboratoire, des cristallins des yeux, le poids de ces organes croissant avec l'âge. Il s'agit, bien entendu, d'un travail de spécialistes.

COMMENT AIDER L'ESPÈCE

– En limitant les prélèvements de chasse, notamment par l'application de plans de chasse ou de plans de gestion agréés.
– En ne commençant à chasser le lièvre qu'à mi-octobre.
– En évitant une densité excessive de prédateurs, surtout renards et belettes, et en évitant les incursions de chats harets et chiens errants
– En prévoyant des réserves assez vastes
– En n'employant pas certains insecticides ou herbicides, tels les colorants nitrés
– En évitant certaines pratiques agricoles dangereuses pour les levrauts ou en n'y ayant recours qu'avec précaution. Ces pratiques sont notamment :

   a) le brûlage des chaumes. Il est interdit dans certains départements, strictement réglementé dans d'autres. Il doit être entrepris par un seul côté du champ à la fois, pour que les lièvres s'échappent ;

   b) le broyage des pailles. Il est moins dangereux s'il est réalisé en même temps que la moisson, les animaux n'ayant pas eu le temps de se gîter dans les andains. S'il doit être différé, utiliser un système (exemple : chaînes suspendues) qui fait fuir le gibier avant le passage de l'engin.

Le moissonnage et la fauchaison sont moins dangereux, pour les levrauts, lorsqu'ils sont commencés au centre du champ en progressant vers l'extérieur (croquis ci-dessous) que lorsqu'on progresse vers le centre (croquis de droite). Dans le premier cas, l'animal est incité à fuir.

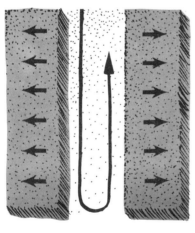 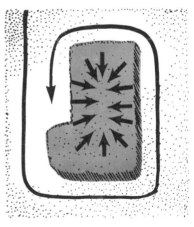

COMMENT DISTINGUER LA FEMELLE

Impossible en action de chasse. Même lorsque l'animal a été capturé, la distinction n'est pas facile : les organes génitaux extérieurs peuvent prêter à confusion, surtout en période de non-activité sexuelle, ce qui est le cas à la saison de la chasse.

questionnaire

Q. – Combien de portées une hase met-elle bas en un an, en moyenne ?

R. – Deux à quatre.

Q. – Quel est, dans des conditions favorables, l'accroissement à l'ouverture, par femelle, d'une population de lièvres ?

R. – Trois à quatre sujets.

Q. – Pour l'avenir d'une population de lièvres, est-ce un moindre mal de tuer une femelle (rayer les réponses inexactes) :
 – le 10 septembre,
 – le 1er octobre,
 – le 20 octobre.

R. – Le 20 octobre. Auparavant, la hase peut être pleine ou allaiter.

Q. – Citer au moins deux façons de venir en aide au lièvre.

R. – 1° Ne chasser l'espèce qu'à partir de mi-octobre,
2° Ne jamais dépasser un prélèvement de 50 % du cheptel à l'ouverture.
On peut citer aussi : la prudence et la modération dans le choix et le dosage des produits de traitement agricole ; la destruction des prédateurs en excès ; une attention particulière lors de certains travaux agricoles (fauchaison, broyage des pailles) afin que des lev..auts n'en soient pas victimes.

Q. – Que faites-vous si vous trouvez un levraut nouveau-né abandonné dans la nature ?

R. – Je le laisse en place. Il n'est probablement pas abandonné. La hase dépose ses petits dans des endroits séparés mais vient les allaiter régulièrement.

Q. – Comment reconnaît-on un lièvre de l'année d'un sujet plus âgé ?

R. – Les pattes avant du lièvre de l'année présentent un renflement cartilagineux sur la face externe du cubitus, à la base de celui-ci.

Q. – Pourquoi est-il important de connaître la proportion des jeunes lièvres de l'année figurant aux tableaux de chasse ?

R. – Si cette proportion est faible, c'est que la production a été mauvaise. Il faut alors restreindre le prélèvement. Celui-ci doit totalement cesser si le nombre des sujets de l'année est inférieur à celui des adultes.

le lapin de garenne

HABITAT

Tous les terrains couverts (garrigues, bois, landes, boqueteaux, haies), en bordure de plaine, jusqu'à 1 000 m d'altitude. Le lapin préfère les terrains secs, et assez meubles pour qu'il puisse y creuser ses terriers. Dans des zones à végétation très dense, il vit parfois entièrement à l'air libre (lapins buissonniers).

> REMARQUES. – Le lapin de garenne a toujours les oreilles plus courtes que la tête, à l'inverse du lièvre. Le dessous de la queue est toujours blanc, l'iris de l'œil foncé. L'espèce est cæcotrophage, comme le lièvre.

NOURRITURE ET BESOINS VITAUX

Nourriture végétale très variée s'étendant à la plupart des plantes cultivées, aux jeunes pousses d'arbres et aux écorces. Comme les animaux vivent en groupes très cantonnés, ils peuvent faire table rase dans un secteur. L'espèce est classée « nuisible » (voir chapitre sur les « nuisibles ») dans de nombreux départements. Sa prolifération peut éloigner d'autres espèces de gibiers, notamment le lièvre, que dérangent ses allées et venues.

MŒURS

Vit en colonie à proximité de son terrier. Se nourrit surtout au crépuscule et la nuit. Le jour, suivant la saison et le temps, se trouve dans son terrier ou gîté dans un couvert.

> La colonie comporte une organisation hiérarchique très stricte. Si elle est peu importante (par exemple une dizaine de sujets), un seul mâle dominant couvre toutes les femelles, dont certaines, également dominantes, imposent leur loi aux autres. Si la colonie est importante, elle comprend plusieurs groupes familiaux, chacun organisé autour d'un mâle dominant. Lorsqu'un mâle dominant disparaît, un dominé le remplace.

REPRODUCTION

Espèce très prolifique. La lapine met bas, après une gestation de 30 jours, quatre à six portées par an, de chacune quatre à six lapereaux. Elle les met au monde, généralement, dans une galerie isolée, à une seule issue, appelée rabouillère. Les femelles dominantes s'assurent les meilleurs emplacements pour leurs rabouillères.

Les jeunes peuvent se reproduire à leur tour à partir de l'âge de six mois, en sorte qu'en une année, par elle-même ou ses descendants, une lapine peut produire jusqu'à quarante animaux. Il est courant qu'elle en produise vingt ; mais une mortalité naturelle, accidentelle (inondations de rabouillères) ou par prédations, des deux tiers, est habituelle, ceci indépendamment des effets de la myxomatose.

ACCROISSEMENT A L'OUVERTURE

En l'absence de myxomatose (voir plus loin), cinq à six sujets – parfois un peu plus, souvent moins – par femelle présente à la fin de l'hiver.

CE QUE LE CHASSEUR PEUT PRÉLEVER

Le prélèvement est à moduler selon les circonstances locales : présence de myxomatose, incitant à ne pas ajouter de forts tableaux de chasse à la mortalité naturelle ; au contraire, risques de dégâts aux cultures, nécessitant l'élimination d'une proportion importante des effectifs,...

Comme chez le lièvre, on distingue le jeune animal à l'existence d'un renflement cartilagineux à la base du cubitus. Ce renflement disparaît vers l'âge de six mois (au lieu de neuf mois environ chez le lièvre).

Une pratique de chasse, et surtout de destruction, utilise les furets (sorte de putois apprivoisés, souvent de couleur blanche ou beige). On fait entrer dans le terrier un de ces ennemis du lapin. Les occupants jaillissent. On les tire, à la sortie, ou on les capture à l'aide de filets (des bourses). L'emploi de furets est autorisé presque partout, même là où l'espèce n'est pas classée « nuisible » (quelques exceptions figurent cependant dans des arrêtés départementaux). L'emploi de bourses est plus limité et, en principe, va de pair avec le seul classement « nuisible ».

ÉVOLUTION DE L'ESPÈCE

L'espèce est décimée, depuis 40 ans, par le virus de la myxomatose, originaire d'Amérique du sud, qu'un médecin avait introduit dans une propriété d'Eure-et-Loir pour en protéger la végétation des dents des « jeannots ». Ceux-ci, maintenant, résistent un peu mieux. D'une part des souches de virus se sont atténuées. D'autre part des populations de lapins ont développé une certaine résistance à la maladie. Mais on assiste encore, surtout l'été – quand puces et moustiques, principaux vecteurs de la maladie, sont nombreux – à des flambées dévastatrices de l'épizootie.

Globalement, le lapin est plus prospère dans les terrains sablonneux ou de graviers que partout ailleurs. Deux explications : dans ces sols, très « ressuyants », une cause importante de mortalité naturelle – l'inondation des rabouillères après de fortes pluies – est quasi inexistante ; les terriers, plus fragiles, sont hors d'usage avant d'être devenus des réservoirs de virus.

Le lapin est également très sensible au V.H.D. que nous avons évoqué à propos du lièvre. La maladie, meurtrière, est cependant moins redoutable que la myxomatose : elle passe mais ne s'installe pas.

COMMENT AIDER L'ESPÈCE

– Prévoir des cultures à gibier : des animaux bien nourris résistent mieux aux maladies, y compris à la myxomatose.

– Cesser de tirer l'espèce quand la myxomatose apparaît : les survivants se seront auto-vaccinés et ils auront des chances de transmettre une certaine résistance à leur descendance.

De bons résultats sont parfois obtenus à partir de l'utilisation de tas de souches, ou branches provenant de défrichages. On recouvre ces tas de plaques de terre enherbée. Ils deviennent des sortes de terriers à l'air libre, où la propagation de la myxomatose est réduite. Une vaccination contre la myxo (ou le V.H.D.) de lapins, capturés dans des chatières ou des bourses, est parfois pratiquée. La durée d'efficacité est limitée. Des recherches sont en cours pour des vaccins qui ne nécessiteraient pas de captures préalables. Deux voies sont explorées : appâts vaccinants, ou puces, chargées de vaccin, qui inoculeraient celui-ci, de terrier en terrier.

Depuis octobre 1988, les préfets peuvent donner des «autorisations individuelles» de lâchers limités de lapins de garenne, même là où l'espèce est classée «nuisible». Cette mesure peut faciliter des initiatives de repeuplement.

COMMENT DISTINGUER LA FEMELLE
Impossible en action de chasse.

LE SYLVILAGUS. – Une sorte de lapin de petite taille, originaire d'Amérique, le sylvilagus, a été importée discrètement dans les années 70 et se rencontre sur quelques territoires, surtout du Midi. L'espèce est réfractaire à la myxomatose. Mais, vivant à l'air libre, sans terrier, elle supporte mal les hivers rigoureux. Sa survie en France semble compromise. Le statut de l'espèce est très flou. Certains tribunaux jugent que son élevage est interdit mais... pas son lâcher.

Lapin myxomateux. Le mufle est tuméfié, les paupières gonflées, les yeux purulents. L'ensemble de la tête a un aspect léonin.

questionnaire

Q. – Combien, par elle-même ou ses premiers descendants, une lapine peut-elle produire de lapereaux en un an ?

R. – Couramment vingt, mais la mortalité précoce, dans l'espèce, est considérable.

Q. – Qu'appelle-t-on une rabouillère ?

R. – C'est une galerie à une seule issue où la lapine met bas ses petits.

Q. – Pourquoi la myxomatose fait-elle surtout des ravages l'été ?

R. – Parce qu'elle se transmet par les piqûres de puces et moustiques, surtout nombreux à cette saison.

le chevreuil

HABITAT

Les habitats préférés du chevreuil sont les taillis, les fourrés, les clairières ou les boqueteaux entrecoupés de cultures ou de prés. Le chevreuil n'aime pas les grands massifs forestiers uniformes. Il lui faut de la variété.

NOURRITURE ET BESOINS VITAUX

Le chevreuil ne se nourrit pas sur un même lieu, mais « grapille » de place en place, ce qui lui évite de commettre des dégâts, exception faite, parfois, dans quelques plantations forestières. Il broute, en petites quantités, herbe, céréales, bourgeons, fruits, ronces, lierre.
Il apprécie beaucoup un sol ensoleillé car le soleil :
– lui fournit de la chaleur,
– fait pousser la végétation basse (ronciers, jeunes taillis) dans laquelle il aime se cacher.
Les forestiers qui veulent « cultiver » du chevreuil font en sorte que leur forêt comporte des parcelles fraîchement recépées, alternant avec d'autres, comme dans un damier.
L'espèce est très sensible à certains parasites, notamment aux strongles, qui provoquent la <u>strongylose</u> (affection, surtout pulmonaire, connue, dans les espèces domestiques, sous le nom de « bronchite vermineuse »).

MŒURS

Espèce assez <u>individualiste</u>. Le mâle (le brocard) vit souvent seul ou avec une femelle (chevrette) et son petit (appelé faon, puis, à six mois, chevrillard). Il marque les limites de son territoire en frottant sa tête sur des arbres, indiquant ainsi aux autres que le secteur a déjà un occupant.

Cependant, lors d'hivers rigoureux entraînant une disette, de petits groupes (hardes) peuvent se former.
Le chevreuil se nourrit (il « viande ») surtout à l'aube et au crépuscule.

REPRODUCTION

Le rut a lieu en juillet-août, les naissances neuf mois et demi plus tard, en mai-juin. La femelle peut avoir son premier petit à l'âge de deux ans. Les années suivantes, elle met bas, en général, deux jumeaux, parfois un seul faon, rarement trois.

La gestation est plus longue chez la chevrette que chez la biche, la femelle du cerf, d'une taille pourtant beaucoup plus importante. Explication : alors que chez presque tous les mammifères (y compris la biche), l'ovule, fécondé dans la trompe par un spermatozoïde, gagne en quelques jours l'utérus, où il commence à se développer, chez la chevrette, il n'effectue ce trajet que quatre mois plus tard, au moment du solstice d'hiver (fin décembre). Pendant ces quatre mois dans la trompe, sa taille reste de l'ordre d'un millimètre de diamètre. Ce phénomène – dit de l'ovo-implantation différée – ne se retrouve guère, dans la nature, que chez les mustélidés (fouine, putois, belette,...) et surtout chez la femelle du blaireau.

LES BOIS

Dès la fin de l'été suivant sa naissance, le jeune mâle présente, sur le crâne, deux protubérances osseuses. Ce sont les pivots, bases des futurs bois. Vers octobre-novembre, ceux-ci s'esquissent, sous forme de « broches », normalement longues de 2 ou 3 centimètres, parfois plus courtes et qui peuvent alors rester sous la peau. Sauf dans ce dernier cas, les broches tombent vers février. Presque aussitôt, vers avril, alors que l'animal va atteindre l'âge d'un an, des « dagues », beaucoup plus développées, fourchues ou non, apparaissent. Elles tomberont en novembre et un cycle, dès lors, s'installera.

Les bois tombent chaque année, fin octobre, début novembre. Ils sont entièrement repoussés en février suivant mais alors sont encore enveloppés de leur « velours » (1). Pour se débarrasser de celui-ci, les chevreuils frottent les faces internes de leurs bois (« frottis ») contre les jeunes tiges d'arbre, lesquelles peuvent se trouver écorcées. Le velours disparaît entre mars et mai, suivant l'âge (les bois des vieux animaux tombent et sont « refaits » le plus tôt).

Jusqu'à l'âge de sept-huit ans, parfois plus, les bois s'accroissent d'année en année, par leur épaisseur, l'importance de leur « perlure » (grains apparaissant à la surface) et, à un degré moindre, par leur longueur. Puis, c'est la vieillesse et ils régressent (l'animal « ravale »).
Par leur aspect, même à distance, ils renseignent sur la vigueur des sujets, donc sur l'état du cheptel.

Les bois constituent le trophée. Celui-ci se mesure selon un système de cotation qui tient compte de la longueur, du poids, de l'épaisseur, de la couleur des bois, du nombre des pointes. Les bois sont d'autant plus appréciés qu'ils sont plus longs, plus épais, plus lourds, plus foncés et plus « perlés ».

Parfois, les bois présentent des anomalies ou des dissymétries importantes. L'origine peut être une blessure à un pivot, à un testicule, au velours. Dans les deux premiers cas, la déformation peut reparaître chaque année. On appelle « têtes bizardes » les bois ainsi anormaux.

---

(1) Peau enveloppant les bois, dans laquelle ceux-ci puisent les éléments nécessaires à leur formation et qui tombe quand elle est achevée.

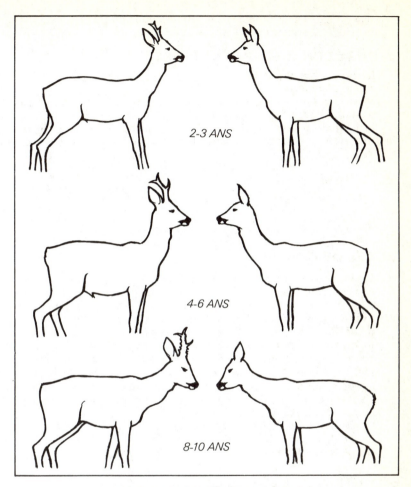

POUR RECONNAÎTRE LES ÂGES

L'indication la plus exacte de l'âge d'un chevreuil est donnée, après la capture, par l'état d'usure des dents. Avant, l'aspect de la silhouette fournit des renseignements. Le jeune chevreuil a l'encolure encore légère; son allure générale manque de puissance. Chez le brocard adulte (qu'il convient souvent de ne pas tirer, car c'est le meilleur reproducteur), les bois sont plus importants; l'allure générale, surtout l'encolure, sont plus puissantes. Chez le brocard âgé, dont les bois sont à l'apogée ou commencent à régresser, le port de tête s'alourdit, un début de dégénérescence musculaire, rend la silhouette heurtée. Chez la chevrette, le ventre s'alourdit, puis le dos se « casse » et le cou se décharne. Nous retrouverons ces évolutions chez le cerf et la biche.

ACCROISSEMENT

Il s'agit d'une espèce où la mortalité des jeunes est importante. L'accroissement annuel réel n'est, en moyenne, que de l'ordre de 30 à 35 % du nombre des adultes, même dans les populations comprenant peu de sujets âgés et au moins autant de femelles que de mâles. Certaines années, l'accroissement est très inférieur.

CE QUE LE CHASSEUR PEUT PRÉLEVER

Le prélèvement est fixé par <u>un plan de chasse légal</u> dans tous les départements.

Si le chasseur vise simplement à maintenir une densité constante, il peut prélever l'accroissement annuel : en année normale, 30 à 35 % de la population des adultes, c'est-à-dire environ 20 à 25 % de la population totale – jeunes compris – vivant sur un territoire à la saison de la chasse.

Dans les chasses bien gérées, le prélèvement est effectué en tenant compte d'un objectif de sélection. On tire en priorité les animaux chétifs ou mal venus.
Lorsque l'objectif est de développer un cheptel, les techniciens recommandent de réaliser 25 à 40 % du plan de chasse aux dépens de jeunes de l'année, qui, dans la meilleure hypothèse, n'auront leurs premiers petits que 18 mois plus tard. En éliminant un jeune on ne supprime que lui-même. En tirant une chevrette adulte, on fait disparaître avec elle, le ou les 2 faons potentiels qu'elle portait et, si l'hiver est rigoureux, on peut vouer à la famine le ou les 2 faons dont elle était suitée.

MODES DE CHASSE

En France, le chevreuil se chasse généralement en battue ou au chien courant. Dans certaines chasses, on le tire à l'approche (voir chapitre « Le Savoir-chasser »). Cette méthode, d'abord pratiquée presque exclusivement dans l'Est, fait un nombre croissant d'adeptes. Rappelons qu'outre son intérêt sportif, elle permet de choisir les animaux qu'on tire et, par conséquent, de réaliser une gestion raisonnée du cheptel, notamment par l'élimination des sujets déficients.

Le tir à l'approche peut, dans un but de sélection, être autorisé sur un territoire en dehors de la période d'ouverture, par arrêté préfectoral. L'autorisation s'applique alors, en général, à une période du début de l'été, précédant directement le rut.

Dans un nombre croissant de département (45 pour la saison de chasse 1987/88), le tir du chevreuil ne peut s'effectuer qu'à balle.

Une soixantaine d'équipages chassent le chevreuil à courre.

ÉVOLUTION DE L'ESPÈCE

L'espèce échappe à beaucoup de périls nés des évolutions modernes (épandages et techniques agricoles notamment). Elle progresse régulièrement, et vite (de 5 % à 10 % par an), depuis qu'elle est soumise au plan de chasse légal ; mais elle est encore loin d'atteindre le niveau de population que pourrait supporter l'ensemble de nos territoires (trois fois plus).

Ses effectifs en France sont actuellement estimés à environ 550.000 têtes après les naissances annuelles, ce qui permet un prélèvement d'environ 120.000 par saison de chasse.

COMMENT AIDER L'ESPÈCE

– En appliquant correctement le plan de chasse, qui permet des prélèvements raisonnables et adaptés au cheptel

– En tirant à balle, plutôt qu'à plombs, qui peuvent blesser sans tuer

– En créant des prairies disséminées dans la forêt et en recépant de petites parcelles dans celle-ci, de-ci, de-là
– En luttant contre renards et chiens errants, très dangereux au moment des mises-bas

COMMENT DISTINGUER LA FEMELLE

Aucune difficulté s'il s'agit de chasse à l'approche, à une époque où les mâles portent leurs bois. La distinction est beaucoup plus difficile dans la chasse en battue, qui ne peut se pratiquer que lorsque les feuilles sont tombées, en novembre-décembre, époque où beaucoup de mâles n'ont plus leurs bois. Cependant, elle est possible si l'on voit les animaux de derrière. La tache fessière blanche, que présentent la femelle et le mâle, a, chez la première, une forme de cœur car elle se prolonge vers l'entre-jambes par une touffe de poils, le pinceau clitoridien, protégeant le sexe. Ne comportant pas ce pinceau, la tache du brocard (qui, lui, est muni d'un pinceau pénien) a une forme de haricot, on dit : de rognon ; elle est, en outre, plutôt moins importante.
Par ailleurs, le cou du mâle est plus épais, sa tête plus massive, sa silhouette générale plus compacte.

Mâle

Femelle

questionnaire

Q. – Une population de 50 chevreuils, dans laquelle l'équilibre des sexes est de 1 pour 1, vit sur un territoire à l'ouverture de la chasse. Combien peut-on tirer d'animaux pour avoir des chances qu'il y en ait à nouveau cinquante à l'ouverture, l'année suivante ?

R. – Dix à treize.

Q. – Quel avantage principal comporte la chasse du chevreuil à l'approche par rapport à la chasse en battue ?

R. – Elle permet de choisir l'animal qu'on va tirer, d'éliminer celui qui est déficient.

Q. – Citer au moins trois moyens de venir en aide à un cheptel de chevreuils.

R. – Appliquer correctement le plan de chasse
Ne tirer qu'à balle
Mettre en place des petites parcelles de prairie dans la forêt et effectuer, dans celle-ci, des recépages.

Q. – Quels éléments principaux interviennent dans la cotation d'un trophée de chevreuil ?

R. – La longueur des bois, leur épaisseur, leur poids, le nombre des pointes, la couleur, la « perlure ».

Q. – La durée de la gestation chez la chèvre est de l'ordre de :
a) trois mois ;
b) six mois et demi ;
c) neuf mois.

R. – La bonne réponse est c.

Q. – Vous voyez deux chevreuils de derrière. La tache blanche fessière de l'un a une forme de cœur; celle de l'autre a la forme d'un rognon. Quel est le mâle ? Quelle est la femelle ?

R. – Le mâle est le sujet dont la tache blanche a la forme d'un rognon; la tache de la femelle est en forme de cœur.

le cerf

HABITAT

Le cerf élaphe, qui est le cerf commun d'Europe (élaphe vient du nom grec de l'espèce), ne vit que dans certaines grandes forêts (au moins 1 500 hectares). Il peut se fixer jusqu'à 1 800 mètres d'altitude environ.

NOURRITURE ET BESOINS VITAUX

Le cerf trouve sa nourriture en forêt (herbe, bourgeons, feuilles, tiges d'arbustes et d'arbrisseaux, glands, faines, châtaignes) et aussi dans les prairies et champs de céréales. Dans les champs bordant la forêt, et dans certaines plantations forestières, il peut commettre de sérieux dégâts.

Il se développe mieux sur un terrain riche, bien pourvu en <u>sels minéraux</u>. Ailleurs, il est de moins grande taille, avec des bois moins importants.

Les besoins du cerf en <u>eau</u> sont importants, pas seulement pour sa consommation.

Fréquemment, surtout l'été et au moment du rut, il se baigne, ou se roule dans les trous d'eau boueuse. Ensuite, il se frotte contre les arbres ou des rochers. Ainsi, il se débarrasse d'une partie des parasites de sa peau, notamment des tiques.

MŒURS

Les femelles adultes (les biches) vivent en groupes (hardes) avec les jeunes. Les mâles de plus de deux ans vivent seuls ou par petits groupes, sauf à la période du rut.

Les animaux vont au gagnage au crépuscule et broutent pendant une bonne partie de la nuit.

C'est une femelle qui sert d'éclaireur à la harde. Il s'agit généralement d'une biche âgée, parfois devenue stérile (une « bréhaigne ») et qui joue un rôle de gardienne du troupeau, veillant à la sécurité de celui-ci pendant qu'il « viande ».

REPRODUCTION

Le rut a lieu en septembre-octobre. On l'appelle « le brâme », du nom du cri que poussent alors les mâles. Ceux-ci se livrent entre eux, pour la possession d'une harde, des combats furieux. Les naissances ont lieu huit mois après (la biche porte moins longtemps que la chevrette), en mai-juin.

> *Il est arrivé qu'on retrouve, après le brâme, les cadavres de deux cerfs, réunis par leurs bois. Les animaux avaient emmêlé ceux-ci, dans leur combat, et n'avaient plus pu se séparer.*

La femelle met bas son premier petit à l'âge de deux ou trois ans. Ensuite, elle a un petit par an jusqu'à l'âge de 12 ou 13 ans. Le petit est dit faon jusqu'à l'âge de six mois. Après quoi, le jeune mâle est dit hère.

LES BOIS

A l'âge d'un an environ, des bois minces et acérés, des « dagues », poussent au front du jeune mâle. Il est alors dit daguet. Les bois tombent, chaque année, en mars-avril. Ils repoussent aussitôt après, en « velours », pour atteindre leur nouveau développement et avoir perdu leur « velours » en juillet (comme dans l'espèce chevreuil, les animaux d'âge perdent et refont leurs bois les premiers). Jusqu'à l'âge d'une dizaine d'années, les bois sont un peu plus importants chaque année.

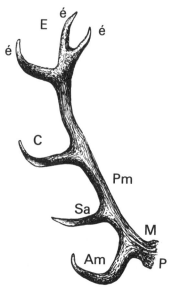

LE BOIS DU CERF ADULTE

P : le pivot
M : la meule
Pm : la perche, ou merrain
Am : l'andouiller de massacre
Sa : le surandouiller
C : la chevillure
é : les épois
E : l'empaumure (ensemble des épois)

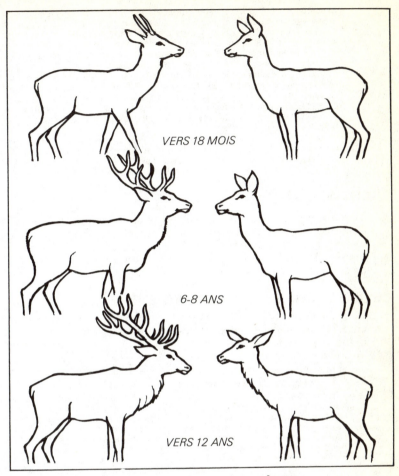

POUR RECONNAITRE LES ÂGES

Le jeune chasseur doit avoir une notion de la reconnaissance des catégories d'âges des cerfs et biches. Cette reconnaissance peut être à la base de l'application d'un plan de chasse qualitatif. Ci-dessus, silhouettes de cerfs : daguet (environ 18 mois), adulte, vieux; silhouettes de biches des mêmes catégories d'âge. Avec les années, la silhouette du cerf s'alourdit à l'avant, où l'encolure, notamment, épaissit et s'orne, en pelage d'hiver, d'une importante crinière. Chez la biche âgée, le ventre s'alourdit, le cou et la tête se décharnent, parfois les oreilles se « cassent ».

Mais le nombre des pointes n'indique pas forcément l'âge de l'animal. Un sujet vigoureux, vivant sur un territoire riche, peut « porter dix » dès l'âge de 4 ans. Après 10-12 ans, les bois régressent : le cerf « ravale ». L'aspect des bois, même observés à distance, renseigne sur la vigueur d'un sujet et, plus généralement, sur l'état d'un cheptel, éventuellement sur les carences (en sels minéraux) de la nourriture. Les bois sont l'expression de l'animal et, à travers lui, du terroir.

Les bois du cerf, comme ceux du chevreuil, sont une <u>production osseuse</u> très différente par exemple, de la corne des chamois qui est une <u>production cutanée</u> (comme nos ongles). Cette origine osseuse explique que : les bois sont plus importants lorsque le territoire (et par conséquent la nourriture de l'animal) sont riches en sels minéraux ; ils se développent surtout lorsque l'animal a achevé sa croissance et a moins besoin de sels minéraux pour son squelette.

Les bois constituent le trophée. Comme ceux du chevreuil, ils se mesurent selon un système de cotation qui tient compte de leur longueur, du nombre de pointes, du volume, etc. Les plus appréciés sont ceux dont les branches principales – les « perches » ou « merrains » – sont les plus longues, les plus écartées, les plus épaisses, les plus foncées, les plus perlées et portent le plus grand nombre de pointes.

On indique souvent l'âge d'un cerf par sa « tête », c'est-à-dire par le rang d'âge des bois qu'il porte. On dit : une « deuxième tête » ou une « troisième tête ». C'est un animal qui en est à ses seconds ou troisièmes bois, donc qui est dans sa troisième année d'âge dans le premier cas, dans sa quatrième dans le second.

ACCROISSEMENT

Varie beaucoup selon la proportion femelles-mâles et jeunes-vieux d'une population. Dans l'ensemble l'espèce est plus rustique que le chevreuil. L'accroissement annuel réel peut être évalué à 0,6 par femelle de plus d'un an ; globalement, et en moyenne, autour de 20% de l'ensemble d'une population.

CE QUE LE CHASSEUR PEUT PRÉLEVER

Le prélèvement est fixé, dans tous les départements, par un <u>plan de chasse légal</u>. Celui-ci, lorsqu'il vise simplement à maintenir le <u>niveau d'une population, attribue annuellement environ 20% des animaux vivant sur le territoire au moment de l'ouverture.</u>

<u>Le plan de chasse distingue toujours cerfs et biches</u> et attribue des bracelets distincts pour les deux sexes.

Dans certains départements, notamment de l'Est, où s'applique une gestion plus affinée, c'est un <u>plan de chasse qualitatif</u> qui est en vigueur. Sont alors attribués des bagues distinctes pour : les animaux de l'un ou l'autre sexe (JCB, c'est-à-dire «(jeunes cerfs ou biches)») ; les biches ; les daguets ; les cerfs jusqu'à 8 cors (on tire parmi eux les animaux moins bien venus, portant les moins beaux bois) ; les cerfs de récolte (porteurs de bois à l'apogée). Une règle de gestion classique, souvent retenue par les commissions d'attribution, est alors celle des « trois tiers ». Il est attribué un tiers de JCB, un tiers de biches, un tiers de cerfs (parmi lesquels un tiers de daguets).

Lorsque l'objectif est d'augmenter une population on fait porter le prélèvement, comme chez le chevreuil, sur un plus grand nombre de jeunes animaux de l'année.

« BON » ET « MAUVAIS » CERF

Un trait peut, en général, être pris en considération dans un objectif de sélection : le « bon » cerf, celui qu'il convient de laisser procréer, présente des bois qui, de profil, pourraient s'inscrire dans un trapèze ; les bois du « mauvais » cerf ont la forme générale d'un triangle.

 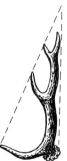

Outre son intérêt à l'égard d'un accroissement quantitatif, un prélèvement sur les jeunes a l'avantage de diminuer celui qui, sinon, devrait s'exercer sur des cerfs adultes. Il laisse un plus grand nombre de ceux-ci parvenir à leur apogée. En général, les vieux cerfs ne sont plus assez nombreux dans les cheptels : la recherche de beaux trophées a trop incité à les sacrifier.

MODES DE CHASSE

A l'approche, notamment au moment du brâme, à courre, en battue, au chien courant. On n'a le droit de tirer le cerf qu'à balle.

ÉVOLUTION DE L'ESPÈCE

A été grandement favorisée par le plan de chasse sans lequel, dans certaines régions, elle aurait probablement disparu.

Le cerf a été implanté avec succès dans des régions où, de mémoire d'homme, on ne se souvenait pas qu'il eût existé.

On évalue les effectifs de l'espèce, actuellement, en France, à environ 50.000 têtes après les naissances annuelles, ce qui permet un prélèvement par saison de chasse de l'ordre de 10.000.

COMMENT AIDER L'ESPÈCE

– En appliquant scrupuleusement le plan de chasse
– En créant des prairies et cultures à gibier en forêt et, si besoin est, des points d'eau permanents
– En nourrissant les animaux, l'hiver, en cas de grande disette (fort enneigement)
– Sur certains territoires, en leur fournissant des compléments minéraux utiles à leur plein développement

COMMENT DISTINGUER LA FEMELLE

Aucune difficulté, le mâle d'un an au moins portant ses bois à la saison de la chasse à tir. La distinction difficile est celle de la femelle et du hère. Celui-ci a la même taille que la biche adulte, mais il est plus dégingandé, plus maigre et, en général, a le pelage roux.

Biche, à gauche, et hère, vers le mois de janvier. Le jeune mâle atteint la taille de la femelle adulte ; mais il est plus maigre (d'où l'expression « pauvre hère »), des bosses s'esquissent sur sa tête et la forme de celle-ci est plus courte.

le cerf sika

Le cerf sika est originaire du Japon. Il a fait souche en France, autour de points de lâcher, à partir de quatre sujets offerts, en 1880, par l'empereur du Japon, au président de la République, pour le domaine de Rambouillet.

Le cerf sika est plus petit que notre cerf autochtone (0,80 à 0,90 m au garrot, pour le mâle, au lieu de 1,30 m à 1,40 m). Ses bois ne comportent jamais plus de quatre andouillers. Son pelage est roux tacheté de points blancs l'été, brun foncé l'hiver. Dans les deux sexes apparaît un large disque fessier blanc. La nourriture, les mœurs, la reproduction, le rythme d'accroissement sont très voisins de ceux de notre cerf autochtone.

> La présence de l'espèce a gardé un caractère artificiel : elle n'est observée qu'autour d'anciens points de lâcher et là où les animaux ont été suffisamment protégés.

le daim

Le daim est surtout un animal de parcs et de quelques forêts entourant des parcs.

Il est plus petit que le cerf (mais plus grand que le sika). Le pelage est fauve, parsemé de taches blanches sur les flancs, blanc sur le ventre et à l'intérieur des cuisses.

A partir de l'âge de six ans, l'extrémité des bois, au lieu de se présenter, comme chez le cerf, sous la forme d'une enpaumure, avec des épois bien détachés, réunit ceux-ci dans une « palmature ».

La nourriture, les mœurs, la reproduction, le rythme d'accroissement sont voisins de ceux du cerf, chez les rares sujets vivant à l'état sauvage.

L'espèce, qu'on n'a le droit de tirer qu'à balle, est soumise à plan de chasse, de droit.

> Bois d'un daim âgé de six ans ou plus. Les épois sont atrophiés au profit d'une « palmature ».

questionnaire

Q. – Citer au moins trois facteurs de qualité d'un trophée de cerf.

R. – La longueur des merrains; leur épaisseur; le nombre des pointes. On peut citer aussi : l'écartement des merrains; la couleur des bois, leur perlure.

Q. – De combien s'accroît annuellement, en moyenne, une population de cerfs ?

R. – Variable selon les tranches d'âge de la population mais en général et en moyenne, de l'ordre de 20 %.

Q. – Citer au moins trois moyens de venir en aide à une population de cerfs.

R. – Appliquer correctement le plan de chasse; créer en forêt des cultures et, si besoin est, des points d'eau permanents.
On peut citer également : faire porter le prélèvement sur les animaux déficients et mal venus, ce que permet surtout la chasse à l'approche.

Q. – Le plus souvent, les bois d'un cerf – et l'animal lui-même – se développent jusqu'à l'âge d'environ :
  a) **cinq ans**;
  b) **dix ans**;
  c) **quinze ans.**

R. – La bonne réponse est b.

Q. – Les bois d'un cerf tombent (rayer les réponses inexactes) :
  a) **lorsque l'animal atteint l'âge de 7 à 8 ans**;
  b) **chaque année à la veille de l'hiver**;
  c) **chaque année au début du printemps.**

R. – La bonne réponse est c.

le sanglier

HABITAT

Les massifs forestiers et bois très fourrés. Mais, l'été et l'automne, le sanglier fréquente aussi les grands champs de maïs, jusqu'à ce qu'ils soient récoltés, et les boqueteaux et buissons situés à proximité.

NOURRITURE ET BESOINS VITAUX

Le sanglier est omnivore, c'est-à-dire qu'il a une nourriture de différents types : racines et tubercules (pommes de terre), herbe, céréales, fruits (glands, châtaignes), nourriture carnée (lapereaux, souris, vers). Il peut être responsable d'importants dégâts aux cultures. Non seulement il y prélève une partie de sa nourriture, mais il les foule, les retourne et les laboure, à la recherche des vers, racines, etc. Il est classé « nuisible » (v. Livre IV) dans de nombreux départements.
Comme le cerf, le sanglier a besoin de se rouler dans des mares, flaques d'eau boueuses, etc., surtout à la belle saison. On dit qu'il se « souille » et on appelle « souilles » les trous d'eau qu'il fréquente ainsi.

Après s'être enduit le corps d'une carapace de boue, comme le cerf, il se frotte contre les arbres pour se débarrasser de ses parasites. Le besoin d'eau semble aussi correspondre, chez lui, à une particularité physiologique. Il ne transpire pratiquement pas. Sa température interne ne peut guère être abaissée par une évaporation de sueur. Dès lors, par temps chaud, il est conduit à se rouler dans l'eau pour que l'évaporation de celle-ci remplisse cet effet.

MŒURS

Les femelles adultes (laies), les jeunes femelles et les mâles jusqu'à deux ans environ, vivent en « compagnies », qui peuvent réunir une vingtaine de sujets. Les mâles plus âgés vivent souvent, sauf au moment du rut, en solitaires ou avec un plus jeune. Les animaux se nourrissent la nuit. Le jour, ils restent au repos dans leurs bauges, au milieu d'un épais fourré. Ils sont plus ou moins nomades, selon la quiétude et la nourriture dont ils bénéficient. Lorsqu'une compagnie se déplace, c'est presque toujours une laie dominante – une matrone – qui ouvre la voie.

REPRODUCTION

La reproduction varie avec les conditions climatiques et, surtout, la rareté ou la richesse de la nourriture.

> Dans les régions (montagne, pays de garrigues et maquis) où l'espèce n'a, à sa disposition, qu'un type de nourriture, disons ancestrale (quelques racines, fruits de la forêt, rongeurs, charognes, rares produits agricoles dérobés dans des champs disséminés) les laies mettent bas, en général, une seule portée par an et seulement à partir de l'âge de 18 mois environ. Le rut a lieu fin novembre/décembre ; les naissances, après quatre mois de gestation, fin mars/avril. Les portées comptent, en général, de 3 à 6 marcassins parmi lesquels il n'est pas rare d'observer une mortalité du tiers.
>
> Mais dans d'autres régions (la très grande majorité de la France) où s'est développée la culture du maïs, qui fournit aux animaux une nourriture extrêmement riche, et où, en outre, s'est installée, pour freiner les dégâts aux cultures, la pratique de l'agrainage, la reproduction a quasiment "explosé". Les jeunes laies arrivent en chaleur à l'âge d'un an, parfois moins (1). Il peut donc se produire des ruts décalés. Le décalage peut réapparaître à l'ovulation suivante et, à la limite, selon un mot des chasseurs de ces régions, on finit par "avoir des naissances à toutes les époques". Par ailleurs, les portées, dans ces régions à nourriture riche, sont souvent plus nombreuses, la lactation des mères plus abondante et, par voie de conséquence, la mortalité des jeunes réduites. Ces phénomènes sont encore accentués les années où la forêt offre une forte production de glands (fruits du chêne) (2).
>
> Si vous avez une question à l'examen, sur la reproduction, sans autre précision, considérez plutôt celle des animaux soumis à la portion congrue de leurs ancêtres. C'est davantage dans l'esprit de l'examen.

De leur naissance, jusqu'à l'âge de six mois environ, les jeunes sangliers – qu'on appelle marcassins – ont le pelage rayé de bandes longitudinales de couleurs fauve et brune. On les dit "en livrée", ce pelage faisant penser au gilet rayé des valets de jadis.

A six mois, le poil devient roux et le jeune animal est dit "bête rousse". A un an, apparaît le pelage définitif, dont la couleur emprunte au noir, au gris et aux roux.

La croissance du sanglier est rapide : un sujet né en février pèse de 40 à 50 kilos, et est donc tirable à la fin de l'année.

LES DÉFENSES

Vers l'âge d'un an, les canines inférieures commencent à poindre de chaque côté de la bouche, surtout chez le mâle. Ce sont les défenses

> (1) il a été observé que les ovaires commencent à fonctionner quand la jeune femelle approche le poids d'environ 50 kilos. Le poids serait, à cet égard, plus déterminant que l'âge et la durée de croissance qui s'y est attachée. Explication possible : vers 50 kilos, l'animal a constitué ce qu'on pourrait appeler ses réserves vitales et son organisme peut s'orienter vers une "exportation" de celles-ci. On retrouverait, là, un phénomène comparable à celui qui, chez le cerf, fait beaucoup progresser le développement des bois quand l'animal a achevé la croissance de son squelette et a donc moins besoin de sels minéraux à lui affecter.
>
> (2) Hors examen, mentionnons une théorie non totalement démontrée mais qu'ont mise en avant certains spécialistes, notamment, à une certaine époque, ceux de l'Office national de la Chasse.
> Les glands constituent une nourriture "échauffante". Un premier rut se produirait les années où ils tombent, en grande quantité des chênes, vers septembre/octobre. Des petits naîtraient alors vers février. Ils seraient sevrés vers mai. Les ovaires – au repos pendant la durée de la lactation – (on dit en "anoestrus") se remettraient à fonctionner avant le solstice d'été du 21 juin. Un second rut pourrait alors se produire qui donnerait de nouvelles naissances vers septembre. Lorsque la lactation ne serait pas achevée au moment du solstice d'été, il n'y aurait pas de second rut. Les femelles ne reviendraient en chaleur qu'à la période normale de novembre/décembre.

qui, en frottant contre les canines supérieures (les « grès ») également saillantes mais dans une moindre mesure, s'aiguisent en permanence et deviennent coupantes comme des lames.
La femelle a des défenses et des grès nettement moins développés. Chez elle, on les appelle crocs.

Les défenses constituent le trophée du sanglier. Comme les bois du chevreuil et du cerf, elles sont soumises à un système de cotation, basé surtout sur leur longueur.

ACCROISSEMENT

L'accroissement annuel d'une population bénéficiant d'une alimentation abondante après une forte glandée peut dépasser 150%. C'est-à-dire que si vingt sangliers vivent sur un territoire à l'automne, il pourra y en avoir 50 l'automne suivant. En année défavorable, l'accroissement tombe à 50%. En moyenne, il est un peu supérieur à 100%.

CE QUE LE CHASSEUR PEUT PRÉLEVER

En année moyennement favorable, le chasseur peut prélever, sans nuire au cheptel, un peu plus de la moitié de l'effectif existant à l'époque de la chasse. Le prélèvement doit augmenter en année très favorable pour éviter des dégâts aux cultures.
Rappelons que le tir des marcassins en livrée est généralement interdit (voir chapitre : « Que peut-on chasser ? »).

Le prélèvement annuel, en France, qui était de l'ordre de 40 000 têtes au début de la décennie 70, approche maintenant 200 000.

MODES DE CHASSE

En battue, parfois à l'affût (mirador), notamment près d'une mare (mais rappelons que l'affût est interdit près de dépôts de pierre à sel ou de grain). L'espèce est soumise à plans de chasse ou plans de gestion dans un nombre grandissant de secteurs. Là où elle commet trop de dégâts, des arrêtés facilitent la réduction de ses effectifs en élargissant, à son égard, la période de chasse ou de destruction (ouverture de l'espèce dès le 15 août ; battues, selon certaines modalités, au mois de mars).
En règle générale, on n'a le droit de tirer le sanglier qu'à balles (voir exception dans le chapitre "Les Armes et leurs munitions").

Une douzaine d'équipages (appelés alors "vautraits", du nom ancien de chiens d'attaque : les "vautres") chassent le sanglier à courre.

ÉVOLUTION DE L'ESPÈCE

L'espèce actuellement la plus prospère (avec le chevreuil) de notre faune. Une prospérité coûteuse : le sanglier est responsable, bon an mal an, de quelque 90 millions de dégâts aux cultures (voir ce chapitre).

Pour freiner ces dégâts, on a commencé, voilà une dizaine d'années, à protéger les zones sensibles avec des clôtures électriques et à agrainer en forêt. Mais l'agrainage a connu une évolution pernicieuse : d'abord destiné à empêcher les animaux d'aller se nourrir hors de la forêt, il vise souvent, maintenant, à attirer sur un territoire les sangliers du voisin. Ce faisant, par surenchères successives de distributions, il contribue à une fécondité – mais aussi à une dérive – de l'espèce.
Il devra probablement être réglementé à court terme.

Agrainage en traînées, à l'aide d'un tracteur.

Il est assez aisé de moduler très vite les effectifs des populations. Si, dans un secteur, on souhaite augmenter le cheptel, on ne tire plus les animaux de l'ordre de 70 kilos et plus ; c'est parmi eux que se trouvent les meilleurs reproductrices ; on effectue les prélèvements sur les sujets de moins de 50 kilos qui ne sont pas des reproducteurs immédiats. A l'inverse, si on souhaite réduire une population, on augmente les prélèvements sur les 70 kilos et plus.

> *Une règle générale : on ne tire pas le ou les gros animaux qui ouvrent la voie à une compagnie. Ce sont, en général, des matrones très bonnes reproductrices qui, en outre, jouent un rôle social important : elles fixent les jeunes et évitent qu'ils ne se dispersent dans les cultures ; par ailleurs, leur présence semble aider au déclenchement des premières ovulations chez les jeunes laies.*

Au plan génétique, l'évolution de l'espèce a été parfois déplorable : de petits élevages incontrôlés ont réalisé des métissages avec des porcs domestiques. Une autorisation ministérielle est maintenant nécessaire pour détenir des sangliers dans des parcs de moins de 20 hectares. Chaque animal doit y être marqué et mentionné sur un registre. Les parcs de plus de 20 hectares ne sont pas assujettis à cette réglementation car ils sont considérés comme parcs de chasse et non d'élevage.

> *Depuis 1988, les Préfets peuvent donner des autorisations individuelles de lâchers limités de sangliers, même là où l'espèce est classée « nuisible ». Cette disposition peut être particulièrement utile à la suite d'une épizootie.*
> *Le sanglier a été, à plusieurs reprises, au cours des 15 dernières années, victimes d'épizooties de peste porcine, notamment dans le Bas-Rhin.*

COMMENT AIDER L'ESPÈCE

Voir ci-dessus.

COMMENT DISTINGUER LA FEMELLE

Elle a des défenses nettement plus petites, mais la distinction est difficile à faire en action de chasse lorsqu'on a, devant soi, un sanglier isolé. Par contre, <u>si un animal est suité de marcassins, c'est presque toujours une mère</u>.

le renard

Animal commun dans les massifs forestiers, mais qu'on rencontre aussi dans les régions de boqueteaux. Le renard utilise un <u>terrier</u> pour la mise bas, l'élevage des jeunes, et comme refuge.

Sa nourriture, essentiellement carnée, est très variée : petits rongeurs, batraciens, poissons, nichées, jeunes animaux gibiers, éventuellement volailles, auxquels il ajoute œufs et fruits.

Le renard chasse à partir du crépuscule, parfois par couple.

La femelle a une portée par an, entre mars et mai, après huit semaines de gestation. Les petits, au nombre de 4 à 7, se dispersent à l'automne, ce qui explique que la rage se propage surtout à cette époque. L'espèce est, en effet, le principal agent de transmission de cette maladie. Elle est classée « nuisible » dans la quasi totalité des départements.

Quelques équipages chassent l'espèce à courre, ou pratiquent le déterrage. Le piégeage est actif dans certaines régions. Par contre, l'usage de la chloropicrine, avec laquelle des gardes gazaient des terriers, est désormais interdit. Une campagne de vaccination des renards contre la rage, visant à enrayer la propagation de la maladie, est réalisée par les pouvoirs publics. Principe : des hélicoptères lâchent des appâts contenant le vaccin, au-dessus des zones fréquentées par l'espèce. Celle-ci, depuis l'abandon de la chloropicrine, est devenue pléthorique.

le blaireau

Blaireau. L'allure générale fait penser à celle d'un petit ours. Taille de celle d'un renard mais en plus massif.

Le blaireau, à l'allure balourde, au pelage caractéristique (notamment la tête blanche avec deux larges bandes noires du museau à l'occiput) se rencontre dans les régions boisées.

Il vit, en famille ou par couple. Il s'abrite dans un <u>terrier</u> important, souvent creusé au flanc d'une colline ou d'une butte, où il lui arrive de cohabiter avec le renard. En général, il n'en sort que la nuit. Régime omnivore : escargots, lapereaux, œufs, fruits, céréales, etc.

La femelle met bas vers février, deux à cinq jeunes, qui restent longtemps avec les parents.

Il y a, dans l'espèce une ovo-implantation-différée record (v. chapitre «Le Chevreuil») : l'ovule fécondé semble ne commencer à se développer qu'après dix mois, son développement s'effectuant alors en deux mois.

Lorsqu'il creuse un terrier, le blaireau rejette la terre, à l'extérieur, de part et d'autre de l'axe de l'entrée. Celle-ci se trouve donc précédée d'une sorte de rigole, dans le prolongement de son axe. Un terrier creusé par un renard comporte, au contraire, au même endroit, une petite butte, car le renard rejette la terre dans l'axe de la bouche d'entrée.

Terriers : à gauche d'un... ...blaireau ; à droite d'un renard

Le blaireau dépose ses excréments dans des trous ronds, de la taille de fonds de chapeaux.

L'existence de ces trous et la forme de l'entrée des terriers sont deux des traits par lesquels, souvent, on détecte la présence de l'espèce dans un secteur.

On capture le blaireau surtout par déterrage.

le chien viverrin

Puisqu'il figure dans la liste officielle des «gibiers», quelques mots sur cet animal que, cependant, pas un chasseur sur 50.000 n'a une chance de voir une fois dans sa vie. Il ressemble à un renard de petite taille, avec de longs poils et de larges cernes noirs autour des yeux. Il est originaire de Mandchourie et de Sibérie où il est commun. Vers 1950, il a commencé lentement à émigrer vers l'Ouest à partir d'élevages (pour sa fourrure) abandonnés, en Pologne. Sa présence est sporadiquement signalée dans l'Est, l'Argonne, l'Oise,... Hiberne, vit au terrier ou sous des souches. Ne sort que la nuit. Régime alimentaire semblable à celui du renard.

NOTE. — Autre espèce officiellement classée «gibier» mais qu'on ne rencontre presque jamais à la chasse : l'hermine. Nous l'évoquerons, au chapitre des «nuisibles» (pages 207-208) avec la fouine, la martre, le putois, les visons, dont elle est très proche.

questionnaire

Q. – Un marcassin en livrée est un sanglier âgé de (citer la bonne réponse) :
   a) moins de six mois,
   b) moins d'un an,

R. – La bonne réponse est a.

Q. – Une femelle renard met bas, annuellement, un nombre de renardeaux de l'ordre de :
   a) deux ;
   b) cinq ;

R. – La bonne réponse est b.

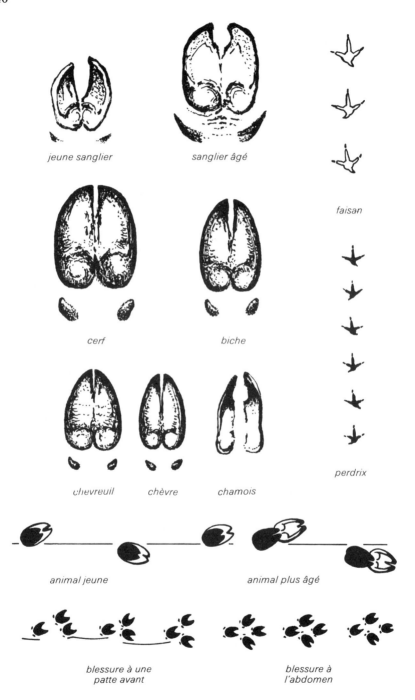

EMPREINTES ET VOIES

L'examen des empreintes que laissent les animaux sur la terre meuble — et à plus forte raison dans la neige — renseigne sur leur identité et, pour qui a une bonne expérience, sur leur sexe, leur âge approximatif, voire sur la nature des blessures dont ils peuvent être atteints.

Une connaissance minimum des empreintes et voies est surtout utile au chasseur de grand gibier. Elle lui permet notamment de « faire le pied », c'est-à-dire, en examinant le sol autour du bois, à l'aube, de déterminer les enceintes où les animaux se sont « rembuchés », au retour du gagnage.

L'empreinte du pied s'appelle « le pied », « la trace », (surtout pour le sanglier), ou, dans certaines régions, « le pas » ; la succession des « pieds » correspondant à la marche de l'animal : « la voie » ; les intervalles séparant les pieds dans une voie et, par extension, l'aspect général de la voie : « l'allure ».

Le pied

On distingue, dans le pied, les pinces qui en sont l'extrémité antérieure, le talon, la sole (partie creuse et qui porte peu sur le sol, entre les pinces et le talon), les gardes (chez le sanglier) et os (chez le cerf). Gardes et os correspondent à ce qu'on appelle vulgairement « ergots » dans certaines espèces domestiques.

La planche ci-contre représente les pieds de quelques animaux.

Chez le jeune sanglier, les pinces sont assez pointues, écartées et les gardes en arrière du talon ne marquent que très peu le sol. Chez le vieux sanglier les pinces, usées au contact du sol, sont moins pointues ; les gardes laissent des empreintes plus importantes. Entre le talon et les gardes apparaissent, lorsque le sol est très meuble, comme des stries, correspondant aux plis de la peau. La biche a le pied un peu plus petit et plus pointu que celui du cerf. Cependant, le pied du jeune cerf est proche de celui de la biche. L'extrémité des pinces, comme chez le sanglier, s'arrondit avec l'âge.

Observations similaires pour le chevreuil.

Le pied du chamois ou d'isard apparaît entièrement séparé dans le sens de la longueur par un espace libre.

Les voies et allures

Lorsqu'il se déplace au pas, l'animal jeune place son pied arrière presque exactement dans l'empreinte du pied avant. L'animal plus âgé, dont le corps s'est allongé, pose son pied arrière plus en retrait (dessin). Au galop, quel que soit l'âge, les postérieurs se posent devant les antérieurs.

Nous avons schématisé les voies de deux animaux blessés s'enfuyant au galop. Dans le premier cas, un pied ne porte plus sur le sol ; il n'y imprime qu'une très légère traînée. Dans le second cas, les postérieurs se tournent vers l'extérieur de la voie et « retardent » (se posent moins en avant).

la perdrix grise

HABITAT

La perdrix grise se trouve dans presque toute la France (les régions méridionales aux étés chauds et secs exceptées), en plaine couverte de végétation basse et variée : cultures, friches et pâturages. L'abri de quelques buissons, haies, talus et autres écrans naturels ou artificiels, disséminés sur le terrain, lui est, cependant, nécessaire l'hiver, particulièrement dans les régions trés ventées et enneigées.

> La perdrix prospère plus régulièrement sur les sols perméables que sur les terres argileuses.
> Sur ce second type de sol, en période de pluie, les pattes des oisillons s'engluent dans la boue. Les petits ont des difficultés à se déplacer, par conséquent à trouver leur nourriture.

NOURRITURE ET BESOINS VITAUX

Pendant les trois premières semaines de son existence, le perdreau (jeune perdrix) se nourrit presque exclusivement d'insectes et d'autres petites proies animales. Par la suite, s'ajoutent des aliments végétaux en proportion croissante, graines et verdure constituant le fond de l'alimentation de l'adulte.
Le besoin d'abri, l'hiver, est vital. La perdrix a également un besoin absolu de couvert convenable pour nidifier (voir plus loin).

MŒURS

La perdrix vit au sol, de jour comme de nuit. Elle se nourrit le jour A la fin de l'hiver, la femelle (la poule), choisit un mâle (coq) et forme, avec lui, un couple qui s'isole et reste uni ensuite avec sa progéniture jusqu'à l'hiver suivant. Le couple et ses jeunes forment la « compagnie ». Lorsqu'une compagnie a été dissociée, par exemple au moment de la chasse, ses membres se « rappellent » pour se rassembler. Les jeunes de la compagnie se dispersent en janvier/février, voire en mars les hivers rigoureux. Ils ne « s'apparient » pas entre eux.

> Lors de l'appariement (formation des couples chez les oiseaux), des mâles restent parfois sans compagne. On les appelle des « bourdons ». Ils peuvent gêner les couples. Mais, par ailleurs, plus tard, ils peuvent constituer des guetteurs supplémentaires au profit des compagnies. Certaines formules de repeuplement les utilisent : « mariage » avec une poule d'élevage ou adoption d'une couvée de jeunes.
>
> Les années où les jeunes sont décimés, notamment par des conditions climatiques exécrables, il arrive que des adultes sans progéniture se rassemblent. Ces compagnies de « vieux » peuvent faire un temps illusion quant à l'accroissement annuel.

REPRODUCTION

La perdrix fait son nid, à même le sol, dans les cultures, prairies, talus et accotements herbeux des routes ou voies ferrées.

La ponte, qui commence vers le 1er mai, est de 15 à 18 œufs. Ceux-ci éclosent après une période d'incubation de 23-24 jours. Les petits naissent donc à partir de début juin.

> La poule assure, seule, la couvaison. Elle ne quitte son nid, pour se nourrir, que de brefs instants, jamais lorsqu'il pleut. Elle peut avoir des difficultés à le retrouver, dans un paysage uniforme. Aussi l'établit-elle le plus souvent, non seulement en bordure s'il s'agit d'un champ, mais près d'un point de repère : buisson, poteau, chardon, etc. Dans un paysage très uniforme, le chasseur peut avoir intérêt à mettre en place de tels points de repère artificiels (par exemple des branches d'environ 1,50 m de hauteur, fichées dans le sol).
>
> Les caractéristiques agricoles de l'année sont primordiales pour la réussite des couvées. Exemples : si, au moment de la nidification, les céréales n'offrent pas encore un abri suffisant, la poule est tentée d'établir son nid dans un ray-grass ou un trèfle qui sera fauché peu après et où, par conséquent, la couvée risquera d'être détruite ; les soins aux cultures peuvent nécessiter, certaines années, des traitements répétés et par conséquent de multiples passages de tracteurs et de multiples épandages, nocifs ou destructeurs d'insectes ; etc.
>
> Si le nid est détruit (écrasement, inondations, « nuisibles », brûlis, etc.), la poule en fait un second. Généralement, il n'y a, alors, pas plus d'une dizaine d'œufs. Les oiseaux issus de ce « recoquetage » ne naissent qu'en juillet ou en août. Ils sont encore petits au moment de l'ouverture. Ce sont des « pouillards ».

ACCROISSEMENT À L'OUVERTURE

L'accroissement est contrecarré par plusieurs phénomènes :
- les œufs sont fragiles (froid, orages) ;
- les nids et nichées sont souvent détruits ;
- les jeunes oisillons sont sous-alimentés en raison de la raréfaction des insectes (insecticides). A la recherche de ceux-ci, ils passent trop de temps hors de l'abri de leur mère, exposés aux intempéries, et sont victimes de refroidissements.

> Un chercheur de l'Institut National de la Recherche Agronomique, Marcel Birkan, a observé qu'un petit perdreau de sept jours devait parcourir 550 mètres dans un champ d'orge traité, pour trouver les 5,5 grammes d'insectes constituant sa ration journalière, alors qu'il n'avait à parcourir que 100 à 150 mètres dans un champ d'orge non traité. La différence a des conséquences particulièrement dramatiques dans les terres argileuses, par temps de pluie (voir paragraphe « Habitat »).

Selon les conditions climatiques, les territoires, et les hasards heureux ou malheureux, l'accroissement à l'ouverture peut varier de 0 à 3 fois l'effectif qui existait à la fin de l'hiver.

CE QUE LE CHASSEUR PEUT PRÉLEVER

Le prélèvement varie, bien entendu, selon ce qu'a été l'accroissement à l'ouverture. Mais il doit, en plus, tenir compte de la mortalité hivernale qui, en dépit de l'aide (nourriture, abris), qu'on peut apporter aux oiseaux, fait disparaître 30 % de ceux-ci.

Exemple : 100 perdrix vivent sur un territoire à l'ouverture et on souhaite qu'il y en ait à nouveau 100 à l'automne de l'année suivante. Pour que ce chiffre soit atteint, il faudra, en année moyenne, que se trouvent sur le territoire, au début du printemps, une vingtaine de couples en âge de produire.

Pour qu'il y ait ces couples, c'est-à-dire une quarantaine d'oiseaux à la fin de l'hiver, il faut en laisser 30 % de plus, soit environ soixante. Sur les 100 qui sont présents au moment de l'ouverture, le chasseur peut donc en prélever quarante (voir graphique dans le chapitre « Le Chasseur et le gibier »).

Un prélèvement de 40 % du cheptel pendant la saison de chasse correspond à une proportion moyenne. Ce prélèvement doit tomber à 30 %, 25 %, voire 0 % en année défavorable.

Une gestion sérieuse nécessite des comptages, par battues à blanc, avant l'ouverture. Mais on est alors en période de végétation et cette technique requiert beaucoup de participants. Une autre méthode, plus simple, consiste à compter les couples, au mois de mars, quand la végétation est encore rase. Dans les régions à perdrix, les techniciens cynégétiques indiquent, en septembre, la production moyenne régionale de l'année par couple. En rapportant ce chiffre au nombre des couples comptés sur un territoire en mars, on a une approximation des effectifs de ce territoire.

A défaut, on peut encore, comme nous l'avons vu à propos du lièvre, estimer, par étude du premier tableau de chasse, la proportion de sujets de l'année que compte la population.

On détecte les oiseaux de l'année à ce que certaines de leurs plumes sont pointues,

JEUNE   ADULTE

Chez le perdreau (jeune de l'année), les plumes moyennes couvertures (à gauche) et les premières rémiges (sur la droite de l'aile) sont pointues, alors qu'elles sont arrondies chez la perdrix (oiseau adulte). (Documentation I.N.R.A.-Birkan)

alors qu'elles sont arrondies chez l'adulte (voir photos). Si le nombre des jeunes n'est pas supérieur à celui des adultes, il convient d'arrêter la chasse, car, alors, l'accroissement de l'année est juste suffisant pour parer aux pertes que provoquera l'hiver. Si le nombre des jeunes n'est, par exemple, supérieur que de 20% à celui des adultes, il convient de limiter le prélèvement à environ 25% de l'effectif total.

ÉVOLUTION DE L'ESPÈCE

La perdrix grise est l'espèce de gibier qui fait le plus mauvais ménage avec l'agriculture moderne. Les remembrements (qui ont considérablement diminué les longueurs des bordures de champs, où l'espèce nidifie), l'emploi généralisé d'insecticides, d'herbicides, etc., l'arrosage répété des blés dans certaines régions au moment de la nidification... ont entraîné un grave déclin de l'espèce. En Beauce, naguère fief numéro 1 de celle-ci, ses effectifs ont chuté des 2/3 en 10 ans. On peut observer maintenant, en liaison avec les pratiques agricoles modernes, une mortalité d'été des poules sur leurs nids égale à la mortalité naturelle d'hiver.

Pourtant, parfois, la conjonction d'éléments favorables – notamment climatiques – débouche sur une année faste (1990) ; et des chasses où les oiseaux sont abondamment agrainés, entourés de soins attentifs qui créent les conditions d'un véritable « élevage dans la nature », peuvent alors, sans compromettre l'avenir, réaliser des prélèvements de l'ordre de 80 pièces aux 100 ha.

Des opérations massives de repeuplement, accompagnées d'aménagements du territoire et de l'interruption de la chasse de l'espèce pendant au moins trois ans, donnent quelques résultats, mais fragiles. Il est nécessaire, lorsqu'on rouvre ensuite la chasse, d'appliquer un plan de gestion rigoureux.

La bande-abri est composée de petits massifs d'arbustes (charme taillé, cotoneaster, lonicera nitida,...) séparés par des bandes de cultures (céréales d'hiver, sarrasin, millet, moha,...).

Type d'agrainoir pour perdrix (et accessoirement pour faisans). Il est entouré de barbelés afin que les sangliers n'y aient pas accès. Un jeu en arrière, une tuile en V, renversée, sous laquelle on place du grain empoisonné à l'intention des rats. D'autres modèles d'installations comportent, à proximité, une tôle-abri.

COMMENT AIDER L'ESPÈCE

– En appliquant un plan de chasse, ou un plan de gestion agréé.

– L'hiver, en laissant ou en mettant à la disposition des oiseaux abris et nourriture.

Les meilleurs abris restent les haies, buissons, talus. La bande-abri, formée par des arbustes alternant avec des bandes de végétations diverses, est une forme de haie reconstituée.

La meilleure nourriture reste celle que la perdrix trouve dans des conditions naturelles : céréales d'hiver déjà levées; choux, moutarde, colza, parcelles de sarrasin ou de maïs dont on a laissé les récoltes sur pied.

A défaut de nourriture et d'abri dans la nature, le chasseur construit, avec une tôle ou une plaque de fibrociment, un abri bas, sous lequel il dépose un peu de grain, en sorte que les deux besoins essentiels de la perdrix l'hiver sont tout de même à peu près satisfaits. Il peut, aussi, mettre en place des agrainoirs.

– Pour le printemps et l'été, on fournit à la perdrix les couverts de nidification dont elle a besoin :
- en laissant des coins de friche ;
- en ne fauchant pas et en ne détruisant pas l'herbe des talus, des chemins et voies ferrées, avant mi-juillet ;
- en prévoyant des bandes-abris ou des bandes de céréales d'hiver dans les zones dénudées.

Le chasseur doit également détruire les prédateurs en excès (belettes, rats, corneilles noires, pies...) et lutter contre les chats harets et chiens errants.

Toutes ces initiatives n'apportent à l'espèce qu'une aide relative. De véritables progrès résulteraient de l'abandon de pratiques agricoles par ailleurs indispensables à des hauts rendements. Les mises en jachères faune sauvage (v. chapitre «Le Chasseur et le gibier») peuvent se révéler bénéfiques.

COMMENT DISTINGUER LA FEMELLE

Impossible en action de chasse. La distinction se fait à la vue des petites plumes qui recouvrent l'épaule et qui, chez la femelle, comportent des stries claires transversales.

Les plumes scapulaires et moyennes couvertures, que désigne le pouce droit du démonstrateur présentent, chez la femelle (F), à partir de l'âge de deux mois et demi environ, des stries claires transversales. Chez le mâle (M), ce qui est le cas ici, apparaît une seule strie dans le sens longitudinal. Dans 90% des cas, une indication sérieuse est déjà donnée par la présence ou non d'un « fer à cheval » de plumes brunes sur la poitrine. Un fer à cheval bien dessiné est très souvent le signe qu'il s'agit d'un mâle ; l'absence de fer à cheval correspond très souvent à une femelle. Enfin, les petites taches claires du dessus de la tête ont la forme de fines rayures chez le mâle, de gouttelettes chez la femelle.

questionnaire

Q. – **Citer quelques-unes des raisons principales pour lesquelles le jeune perdreau a du mal à survivre.**
R. – 1) Il lui faut une nourriture à base d'insectes et de larves qu'il trouve difficilement en raison des techniques agricoles modernes.
2) Il est très sensible aux intempéries : ou bien, lors d'une intempérie prolongée, il reste à l'abri sous sa mère, mais alors il manque de nourriture ; ou bien il quitte cet abri pour chercher sa nourriture, mais il est victime du froid et de l'humidité, surtout si, la nourriture étant rare, il doit s'exposer plus longtemps pour la trouver.

Q. – **Quel est l'accroissement à l'ouverture d'une population de perdrix ?**
R. – Il varie entre 0 et 3 fois la population qui existait à la fin de l'hiver.

Q. – **Quelle est, en moyenne, la proportion des pertes provoquées par l'hiver dans un cheptel de perdrix ?**
R. – 30 %.

Q. – **Sur un territoire où les nuisances agricoles sont limitées, quel prélèvement du cheptel perdrix grises peut effectuer le chasseur, en année moyenne, sans compromettre l'avenir ?**
R. – Environ 40 %.

Q. – **Citer au moins trois façons de venir en aide à un cheptel perdrix sur un territoire .**
R. – 1) L'hiver, laisser ou mettre des abris et de la nourriture à la disposition des oiseaux ;
2) détruire les prédateurs en excès ;
3) faciliter la nidification en laissant en place des coins de friches, en ne fauchant pas l'herbe des talus, en installant des bandes-abris.

la perdrix rouge

HABITAT

En France, au sud d'une ligne passant à peu près par Vannes, Rennes, Orléans et le sud du Jura : les territoires buissonneux et vallonnés, secs de préférence.

La perdrix rouge s'accommode, à l'inverse de la perdrix grise, de terrains incultes (garrigues) mais elle prospère mieux quand il y a quelques cultures.

> REMARQUE. − La perdrix rouge doit son nom à la couleur corail de son bec et de ses pattes, à la teinte brun-roux du dessus de son corps. Mais, ce qui la caractérise encore davantage, c'est une bande noire se prolongeant en pointillé sur la poitrine et soulignant, à la base du cou, la gorge blanche (voir, plus loin, la planche couleur « Sachez reconnaître »). La perdrix rouge est un peu plus grosse que la perdrix grise.

NOURRITURE ET BESOINS VITAUX

Analogues à ceux de la perdrix grise, mais exige des couverts broussailleux.

MŒURS

Les compagnies de « rouges » sont moins compactes que celles de « grises ». Il arrive que les « rouges » se perchent, pour échapper à un danger.

Pour le reste, mœurs voisines de celles de la perdrix grise.

> Les deux espèces ne sont pas antagonistes et peuvent très bien cohabiter, mais il n'y a jamais appariement entre elles.

REPRODUCTION

Le nid est souvent installé au bord d'une haie ou d'un buisson, plus rarement dans une culture. Il est donc, en général, moins exposé que le nid de la « grise » aux risques nés des travaux agricoles.

La ponte, par contre, est un peu moins abondante que chez la perdrix grise : 8 à 15 œufs. Période d'incubation identique : 23-24 jours.

Dans la zone la plus septentrionale d'habitat de l'espèce (Val de Loire et un peu plus au nord) le «pic d'éclosion» (période du plus grand nombre de naissances) se situe souvent une à deux semaines plus tard chez la «rouge» que chez la «grise» : vers fin juin, voire début juillet, au lieu de début ou mi-juin.

Si ce décalage correspond à une importante différence climatique (ex. : forts orages à une des deux époques d'éclosions), on peut avoir, là où les deux espèces cohabitent, une assez bonne production dans l'une et une mauvaise dans l'autre.

ACCROISSEMENT A L'OUVERTURE

De zéro à trois fois l'effectif de fin d'hiver. En année moyennement favorable : autour de 1,5 à 2 fois cet effectif.

CE QUE LE CHASSEUR PEUT PRÉLEVER

Vivant dans les régions au climat moins rigoureux, sur des terrains bien pourvus en buissons et autres abris naturels, l'espèce subit moins de pertes, l'hiver, que la perdrix grise : 15 à 20 % au lieu de 30 %.

Les techniciens cynégétiques recommandent, pourtant, de ne pas lui faire subir une pression de chasse plus importante : prélèvement <u>maximum de 40 % du cheptel</u> à l'ouverture, en année moyennement favorable.

L'oiseau de l'année se reconnaît de l'adulte à l'examen des premières rémiges (les plus longues des plumes qui, chez la «grise», sont, selon l'âge, pointues ou arrondies). Chez la jeune perdrix rouge, ces plumes présentent, à leur extrémité, une petite tache blanchâtre, inexistante chez l'adulte. L'examen des premiers tableaux, à défaut de comptages avant l'ouverture, permet d'estimer l'accroissement de l'année. On en tire, comme pour la «grise», des enseignements quant au prélèvement possible (ou non).

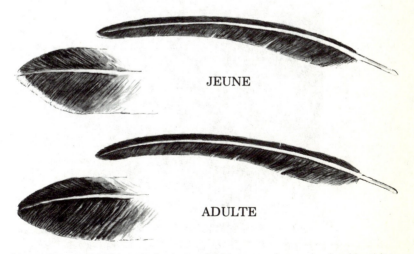

JEUNE

ADULTE

Le grossissement réalisé par le dessinateur fait bien apparaître une bordure blanchâtre à l'extrémité d'une des premières rémiges du perdreau (oiseau de l'année). Ces plumes sont, par ailleurs, un peu plus pointues chez le jeune; mais la différence est, à cet égard, moins nette que chez la perdrix grise.

ÉVOLUTION DE L'ESPÈCE

S'est longtemps maintenue un peu mieux que la perdrix grise : d'une part, elle est fixée dans des régions où l'agriculture est moins sophistiquée ; d'autre part, elle a connu un sursaut né d'une meilleure gestion par les chasseurs, avec la création d'A.C.C.A. dans ces régions où, auparavant, la chasse était inorganisée. Mais ces atouts n'ont pas suffi et l'espèce est globalement en déclin, comme la « grise ».

COMMENT AIDER L'ESPÈCE

Mêmes aides que pour la perdrix grise, avec quelques variantes liées à deux caractères.
– La « rouge » élisant domicile sur des territoires buissonneux, il n'est pas nécessaire, en général, de lui fournir abri et couvert (pour l'hiver et la nidification).
Mais il faut savoir que si on arrache haies, buissons et autres abris naturels, elle disparaîtra du secteur.
– La perdrix rouge, aimant les terrains secs, n'en a pas moins besoin d'eau. Il peut être nécessaire de créer des points d'eau permanents, à son intention, sur un territoire.

COMMENT DISTINGUER LA FEMELLE

Impossible en action de chasse. A l'examen du tableau, deux signes apparaissent, en général, chez le mâle adulte, par rapport à la femelle :
– il est plus gros (une centaine de grammes de différence) ;
– il présente sur la patte un ergot atrophié (cependant, on peut voir une excroissance chez quelques vieilles femelles).

A gauche, patte d'un mâle, avec l'ergot atrophié. A droite, patte de femelle, sans ergot.

questionnaire

Q. – Dans quelle partie de la France rencontre-t-on la perdrix rouge ?

R. – Approximativement au sud d'une ligne Bretagne-Jura.

Q. – Quel est l'accroissement moyen à l'ouverture d'une population de perdrix rouges ?

R. – Très variable. Peut être de l'ordre de 1,5 fois l'effectif qui existait à la fin de l'hiver.

Q. – Au moment de l'ouverture, un territoire héberge 100 perdrix rouges. Pour espérer en retrouver le même nombre l'année suivante, on ne devra pas en capturer plus de (rayer les mentions inexactes) :
a) 25
b) 40
c) 75

R. – La bonne réponse est b.

Q. – Pourquoi, en année normale, le prélèvement du chasseur peut-il être du même ordre chez la perdrix rouge que chez la grise, alors que l'espèce est moins prolifique ?

R. – Les mortalités à prévoir sont généralement moins importantes chez la rouge, qui ne se fixe que sur des territoires comportant des abris buissonneux et par ailleurs moins soumis, en général, aux « nuisances » agricoles.

les colins

colin de Virginie (la main du manipulateur donne l'échelle)

Les colins de Virginie et de Californie sont, comme leur nom l'indique, des oiseaux originaires d'Amérique du Nord. Ils ont donné lieu à des essais d'implantation en France à plusieurs reprises, la dernière fois, sur une assez grande échelle, au début des années soixante.
Ces essais ont échoué en ce qui concerne le colin de Californie, sauf dans une région de Corse.
Le colin de Virginie se maintient – difficilement – dans quelques secteurs de landes broussailleuses de Sologne et du Sud-Ouest. Il survit mal aux hivers enneigés. Ponte, à terre, de 10 à 15 œufs.
Il est d'une taille intermédiaire entre la perdrix et la caille. Avec sa gorge blanche, bordée d'une bande de plumes presque noires remontant vers l'œil, son plumage évoque celui de la perdrix rouge. Comme celle-ci, il vit en « compagnie » et peut se percher.

Le colin a un vol bas, parallèle au sommet de la végétation. A l'envol, la compagnie se disperse en éventail.

la gélinotte

Cet oiseau fait penser à une perdrix, mais avec une queue plus longue, une tête un peu huppée et un plumage de couleur feuille morte (voir planche couleur « Sachez reconnaître »).
La gélinotte ne se rencontre en France, très disséminée, que dans les contreforts des Alpes et du Jura, les Vosges et les Ardennes.
Elle vit en forêt et se branche la nuit.
Nourriture : insectes, fruits, baies, bourgeons.
La femelle pond (à terre) de 7 à 12 œufs.
Les effectifs de l'espèce sont mal connus. Dans certains départements de sa zone de dispersion, sa chasse est totalement fermée.

la caille

Oiseau de plaine migrateur, qui fait penser à une petite perdrix. Venant d'Afrique du Nord, la caille arrive en France, où elle pond, vers avril, et repart en août-septembre. Quelques sujets restent cependant, l'hiver, dans le Midi de la France.
La femelle a de 6 à 12 œufs. Les petits grandissent très vite, et se dispersent dès l'âge de 5 semaines.
L'allure de la caille devant le chasseur est très caractéristique. Elle a un vol court (une centaine de mètres), à faible hauteur (un à deux mètres), rectiligne, et parallèle au sol.

> On rencontre la caille moins souvent qu'autrefois. D'une part, elle est beaucoup plus chassée l'hiver, en Afrique du Nord, En second lieu, les méthodes de culture industrielle et des fauchaisons plus précoces ont nui à l'espèce. Enfin, les ouvertures étant plus tardives, elle a déjà quitté beaucoup de régions de France quand on chasse.
> Une espèce de caille, la caille du Japon, s'élève très facilement. Un des intérêts qu'elle présente est d'aider au dressage des chiens d'arrêt.

l'alouette des champs

L'alouette des champs, qui évoque, par sa taille et sa couleur, un gros moineau, est répandue chez nous, dans toutes les régions de plaine, surtout cultivée, jusqu'à l'automne. Une partie de la population émigre alors vers les rivages méditerranéens.
Son vol est très caractéristique : départs en crochets, parfois ascensions presque verticales, longs sur-places, ailes battantes dans le ciel, retours au sol également à la verticale, toutes ces évolutions s'accompagnant de chants. L'espèce niche à terre, deux fois, entre avril et août. Le nid comporte 3 ou 4 œufs, blancs fortement tachés de brun, qui sont couvés de 11 à 14 jours.

> REMARQUE. – Depuis 1989 est interdite, partout, une très ancienne pratique qui consistait à attirer les alouettes avec un miroir giratoire (d'où l'expression « miroir aux alouettes ») posé au sol et réfléchissant la lumière.

le faisan commun

HABITAT

Les lisières de bois, les zones boisées entrecoupées de champs cultivés.

NOURRITURE ET BESOINS VITAUX

Le jeune faisan a besoin d'une nourriture pour une large part animale : insectes, larves (« œufs » de fourmis), vermisseaux, etc. Adulte, sa nourriture devient surtout végétale : graines, fruits (châtaignes, glands), herbes ; mais il continue de rechercher et de consommer de petites proies animales.
Le faisan a besoin d'eau (eau de surface ou végétaux riches en eau). Il aime des sols ensoleillés (bois clairs ou fraîchement coupés) et protégés du vent.

MŒURS

Les jeunes (les faisandeaux) restent en « compagnie », avec leur mère, jusqu'à l'âge de deux mois environ. Ils prennent leur plumage d'adultes à l'âge de quatre mois. On dit alors qu'ils sont « maillés ». Un chasseur digne de ce nom ne tire pas un faisandeau avant qu'il n'ait atteint ce stade de développement (vers fin septembre).
Le faisan se nourrit le matin et le soir. Il ne s'éloigne guère si, avec l'abri, il trouve nourriture et eau. Souvent, pour le maintenir sur place, le chasseur lui distribue du grain, « l'agraine ».
Dans le milieu de la journée, l'oiseau se cache dans un roncier ou un buisson. Au crépuscule, le plus souvent, il se branche dans les arbres. C'est, pour lui, la meilleure façon d'échapper aux prédateurs.

Souvent, les faisans d'élevage ne savent pas se brancher. C'est un des écueils des repeuplements.

REPRODUCTION

La poule pond, à terre, au bois et dans les cultures de bordure, en avril/mai, 10 à 15 œufs, qu'elle couve 23 à 25 jours. La majorité des éclosions se produisent début juin. Mâles et femelles naissent en proportion égale.

Un même coq féconde plusieurs poules. On considère généralement comme un bon rapport des sexes, dans la nature, celui d'un coq pour trois poules.

La poule peut « recoqueter » (5 à 8 œufs) si son premier nid est détruit.

A l'approche de la nidification, vers avril, certains mâles chantent, à l'aube et au crépuscule. Ce sont des mâles dominants qui, ainsi, « marquent » leur territoire. Les dominés ne chantent pas, ou discrètement, et peuvent alors être chassés, bec et ergots en avant, par les dominants. Les techniciens cynégétiques procèdent à des comptages de chants pour estimer et suivre les populations en phase de réimplantation.

ACCROISSEMENT À L'OUVERTURE

Le germe des œufs est sensible au froid et à une trop grande humidité (orages). Certains des œufs n'éclosent donc pas.

Établi le plus souvent dans le bois, le nid échappe aux risques inhérents aux travaux et techniques agricoles, mais il est très exposé aux prédateurs ; la couveuse est dérangée par les promeneurs (époque du muguet). Finalement, l'accroissement à l'ouverture dépasse rarement quatre sujets par poule, même sur les territoires très favorables.

CE QUE LE CHASSEUR PEUT PRÉLEVER

Compte tenu des pertes à prévoir au cours de l'hiver qui suivra, une bonne gestion limite le prélèvement à environ la moitié de la population existant à l'ouverture. On peut tirer davantage de coqs que de poules, de façon à ce que, à la fermeture, on soit proche du rapport utile de un coq pour trois/quatre poules.

ÉVOLUTION DE L'ESPÈCE

Le développement de l'espèce en France a été lié à l'élevage, qui continue de jouer un rôle important. Des territoires ont su garder des populations sauvages. Sur d'autres, l'espèce reste surtout présente à travers des lâchers.

COMMENT AIDER L'ESPÈCE

– En tirant peu les poules
– En réduisant le nombre des prédateurs. Le faisan, qui n'est pas très méfiant – surtout s'il a fait un séjour en élevage – est une proie facile, ainsi que ses œufs, pour les renards, fouines, pies, etc.
– En favorisant l'ensoleillement de parcelles du territoire et la génération d'insectes, par exemple par la coupe des taillis trop âgés
– En faisant en sorte que les poules ne soient pas dérangées au moment de la couvaison (éloignement des promeneurs)
– En récupérant et mettant à incuber les œufs qui peuvent être découverts par la fauchaison
– En « agrainant », surtout l'hiver, et en veillant, l'été, à ce que les oiseaux ne manquent pas d'eau

COMMENT DISTINGUER LA FEMELLE

Son plumage gris-beige est toujours plus terne que celui du mâle, à dominantes brun-rouge et vert.
En outre, elle est plus petite que le mâle et elle a la queue plus courte.

ÉLEVAGE ET REPEUPLEMENT

Le faisan s'élève facilement, et relativement à bon compte.
Les oiseaux issus d'élevage se lâchent généralement à l'âge de 8/10 semaines, après un séjour dans un parquet de transition mis en place sur le territoire même auquel ils sont destinés. Ce séjour les habitue au territoire et augmente les chances qu'ils s'y fixent. Ceux de ces oiseaux d'élevage qui ne sont pas tirés au cours de la saison de chasse, et qui échappent aux rigueurs de l'hiver, sont bien acclimatés le printemps suivant et peuvent alors assurer une reproduction.

Rappelons qu'une autorisation préfectorale est nécessaire pour reprendre à la « mue » (sorte de cage qui retombe sur l'oiseau), même sur un territoire où l'on détient le droit de chasse, et même pendant la période d'ouverture, des faisans qu'on destine à l'élevage, pour de futurs lâchers sur le dit territoire. Souvent, les gardes reprennent ainsi, fin septembre, de jeunes poules, nées de leur élevage de l'année et qu'ils n'ont, par conséquent, lâchées que quelques semaines plus tôt. Pendant leur courte période de liberté, ces oiseaux se sont « endurcis » et peuvent mieux produire.

LES DIFFÉRENTES ESPÈCES

Il existe plusieurs espèces de faisans. Le faisan commun est, comme son nom l'indique, de beaucoup le plus répandu. Parmi d'autres, citons l'obscur, dont le coq est uniformément vert foncé. Une espèce très différente est le vénéré, dont le coq est à couleurs dominantes jaune et noir, avec une queue pouvant atteindre 1,50 mètre de longueur. L'habitat du vénéré est exclusivement forestier. Toutes les races de faisans sont originaires d'Asie.

Coq faisan vénéré. Cette espèce, qui n'a été introduite en Europe que voilà un siècle, constitue un gibier d'avenir, dans les forêts de futaie humides, où le faisan commun se fixe mal. La poule ne pond pas plus d'une dizaine d'œufs mais la mortalité est moindre que chez le faisan commun.

questionnaire

Q. – Une catégorie de nourriture est particulièrement nécessaire au faisandeau pendant sa croissance. Il s'agit de (rayer les réponses inexactes) :
a) herbe verte,
b) insectes,
c) débris minéraux.

R. – La bonne réponse est b.

Q. – Quel est en moyenne, par poule, l'accroissement à l'ouverture d'une population de faisans vivant à l'état naturel sur un territoire favorable ?

R. – Environ quatre oiseaux.

Q. – La population d'un territoire est estimée, au moment de l'ouverture, à 100 faisans naturels, coqs et poules étant en nombre égal. Une gestion correcte consistera à prélever pendant la saison de chasse (rayer les réponses inexactes) :
a) 35 coqs et 15 poules,
b) 25 coqs et 25 poules,
c) 45 coqs et 30 poules.

R. – La bonne réponse est a.

Q. – **Citer au moins trois moyens de venir en aide à une population de faisans :**

R. – Peu tirer les poules ;
veiller à ce que les oiseaux ne manquent pas d'eau ;
détruire les prédateurs en excès.
On pourrait aussi citer : agrainer les oiseaux, notamment l'hiver ; favoriser la génération d'insectes par des recépages de taillis ; récupérer et mettre à incuber les œufs découverts par les fauchaisons ; éloigner les promeneurs à l'époque de la couvaison.

la bécasse

La bécasse se nourrit exclusivement de vers de terre, de larves, de petits mollusques, qu'elle trouve sous les feuilles mortes ou que, parfois, elle « aspire » dans le sol en y plantant son long bec.
Elle ne peut donc subsister que sur ou à proximité de zones fraîches, où existe cette nourriture et où son bec peut fouiller le sol. Conséquence : elle migre quand survient la sécheresse ou le gel, qui durcissent la terre et qui font que les vers s'y enfoncent plus profondément. Ainsi, une partie importante des bécasses qu'on voit en France vivent l'été dans le nord de l'Europe, arrivent dans diverses régions de notre pays en octobre-novembre et, lorsque les gelées y apparaissent, continuent leur voyage vers les rivages méditerranéens ou atlantiques (y compris le Midi de la France et surtout la Bretagne, où certaines stationnent tout l'hiver). Ces oiseaux, retournant vers l'Europe du nord, traversent à nouveau notre pays, en sens inverse, en février-mars.

Il est apparu, à travers des baguages, que, souvent, ces voyageuses visitent des régions de notre pays variant avec leurs zones de nidification et, par conséquent, leurs points de départ. Presque toute la France, mais surtout le Sud-Ouest, accueille des sujets en provenance des pays baltes et de Russie. L'Artois, la Picardie, la Normandie et la Bretagne sont des lieux de transit ou d'hivernage choisis surtout par des oiseaux provenant de Norvège, des Pays-Bas et de Grande-Bretagne. Les bécasses qu'on lève, à l'automne, dans l'Est, le Bassin Parisien, la Sologne et le Lyonnais ont souvent niché en Allemagne du nord, Danemark, Belgique. Celles de notre littoral méditerranéen viennent plutôt d'Europe centrale.

Cependant, d'autres bécasses vivent toute l'année en France et y nichent. La bécasse pond à terre, en forêt, généralement 4 œufs, à une époque de la fin de l'hiver ou du printemps qui varie selon les régions. Les petits éclosent après une incubation de trois semaines.

Elle vit en solitaire, sauf pendant les migrations, qui s'effectuent par petits groupes, et pendant le temps de la couvaison. Le mâle, alors, reste à proximité de la femelle (qui est seule à couver) et veille sur elle.
La bécasse est très fidèle à son lieu d'hivernage. Des baguages ont montré qu'elle revient parfois exactement au même endroit, à un an d'intervalle.

> Indépendamment de cette fidélité individuelle, on observe une fidélité de l'espèce à certaines « places à bécasses » : souvent, les fonds humides, mais bien exposés, de certains bois et boqueteaux. Pendant les saisons de séjour des oiseaux, on y trouve presque toujours l'un d'eux. S'il disparaît, un autre s'installe au même endroit. La bécasse vit là tout le jour, le plus souvent tapie au sol. A l'approche de la nuit, elle gagne les zones humides ou marécageuses de la plaine, où elle trouve l'essentiel de sa nourriture. Elle emprunte alors, toujours, le même itinéraire. Une forme de chasse qui consistait à la tirer à l'affût – à la passée – sur cet itinéraire est désormais prohibée.
> Une petite plume très pointue du bord extérieur des ailes de l'oiseau, dit « plume du peintre » (elle était jadis utilisée par les artistes) a valeur de trophée pour les passionnés de la chasse de la bécasse.

La bécasse avec son vol irrégulier, comportant des crochets, peut être un gibier déroutant pour le tireur. Mais, fragile, elle tombe, souvent, à la moindre atteinte.

A la fin de l'hiver, à partir de mars (parfois même de février) des mâles volètent, à la chute du jour, dans les bois, à faible hauteur, en poussant un cri doux, velouté, qu'on exprime par le mot « croûle ». Cette attitude fait partie de la pariade et précède (ou accompagne) la nidification.

> Jusqu'en 1978, on chassait la bécasse à la croûle, dans certains départements. Cette forme de chasse a été supprimée. Elle nuisait gravement et directement à la reproduction et était contraire à une attitude de la chasse moderne, attitude qui consiste, dans l'ensemble de l'Europe, à assurer la quiétude des espèces d'oiseaux gibiers dès les prémices des appariements.
> Malgré la suppression du tir à la croûle et à la passée, la bécasse reste peut-être trop chassée. De récentes études ont montré que le prélèvement s'exerce surtout sur des jeunes, signe que la population n'a pas le temps de vieillir. Par ailleurs, les femelles sont plus exposées que les mâles : elles migrent plus, et en tout cas les premières. Des analyses de tableaux ont montré que dans l'ensemble de la France, le prélèvement de chasse s'exerce pour environ 60 % sur des femelles. Les chasseurs bretons (de beaucoup les plus favorisés en matière de migrations de bécasses) ont la sagesse, depuis quelques années, de s'imposer un « prélèvement maximum autorisé » (P.M.A.) de trois bécasses, au plus, par chasseur et par jour de chasse.

questionnaire

Q. – A quelles époques observe-t-on, en France, les principaux passages de bécasses ?

R. – En octobre-novembre et février-mars.

Q. – Pourquoi la bécasse migre-t-elle ?

R. – Sa nourriture est essentiellement constituée de vers et vermisseaux. La bécasse ne peut les trouver ni dans les sols gelés ni dans les sols trop secs. A l'approche de l'hiver, elle fuit donc le gel et, à l'approche des beaux jours, la sécheresse.

Q. – Pourquoi la chasse à la croûle a-t-elle été supprimée ?

R. – S'effectuant au détriment d'oiseaux en train ou sur le point de se reproduire, elle nuisait gravement à l'espèce. Elle était, en outre, contraire à une politique européenne de protection de la faune sauvage, politique qui comporte, à l'égard de chaque espèce d'oiseau gibier, une fermeture de la chasse dès les prémices des appariements.

les grives

Grive musicienne :
Poitrine et flancs ponctués de petites taches ;
chant mélodieux.

Quatre espèces de grives peuvent être rencontrées en France : la draine, la litorne, la musicienne et la mauvis (ou mauviette).
Les quatre espèces sont, avec de faibles variantes, insectivores (vers, larves, insectes) et granivores.
Rythme de reproduction également semblable : deux couvées, de 2 à 5 œufs chacune, entre avril et juillet, dans des arbres ou buissons.
La draine, la plus grosse des quatre espèces (environ 25 cm de la pointe du bec à l'extrémité de la queue) est souvent sédentaire, quoique errati-

Draine :
La plus grosse (taille d'une tourterelle) ; dessous des ailes blanc ; grosses taches rondes sur tout le ventre.

Mauvis :
Dessous des ailes et flancs roux. Flancs rayés plutôt que tachetés.

Litorne :
Dos châtain, tête et croupion gris-bleu ; taches des flancs en V.

que, chez nous. On la rencontre dans les lisières des forêts, les bosquets, les vergers, surtout lorsqu'ils sont parasités par le gui dont elle affectionne les boules.

La litorne ou tia-tia (surnom correspondant à son cri) arrive chez nous à l'automne, du nord de l'Europe, et repart à l'approche des beaux jours. Cependant, une nidification est observée dans nos régions Est. Caractéristique de l'espèce : la formation, l'hiver, de bandes nomades qui se déplacent dans un concert de « tia-tia ».

La grive musicienne, assez nettement plus petite que les deux espèces précédentes, vit, souvent, en France toute l'année. Elle est toutefois plus rare dans le Midi et absente de Corse. Oiseau des sous-bois humides mais aussi des vergers et des grands jardins. Les effectifs de l'espèce sont renforcés, l'hiver, par des sujets arrivant de pays plus nordiques où ils ont niché. Ces visiteurs repartent à l'approche de la belle saison. La grive musicienne doit son nom au fait que son chant, qui comprend la répétition de plusieurs motifs sonores entrecoupés de silences, est plus mélodieux que celui des autres grives. On l'appelle aussi « grive des vignes » : elle raffole du raisin.

La mauvis, la plus petite de la famille, arrive, en général, chez nous, venant des pays scandinaves et de Russie, où elle a niché, vers le mois d'octobre. Des sujets continuent leur voyage vers l'Espagne et l'Afrique. D'autres hivernent chez nous. Oiseau discret qui voyage surtout la nuit. On peut toutefois le voir, parfois parmi d'autres grives, cherchant sa nourriture aux abords des forêts ou des buissons.

le merle noir

Le merle noir appartient à la même famille d'oiseaux que les grives. Seul, le mâle est noir (avec le bec jaune vif) ; la femelle est brun foncé (avec le bec également brun).

Le merle noir vit dans les bois, les haies, et même les jardins des agglomérations. Il fait son nid dans des endroits très divers : fourche d'un arbre ou d'un arbuste, coin de mur, poutre, lierre... La femelle pond de 3 à 5 œufs, trois ou quatre fois par an, de fin mars à août.

Régime et mœurs voisins de ceux des grives. Présent, en France, toute l'année.

NOTE. – Signalons, hors programme de l'examen, qu'existent d'autres espèces de merles, très peu répandues, et qui, bien entendu, ne sont pas gibiers : le merle à plastron, le merle bleu, le merle des roches, tous oiseaux de montagne ; le merle d'eau, espèce des bords de quelques torrents.

les pigeons

Plusieurs espèces de pigeons (ramier, colombin, biset) vivent en France. La plus commune est le ramier (appelé palombe dans certaines régions).
C'est un oiseau migrateur. Cependant, certains sujets, nés chez nous, y sont seulement erratiques.

> La palombe (notre photo) présente, de chaque côté du cou, une large tache blanche, en partie striée de noir; le bord de ses ailes est blanc. Le biset, plus petit, a le cou bleu-vert, les ailes marquées de deux importantes barres noires et, généralement, une partie du dos blanche, entre l'attache des ailes et la queue (le pigeon voyageur, évidemment à respecter, présente ces caractères). Le colombin, généralement un peu plus petit que le biset, est gris fer. Il présente aussi deux barres noires sur les ailes, mais très courtes.

Le passage des palombes à certains cols des Pyrénées (en octobre-novembre) ou du Massif-Central (lors de la migration de retour, en février-mars) donne lieu à des chasses très prisées.

Les pigeons font leur nid (deux à trois couvées de deux œufs chacune, entre mars et août) : le ramier dans de grands arbres; le colombin éventuellement dans des rochers. Les oiseaux vivent en couples pendant toute la période de la reproduction, puis se réunissent en grandes bandes. Leur nourriture est essentiellement composée de graines, de fruits (glands) et de feuilles.

En raison de l'importance de leurs bandes à l'arrière saison, ils peuvent causer des dégâts aux cultures (surtout maïs, pois et colza). Le pigeon ramier est classé « nuisible » dans de nombreux départements.

Les pigeons, qui n'ont pas souffert des multiples bouleversements intervenus dans la nature depuis quelques dizaines d'années, sont dans une situation prospère.

> REMARQUES. – Dans une trentaine de départements, il est permis d'utiliser des appelants vivants ou des "formes" en bois ou plastique, pour attirer les pigeons ramiers. Le transport des appelants est soumis à autorisation de la D.D.A. (v. chapitre "Le Savoir-chasser"). Dans le Sud-Ouest, on peut capturer les ramiers à l'aide de filets (palombières).

les tourterelles

La tourterelle des bois est un petit pigeon de couleur générale brun-beige sur les ailes, gris-rosé sur la poitrine, blanchâtre sur le ventre. A l'envol, sa longue queue noire bordée de blanc est caractéristique. Un autre signe caractéristique : une large tache noire striée de blanc de chaque côté du cou, à la façon du pigeon ramier.

Les tourterelles des bois passent l'hiver en Afrique et arrivent en France pour y nicher à partir d'avril-mai. Elles installent leurs nids dans les bois ou buissons et y ont deux couvées de deux œufs chacune, en mai et en juillet. Elles repartent vers l'Afrique dès fin août, début septembre, en sorte qu'on les rencontre peu à la chasse.

> NOTE. – La tourterelle des bois a donné lieu, pendant un siècle, lors de sa migration de retour, en mai, à des chasses brèves mais intensives du haut de «pylones» (miradors) dans le Médoc, région où se produisent alors de forts passages. Cette chasse est désormais interdite ; mais quelques-uns de ses adeptes y sont restés très attachés et, presque chaque année, des incidents continuent de les opposer, sur le terrain, à des écologistes.

La tourterelle turque, de couleur uniforme gris-beige, avec une longue queue blanche à extrémité noire, présente au cou, au lieu de fortes taches striées, un étroit collier de plumes noires interrompu à l'avant. Elle est nettement plus prolifique que la précédente : de mars à septembre, trois à cinq couvées de deux œufs chacune, dans des arbres et buissons mais, parfois, sur un bâtiment. Cette fécondité en fait une espèce en très grande expansion. D'origine indo-africaine, elle était pratiquement inconnue en Europe au début de ce siècle et elle y est présente, maintenant, partout, jusque, chez nous, dans les rues des villages et sur les arbres des places publiques.

> La tourterelle turque est, soit sédentaire, soit erratique, mais ne migre pas au sens propre du terme, et c'est elle, beaucoup plus que la tourterelle des bois, que les chasseurs maintenant, rencontrent, à l'automne. Naguère protégée, elle est désormais classée gibier. Cependant, certains arrêtés départementaux l'excluent de la chasse, en lui accordant le caractère d'une sorte d'oiseau d'agrément des villages.

questionnaire

Q. – Le pigeon est (rayer les réponses inexactes) :
   a) un oiseau totalement migrateur ;
   b) un oiseau totalement sédentaire ;
   c) un oiseau généralement migrateur, certains sujets, nés en France, n'y étant, cependant, qu'erratiques.

R. – La bonne réponse est **c**.

Q. – Quelles sont les principales régions de France intéressées par les migrations de pigeons ?

R. – Le Sud-Ouest, notamment certains cols pyrénéens ; certains secteurs du Massif Central lors de la migration de retour, en février-mars.

Q. – Pourquoi le pigeon ramier a-t-il été classé «nuisible» dans de nombreux départements ?

R. – Vers octobre-novembre, avant d'émigrer, ou plus tard, les oiseaux de cette espèce se réunissent en bandes de plusieurs centaines d'individus qui causent des dégâts quand elles s'abattent dans des champs portant encore des récoltes.

harde d'isards sur la neige

GIBIER DE MONTAGNE

le chamois et l'isard

HABITAT

En général, entre 800 et 2 500 mètres d'altitude. Chamois et isard habitent autant les zones de pâtures et de rochers (à la belle saison) que la forêt (l'hiver et parfois à la belle saison).

Leurs zones naturelles de dispersion, en France, sont : les Alpes, les Pyrénées, et une petite partie du Jura. Mais des implantations ont parfaitement réussi dans les Vosges et le Massif Central.

REMARQUE. – Chamois et isard constituent une même race. La différence de terme est d'ordre géographique : on emploie le mot « chamois » dans les Alpes; « isard » dans les Pyrénées. Cependant, sous des climats et sur des sols différents, des évolutions légèrement différentes se sont produites : l'isard est un peu plus petit que le chamois; ses cornes sont plus minces et, en général, plus serrées.

NOURRITURE ET BESOINS VITAUX

L'été, le chamois et l'isard se nourrissent surtout de l'herbe qui pousse au-dessus de la zone forestière; l'hiver, de pousses, de feuilles d'arbustes, de lierre, de ronces, qu'ils trouvent en forêt.

Les deux espèces, très résistantes au froid et aux intempéries, craignent la chaleur. L'été, les animaux se tiennent sur les versants exposés au nord, donc moins ensoleillés et moins chauds.

MŒURS

Les mœurs sont voisines de celles du cerf. Les femelles (les chèvres), leurs derniers-nés et, le plus souvent, les jeunes de l'année précédente (on appelle ces animaux, âgés entre un et deux ans : éterlous pour les mâles; éterles pour les femelles) vivent toute l'année en hardes. Les

mâles de plus de deux ans (les boucs) vivent en petits groupes, à l'écart. Les vieux boucs sont solitaires.
Au moment du rut, en novembre, les mâles rejoignent les hardes. Celles-ci peuvent alors réunir jusqu'à 50 têtes.
Chamois et isard se reposent la nuit et pâturent le jour.

La harde est conduite par une femelle âgée qui veille sur sa sécurité. Chamois et isard sont très méfiants et y sont aidés par une ouie et un odorat excellents. En cas de danger, ils émettent une sorte de sifflement.
L'animal qui s'enfuit se dirige toujours vers le sommet, en sorte que, en action de chasse, c'est par là, généralement, qu'on essaie d'approcher la harde.

REPRODUCTION

Le rut, en novembre, donne lieu à des combats entre mâles comme chez les cerfs. Les naissances se produisent de mai à juin. La chèvre peut avoir un petit dès l'âge de deux ans, mais met rarement bas avant l'âge de trois ans. En général, elle donne le jour à un seul chevreau ; très rarement à deux.

LES CORNES

Dès l'âge de quelques semaines, le chevreau présente, sur le front, deux protubérances. C'est l'amorce des cornes. Celles-ci sont déjà sorties et mesurent deux à trois centimètres à la saison de la chasse. Plus tard, elles se courbent vers l'arrière.
Les cornes sont très différentes des bois des cervidés. Elles ne sont pas, comme ceux-ci, une production osseuse se rattachant directement à un os du crâne. Elles sont une production de la peau, comme les sabots ou nos ongles. Elles sont constituées par un étui noir, poussant autour d'une cheville osseuse qui, elle, se rattache au crâne. Elles ne tombent pas, existent aussi bien chez la chèvre (mais sont plus grêles et moins recourbées) que chez le mâle et poussent de façon continue : fortement jusqu'à l'âge de 4 ans, très peu ensuite. L'examen des cornes, notamment des anneaux d'accroissement, permet d'évaluer l'âge d'un animal : l'intervalle entre deux anneaux correspond, en principe, à une année d'âge.
Les cornes constituent le trophée. Celui-ci se mesure selon un système de cotation basé surtout sur la longueur et l'écartement.

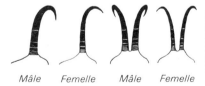

Mâle Femelle Mâle Femelle

Les cornes du chamois et de l'isard mâles sont plus recourbées vers l'arrière que celles de la femelle. Par ailleurs, de face, les cornes de la femelle, étant un peu moins épaisses, paraissent en général plus écartées. Les traits blancs sur les cornes figurent les anneaux d'accroissement.

ACCROISSEMENT À L'OUVERTURE

L'accroissement à l'ouverture est de l'ordre de 25 % de la population qui existait à la fin de l'hiver.

CE QUE LE CHASSEUR PEUT PRÉLEVER

Il s'agit d'espèces où les pertes causées par l'hiver sont très importantes et peuvent atteindre la moitié de l'accroissement à l'ouverture. Pour retrouver, au sortir de l'hiver, une population de même importance qu'à la fin de l'hiver précédent, le chasseur doit donc limiter son prélèvement à l'autre moitié de l'accroissement, c'est-à-dire, en année moyenne, à environ 12 % du cheptel.

MODES DE CHASSE

Chamois et isard sont soumis, partout, à plan de chasse et on n'a le droit de les tirer qu'à balle. En outre, partout pour l'isard et presque partout pour le chamois, sont interdits : la chasse en battue ; l'emploi de chiens. C'est donc la chasse à l'approche – la plus sportive – qui, peu à peu, s'impose.

Rappelons que le tir des jeunes de l'année est interdit (chapitre « Que peut-on chasser ? »).

ÉVOLUTION DE L'ESPÈCE

Jusqu'à ce que le plan de chasse se généralise, en 1990, la politique menée à l'égard du chamois et de l'isard était essentiellement celle de grandes réserves. Dans celles-ci, et alentour, les populations prospéraient au point que, parfois, des surdensités favorisaient des épizooties ; mais, ailleurs, subsistaient des zones sous-peuplées. L'obligation du plan de chasse devrait progressivement aboutir à des situations plus équilibrées.

Globalement, les populations sont plutôt prospères et en expansion. Elles sont évaluées, après les naissances annuelles, à plus de 40.000 chamois et 15.000 isards, ce qui permet la réalisation d'un plan de chasse global de l'ordre de 6.500 têtes par saison de chasse.

COMMENT AIDER L'ESPÈCE

- En appliquant rigoureusement les plans de chasse.
- En protégeant les femelles.
- En affourageant, les hivers longs et rudes.

COMMENT DISTINGUER LA FEMELLE

A la saison de la chasse, la chèvre adulte est suivie de son chevreau de l'année et, souvent, l'est encore de celui de l'année précédente. Les cornes de la chèvre sont plus grêles, moins recourbées, et paraissent un peu plus écartées que celles du mâle (v. page précédente). En outre, son cou est plus grêle ; sa tête, plus allongée, a une allure générale rectangulaire, alors que celle du mâle, plus courte et massive, a une forme triangulaire. On distingue facilement, dans une harde, les chèvres suitées. On ne doit pas les tirer. Dans certains départements, cette interdiction est imposée par les textes.

A gauche, un chamois (ou un isard) mâle. A droite, une femelle. Non seulement le bouc présente des cornes en général plus épaisses et plus recourbées, mais la silhouette est plus puissante, l'encolure nettement plus forte, la tête plus trapue. Un bouc pèse souvent 10 kilos de plus qu'une chèvre.

questionnaire

Q. – **Quelles sont les principales caractéristiques des cornes de chamois et d'isard ?**

R. – Elles existent chez la femelle comme chez le mâle ; elles ne tombent pas et poussent de façon continue, fortement jusqu'à l'âge de 4 ans.

Q. – **L'accroissement moyen à l'ouverture d'une population de chamois ou d'isards est de :**
   a) **10 %**
   b) **25 %**
   c) **50 %**
   d) **100 %**

R. – La bonne réponse est b.

Q. – **Quel prélèvement peut effectuer le chasseur sur une population de chamois ou d'isards, pendant la saison de chasse, pour espérer retrouver, l'année suivante, la même population ?**

R. – Le prélèvement est fixé par un plan de chasse. Celui-ci est, en moyenne, de l'ordre de 12 % de la population existant au moment de l'ouverture.

Q. – **Dans une harde de chamois ou d'isards, quels sont les animaux qu'on ne tire pas ?**

R. – Les chevreaux et les animaux qui sont suivis d'un chevreau : ce sont des femelles.

Q. – **Sur quels caractères physiques peut-on se baser pour s'efforcer de distinguer, à distance, les femelles ?**

R. – Leurs cornes sont moins recourbées vers l'arrière, moins épaisses et, en raison de ce fait, paraissent plus écartées. Le cou est plus grêle, la tête plus allongée.

GIBIER DE MONTAGNE

les tétras

petit tétras (mâle)

LE GRAND TETRAS

Le grand tétras, ou grand coq de bruyère, est le plus gros oiseau-gibier sédentaire d'Europe occidentale. Le mâle mesure jusqu'à un mètre de long et pèse jusqu'à 5 kilos. Il est noir à reflets métalliques. La femelle (la « rousse ») est brun-roux et ocre, moucheté de noir. Le grand tétras se rencontre, entre 500 et 1 800 mètres d'altitude : surtout dans les Pyrénées, un peu dans les Vosges et le Jura, exceptionnellement dans les Alpes. Il vit dans les grandes forêts fraîches au sous-bois riche en arbrisseaux à baies (myrtilles).

Il se nourrit (le jour) de ces baies, de jeunes herbes, de graines ; de bourgeons et aiguilles de résineux l'hiver. Il se branche la nuit. A besoin d'eau et exige une grande quiétude.

> *La parade nuptiale, fin avril-début mai, est très caractéristique. A l'aurore, le mâle, d'abord perché sur une branche, puis à terre, émet des cris, qu'il pousse en devenant sourd et aveugle pendant quelques secondes. Une forme de chasse consiste à profiter de ces instants pour s'approcher de lui, un peu plus chaque fois. C'est ainsi que, traditionnellement, on le chasse dans les pays d'Europe Centrale. Cette pratique est interdite en France où, à l'époque dont il s'agit, toute chasse est fermée.*

La poule pond, à terre, de 6 à 9 œufs. Ceux-ci sont souvent mal dissimulés, d'où des destructions par les prédateurs.

La poule se distingue aisément du coq à sa couleur, brun-roux, et à sa taille nettement plus petite. Les jeunes non « maillés » sont encore plus petits.

Le grand tétras n'est plus classé «gibier» que dans les Pyrénées, où il est l'objet d'un plan de chasse parcimonieux s'appliquant exclusivement à des mâles. Les femelles et les jeunes non maillés sont protégés. Dans les autres secteurs de sa zone de dispersion, l'espèce a été, au début de la décennie 90, classée totalement protégée au sens de la loi sur la protection de la nature de 1976.

Les effectifs de l'espèce sont évalués à : 5.000 sujets dans les Pyrénées ; environ 500 dans les Vosges ; 500 dans le Jura ; quelques dizaines dans les Alpes. Dans cette dernière région, la régression du grand tétras a suivi le développement économique (notamment, exploitation de forêts en altitude) et touristique (sports d'hiver) de la montagne. Ce précédent rend pessimiste pour l'avenir.

LE PETIT TETRAS

Le petit tétras, ou petit coq de bruyère, ou tétras lyre en raison de la forme de la queue chez le mâle, est trois fois moins gros que le grand tétras. Le mâle est noir à reflets métalliques, la femelle brun-beige tacheté de noir.

Il se rencontre, en France, dans les Alpes entre 1 400 et 2 500 mètres d'altitude, et dans quelques secteurs du Jura et des Ardennes. Il vit dans les zones de lisière ou de clairières, sur les versants ombreux où se trouvent myrtilles, bouleaux et aulnes.

Il se nourrit (le jour) de baies, de jeunes herbes, de pousses et bourgeons d'arbres et conifères, de graines, d'insectes et vermisseaux. Il se branche la nuit. A besoin d'eau et exige une grande quiétude. Comme chez le grand tétras, il y a parade nuptiale, mais entièrement à terre, entre mi-avril et mi-mai.

La femelle pond, à terre, de 6 à 9 œufs.

Rappelons (voir chapitre « Que peut-on chasser ? ») que le tir de la femelle est interdit, de même que celui des jeunes non « maillés ». La femelle se distingue du mâle à sa couleur brun-beige et à sa taille, plus petite (voir planches couleur « Espèces protégées » et « Gibiers rares »). Les jeunes non « maillés » sont encore plus petits. L'espèce est, dans certaines zones, en régression, mais peut-être moins marquée que celle du grand tétras en général.

LE LAGOPÈDE OU TETRAS BLANC

Cet oiseau, de la taille d'une perdrix rouge, a un plumage blanc l'hiver où, souvent, il vit dans des galeries creusées dans la neige. L'été, le plumage se teinte de tâches rousses et noires (voir planche couleur « Gibiers rares »). Animal rare. Les difficultés d'accès de son habitat (au-dessus de 2.000 mètres d'altitude) le protègent. Il paraît, cependant, en régression dans les Pyrénées.

GIBIER DE MONTAGNE

le mouflon de Corse

Il appartient à la même famille que le mouton. Le mâle (le bélier) porte de longues cornes spiralées qui peuvent atteindre 80 cm sur leur courbure extérieure et dont la forme renseigne approximativement sur l'âge du sujet : les cornes dont l'extrémité a atteint le niveau de la nuque sont celles d'un animal de 4 à 6 ans ; celles dont la pointe revient presque à la hauteur de l'œil appartiennent à un sujet de 8 à 10 ans. La femelle (la brebis) n'a que des cornes courtes et à peine recourbées, ou n'en a pas du tout.
L'habitat préféré de l'espèce est la forêt de montagne, au sol sec et rocailleux, planté de chênes-lièges, de châtaigniers, de pins. Cependant, l'été, les animaux vont vivre au-dessus de la limite de la forêt, jusqu'à 2.000 mètres d'altitude.
Pendant la belle saison, comme dans beaucoup d'espèces, on rencontre femelles et jeunes d'un côté, mâles de l'autre. Les mâles reviennent pour le rut, vers novembre, et restent avec la harde jusqu'à la fin de l'hiver.
Les naissances ont lieu en avril-mai, après cinq mois de gestation. Les cas de stérilité sont rares et l'accroissement à l'ouverture atteint 30% de la population à la fin de l'hiver précédent. Il s'agit, par ailleurs, d'une espèce résistante, qui sait s'adapter à une nourriture parcimonieuse, pourvu que l'enneigement ne soit pas trop long. Le prélèvement pourrait être de l'ordre de 20% des effectifs à l'ouverture si l'objectif était simplement de maintenir la population à son niveau.

> Le mouflon, qui avait disparu de France continentale, y a été réintroduit à partir des années cinquante. Il est maintenant présent dans une vingtaine de départements des Alpes, des Pyrénées et du Massif Central. Ses effectifs sont de l'ordre de 8.500 têtes après naissances, le plan de chasse global, dans la politique d'expansion actuellement menée, étant d'environ 700. On ne tire l'espèce qu'à balle et, dans certains départements, hors battues et sans chiens. Le mouflon, qui vit dans des zones où les dégâts sont peu à craindre, et qui est très résistant, constitue un gibier d'avenir.

les autres gibiers de montagne

LA MARMOTTE

La marmotte est commune dans les Alpes, entre 1 500 et 2 500 mètres d'altitude, dans les zones ensoleillées, là où le sol est assez meuble pour qu'elle y creuse son terrier. Elle vit en colonies, chaque famille autour de son terrier, dans lequel elle se réfugie à la moindre alerte. Se nourrit d'herbe. Au mois d'octobre, la famille s'enferme dans le terrier où elle vit en état d'hibernation pendant six mois.

Le tir de la marmotte à l'affût, à proximité d'un terrier, ne présente aucune difficulté, donc aucun intérêt. Par contre, l'espèce présente des particularités très intéressantes au plan zoologique. Ainsi, en hibernation, la température interne, qui est de 39° à la belle saison, tombe à 2°.

Se méfier d'une marmotte blessée : ses incisives coupent comme des cisailles.

LE LIÈVRE VARIABLE OU BLANCHON

Il s'agit d'un lièvre qu'on rencontre, dans les Alpes, au-dessus de 1 500 mètres d'altitude, et dont le pelage, gris cendré l'été, devient blanc l'hiver. Il n'existe qu'en très faible densité. La femelle n'a que deux portées par an de 2 à 4 petits chacune.

LA BARTAVELLE.

C'est une perdrix, et elle ressemble à une perdrix rouge, en un peu plus gros (principale différence : pas de tachetures noires sur la poitrine). Vit entre 1.000 et 3.000 mètres d'altitude. En nette régression, liée à l'abandon des cultures en altitude.

Rappelons (voir chapitre « Que peut-on chasser ? ») que deux espèces de la faune de montagne sont totalement protégées : le bouquetin, aux longues cornes en forme de cimeterre : l'ours dont une douzaine de spécimens survivent, chez nous, dans les Pyrénées.

questionnaire

Q. – **Comment distingue-t-on, chez le grand et le petit tétras, la poule du coq ?**

R. – La poule est de couleur brun roux tacheté de noir chez le grand tétras, beige tacheté de noir chez le petit tétras. Dans les deux espèces, le mâle est noir métallique et il est nettement plus gros que la poule.

Q. – **Qu'est le lagopède et où vit-il ?**

R. – C'est un oiseau, au plumage blanc l'hiver, de la taille d'une perdrix, qui vit au-dessus de 2.000 mètres d'altitude.

Q. – **Quel est l'accroissement à l'ouverture chez le mouflon ?**

R. – Environ 30 % de la population qui existait avant les mises-bas.

LA PART DU CHASSEUR

Nous avons résumé ci-dessous, pour les principales espèces sédentaires, ce que peut être, en année moyennement favorable, le prélèvement du chasseur par rapport aux populations existant sur un territoire au moment de l'ouverture de la chasse. Le chasseur ne doit pas dépasser le pourcentage indiqué; sinon, il compromet, parfois pour très longtemps, la situation des espèces.

En année défavorable, le prélèvement doit être <u>moindre, voire nul.</u> Nous n'avons pas fait figurer, dans ce tableau, le sanglier et le lapin, pour lesquels les prélèvements doivent être influencés par des considérations locales (risques de dégâts, myxomatose).

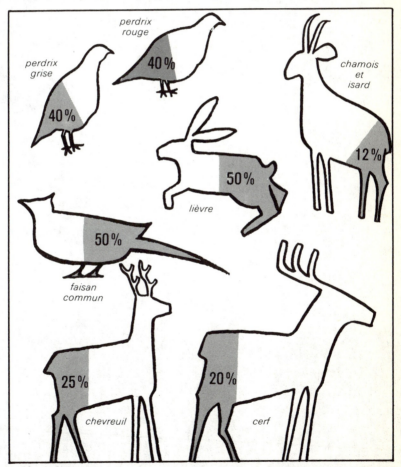

Pour le cerf, le chevreuil, et le chamois ou isard, la « part du chasseur » est fixée par des plans de chasse. Le prélèvement en faisans doit être à forte majorité de coqs.

le gibier d'eau

Les espèces de gibier d'eau sont, pour la plupart, migratrices.
Les oiseaux vivent, le printemps et l'été, en Europe du Nord (Islande, Angleterre, Scandinavie, Pays-Bas, Pologne, nord de l'U.R.S.S., parfois la France), où ils nidifient.
A l'approche de la mauvaise saison, ils se dirigent vers le sud-ouest ou le sud pour passer l'hiver en Europe atlantique (France, Espagne), méditerranéenne ou en Afrique.

La France, par sa position géographique et par la longueur de ses côtes (la plupart des espèces affectionnent le voisinage de la mer) est un pays privilégié en matière de gibier d'eau :
1. Elle se trouve à la fois sur un itinéraire Nord-Sud (Islande – Angleterre – Pays-Bas → Espagne ou Méditerranée) et sur un itinéraire Nord-Est – Sud-Ouest (Baltique → Atlantique) suivis par les oiseaux.
2. Elle est située assez au nord pour qu'une partie des espèces ou des sujets y nidifient et y passent l'été.
3. Elle est située assez au sud pour qu'une partie des espèces ou des sujets y restent ou s'y installent pour l'hiver.

La conjugaison de ces trois caractères fait qu'il y a du gibier d'eau, chez nous, à toutes saisons, avec des « pointes » plus ou moins spectaculaires, selon les conditions climatiques, à l'automne et à la fin de l'hiver, les deux périodes normales de migration.

On observe aussi, parfois, un courant de migration au cœur de l'hiver, lors de périodes de gel très rigoureux. Les oiseaux qui se mettent alors en mouvement sont ceux qui, sans la vague de froid intense, auraient passé l'hiver dans des régions plus septentrionales. Ce sont des « migrateurs à regret ».

Le gibier d'eau comprend une grande variété d'espèces que, pour simplifier, on peut classer en cinq catégories :
I – Les oies
II – Les canards de surface (dont le plus commun est le colvert)
III – Les canards plongeurs
IV – Les rallidés : foulque, poule d'eau et apparentés
V – Les limicoles (oiseaux des berges, marécages et vasières): bécassines et apparentés.

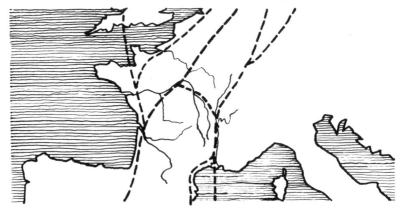

Nous avons représenté sur cette carte (en pointillé) les principales voies de migration suivies par le gibier d'eau à travers la France. Il ne s'agit que d'un schéma approximatif, destiné à donner une idée de ce phénomène encore mystérieux que sont les migrations. Bien entendu, on rencontre des représentants des espèces concernées, hors de ces voies. Mais ce sont celles-ci qui, voilà quelques années, ont servi de base au choix d'emplacements pour des réserves de gibier d'eau.

GIBIER D'EAU

les oies

oie cendrée

Les oies sont parmi les plus gros oiseaux aquatiques (selon les espèces : de 55 à 90 cm, de la pointe du bec à l'extrémité de la queue). Cinq espèces peuvent être rencontrées en France. Trois sont classées « gibiers » : l'oie des moissons ; l'oie rieuse ; l'oie cendrée.
Toutes trois sont gris foncé alors que les deux espèces non chassables – l'oie des neiges et l'oie à bec court – sont de couleur claire : l'oie des neiges, blanche ; l'oie à bec court, gris clair-bleuté (avec cependant le cou très sombre).
Les oies nichent dans les régions situées à l'extrême nord de l'Europe et ne séjournent chez nous, surtout le long des côtes, qu'en hiver : en petit nombre lors des hivers normaux ; en plus grand nombre lorsque le froid est très vif. Lors de leurs migrations, elles se déplacent en grands vols triangulaires et criards. En général, la nuit, elles se reposent sur de grands plans d'eau (marais côtiers, estuaires, ...). A l'aube, elles s'envolent vers les champs et les pâtures, où elles se nourrissent. Dans toutes les espèces, mâles et femelles ont le même plumage.

L'oie des moissons, la moins rare chez nous, est ainsi nommée parce que sa nourriture de prédilection, l'hiver, est constituée par les céréales d'automne nouvellement levées. Elle est la moins criarde. L'oie rieuse présente une bande de plumes blanches à la base du bec, jaune orangé. Cri : « kouyou ». L'oie cendrée, dérangée, siffle, comme l'oie domestique, dont elle est la souche. Cri en vol : « a hang ».

Des comptages effectués en janvier 1976 (hiver assez clément) par l'Office national de la Chasse, ont fourni une indication sur les effectifs d'oies fréquentant notre pays. On dénombrait alors en France : environ 1.900 oies des moissons ; 350 oies rieuses ; 65 oies cendrées.

GIBIER D'EAU

les canards de surface

Les canards de surface s'envolent sans courir à la surface de l'eau.

Les canards de surface, qui ne plongent pas ou peu, ont, en commun, plusieurs caractères :
– le plumage est plus vif en couleurs chez le mâle que la femelle. Il comporte, sur l'aile, une bande d'une couleur nettement tranchée (le « miroir ») qui est la même dans les deux sexes et est un des caractères de chaque espèce ;
– les oiseaux s'envolent en bondissant hors de l'eau, sans courir à la surface (1) ;
– quand ils nagent, ils tiennent la queue hors de l'eau ;
– leur nourriture est surtout végétale (feuilles et graines de plantes aquatiques ou de bordures) ; mais, chez les jeunes, et, en été, chez les adultes, elle comporte insectes, vers, crustacés et petits mollusques.

Le canard de surface le plus intéressant du point de vue cynégétique est le colvert. Nous l'étudions dans le chapitre suivant.

NOTE. – Canards et canes, comme la plupart des oiseaux, muent chaque année. De juin à septembre environ, ils présentent un « plumage d'éclipse » qui, même chez le mâle, est terne. A partir de l'automne, un « plumage de noce » qui a fini de pousser à l'entrée de l'hiver, remplace le précédent. Dans notre planche couleur consacrée aux canards, ces derniers sont présentés en « plumage de noce ».

---

(1) Une exception : le canard siffleur.

CANARDS DE SURFACE (♂ = mâles, ♀ = femelles)

colvert
cou vert, miroir bleu-violet, queue en accroche-cœur

sarcelle d'hiver
sourcil vert

souchet
gros bec spatulé

siffleur
front jaune clair

chipeau
sombre, miroir blanc

sarcelle d'été
sourcil blanc

pilet
queue d'hirondelle

GIBIER D'EAU

le colvert

HABITAT

Marais et étangs, rives de lacs et cours d'eau, pourvu qu'ils soient suffisamment fournis en végétaux aquatiques. On rencontre le colvert, à une saison ou l'autre, dans toute la France.

> REMARQUE. – Le colvert mâle est souvent appelé « malard »; la cane : « bourre ».
> Le « miroir » de l'espèce est bleu-violet entre deux barres blanches.

NOURRITURE ET BESOINS VITAUX

Le colvert se nourrit, surtout la nuit, de graines et plantes aquatiques mais aussi terrestres (céréales, glands, faines). L'été, il consomme une assez grande quantité d'insectes, mollusques, vermisseaux, petits crustacés, qui, alors, se trouvent en plus grand nombre.
Les plantes aquatiques poussent dans les fonds de faible profondeur; les petites proies animales se trouvent dans ces plantes et sur les fonds également à faible profondeur.
Le colvert est donc attiré par les plans d'eau qui comportent des zones d'eau peu profonde (une trentaine de centimètres). Il fait escale, mais ne reste pas, sur les lacs profonds aux berges abruptes.
Le jeune (le caneton) a besoin pour sa croissance, comme le petit perdreau – mais dans une moindre mesure – et comme le petit

faisandeau, d'une nourriture comportant une bonne part d'insectes et larves. Les nichées réussissent moins bien les années où les conditions climatiques (froids tardifs) sont défavorables à la présence de ces petites proies.

MŒURS

Les oiseaux vivent par couples, souvent réunis en petites bandes, à l'époque de la nidification. La femelle reste avec ses petits, qu'elle conduit à l'eau dès le lendemain de leur naissance, jusqu'à ce qu'ils sachent voler.
C'est le cas lorsqu'ils sont âgés d'environ huit semaines (on les appelle alors « halbrans »). A ce moment, elle les abandonne. Les jeunes restent ensemble. A partir d'octobre-novembre, les oiseaux se réunissent en bandes plus ou moins importantes, surtout ceux qui vont émigrer.
Le jour, le colvert est caché dans la végétation des bordures du plan d'eau ou posé sur celui-ci et alors, le plus souvent, loin des berges. Dans les zones côtières, il va fréquemment, dans la journée, se poser en mer. La nuit, il est au gagnage dans les champs ou dans les zones de faible profondeur d'eau.
Les oiseaux nés en France n'entreprennent, en général, que de faibles migrations.
Certains de ceux nés dans les pays nordiques arrivent chez nous en octobre-novembre pour y hiverner ou gagner des zones encore plus tempérées d'où ils reviennent en février.

REPRODUCTION

La cane pond, de fin février à avril (elle est, au sein des principales espèces de gibier, la pondeuse la plus précoce), 10 à 15 œufs, dans un nid installé à proximité d'un plan d'eau, à même le sol, ou sur une souche. L'incubation est de 27-28 jours.
Si la nichée est détruite, on peut observer une seconde ponte en mai-juin.

ACCROISSEMENT A L'OUVERTURE

Le nid est très exposé aux prédateurs (rats, renards, corbeaux). Bien qu'il s'agisse d'une espèce rustique, la mortalité du premier âge, certaines années (gels tardifs), est importante. L'accroissement à l'ouverture peut être évalué en moyenne à 4-6 sujets par cane.

CE QUE LE CHASSEUR PEUT PRÉLEVER

S'agissant d'une espèce migratrice, on ne peut régler le prélèvement dans le cadre d'un seul territoire.C'est par rapport aux populations entières qu'il faut se fixer une attitude.
Les prélèvements effectués à l'occasion de la migration d'automne ne mettent pas, en année normale, l'espèce en danger.

danger : grands froids et fin d'hiver

Le danger de porter gravement atteinte à l'espèce peut apparaître lors d'hivers très rigoureux.
D'une part, les oiseaux, sous-alimentés en raison du gel des plans d'eau, peuvent ne plus avoir de « défense ».
D'autre part, une longue période de froid très vif amène sous nos latitudes, outre les migrants habituels, une population venant de régions septentrionales où la pression de chasse est faible, et qui constitue un « fonds de réserve » (ce sont les « migrateurs à regret »). Si l'on n'arrête pas alors le prélèvement, c'est ce fonds de réserve qu'on ampute. Rappelons (voir chapitre « Quand peut-on chasser ? »), qu'en cas de gel prolongé, les préfets peuvent suspendre l'exercice de la chasse.
Les prélèvements effectués à l'occasion de la migration de retour pèsent toujours lourdement sur l'espèce : ce sont des sujets prêts à se reproduire qui sont alors supprimés. C'est pourquoi la chasse au colvert est fermée fin janvier.

ÉVOLUTION DE L'ESPÈCE

Quantitativement, l'espèce est dans une situation satisfaisante, pour partie grâce à un fort appoint d'oiseaux d'élevage. Il s'agit d'une espèce dont l'élevage est encore plus facile que celui du faisan. Qualitativement, l'évolution est beaucoup moins satisfaisante. Les apports massifs de l'élevage, réalisés souvent avec des souches issues de canards domestiques, ont abouti à de regrettables métissages.

COMMENT AIDER L'ESPÈCE

– En ne la chassant pas, ou peu, à l'époque précédant la nidification
– En mettant à sa disposition des réserves :
  a) d'escale, sur les voies de migration, pour permettre aux oiseaux de se reposer en sécurité
  b) de nidification dans les zones qui se prêtent à la reproduction
– En éliminant les prédateurs en excès autour des lieux de nidification, notamment les rats
– En mettant éventuellement à la disposition des canes, des points de nidification abrités des prédateurs.

Par exemple, on fixe sur des pilotis, ou de petits radeaux, des nids en osier ou des abris constitués par des bidons ou des tonnelets garnis de foin.

> NOTE. — Les dates de chasse du gibier d'eau ont donné lieu, rappelons-le (voir chapitre « Quand peut-on chasser ? ») à d'interminables polémiques avec les écologistes. Une loi de juin 1994, qui fixe, par espèce, <u>des dates limites intangibles</u> de fermeture (exemple : 31 janvier pour le colvert) entend régler le problème. Quelques difficultés, mais moindres, subsistent cependant à propos des dates d'ouverture. Une Directive européenne stipule qu'on ne doit pas chasser les oiseaux migrateurs aux « stades de reproduction et de dépendance », c'est-à-dire pendant la période nidicole (ce qui allait déjà de soi) et celle où les canetons dépendent encore de leur mère. On définit grosso modo la « dépendance » comme le stade <u>où 15 %, ou davantage, des jeunes ne sont pas encore volants</u>. A partir de ce concept, l'ouverture de la chasse du colvert qui, naguère, avait lieu traditionnellement le 14 juillet, est maintenant retardée, dans beaucoup de départements à fin juillet, voire au mois d'août.

Type de nid artificiel utilisé à la réserve nationale de la Grand'Mare (Eure). Il est constitué par un bidon à lait garni de foin, percé de quelques petits trous (pour éviter la condensation d'humidité) et couvert de roseau.

COMMENT DISTINGUER LA FEMELLE

Son plumage, gris marron, est nettement plus terne que celui du mâle, où éclate le beau vert du cou et de la tête. Elle est plus petite. Enfin, elle ne présente pas la « queue » de plumes bouclées, en « accroche-cœur », qu'on observe chez le mâle.

AUTRES CANARDS DE SURFACE

Nous avons groupé dans ce tableau les principales espèces – autres que le colvert – de canards de surface qu'on peut rencontrer en France. Nous les avons classées selon qu'elles nichent – au moins en partie – chez nous, ou non. Les espèces qui nichent chez nous y sont généralement présentes en début de saison de chasse et jusqu'en novembre, parfois plus longtemps. Celles qui n'y nichent pas y passent en novembre, par fois y restent jusqu'en février ou y repassent alors. Les détails caractéristiques de chaque espèce sont représentés dans la planche couleur « Signes distinctifs des canards ».
Ces détails apparaissent surtout chez les mâles. Les femelles sont assez semblables les unes aux autres dans beaucoup d'espèces.

	NOMS	SIGNES CARACTÉRISTIQUES
Espèces nichant au moins en partie en France.	Sarcelle d'été	Miroir bleu-vert pâle entre deux bandes blanches. Sourcil blanc (chez le mâle). Cri : kneck - kneck. S'envole vers l'Afrique dès la fin de l'été.
	Chipeau	Tache marron roux à l'aile (chez le mâle). En France, niche surtout en Camargue et Dombes.
	Souchet	Gros bec en forme de spatule (mâle et femelle), contenant des fanons (comme les baleines !) pour filtrer la nourriture. Miroir vert, bord de l'aile bleu ciel. Migration très étalée : d'août à décembre.
Espèces ne nichant pratiquement pas en France.	Sarcelle d'hiver	Tache verte sur la joue (chez le mâle). Miroir noir et vert brillant. Cri : krich - krich. Plus petite que la sarcelle d'été ; guère plus grosse qu'un pigeon.
	Pilet	Longue queue pointue (surtout chez le mâle) qui lui fait parfois donner le nom de « canard à queue d'hirondelle ». Tache blanche tout le long du cou (chez le mâle).
	Siffleur	Tête rousse à bande frontale dorée (chez le mâle). Cri très aigu qui fait penser au son d'un sifflet. Ne fréquente que les régions côtières.

questionnaire

Q. – Citer au moins deux caractéristiques des canards de surface.

R. – Ils sont surtout herbivores. Ils s'envolent en bondissant hors de l'eau.

Q. – Citer au moins deux espèces de canards de surface, parmi les plus communes.

R. – Le colvert, la sarcelle (d'été ou d'hiver).

Q. – Pourquoi le colvert se fixe-t-il sur des plans d'eau comportant des zones de faible profondeur ?

R. – C'est dans ces zones que la végétation aquatique est la plus riche et que les petites proies animales (larves, mollusques, etc.) sont plus nombreuses et à la portée des oiseaux.

Q. – Quel est l'accroissement à l'ouverture, chez le canard colvert ?

R. – On l'estime en moyenne à 4 à 6 sujets par cane. Celle-ci pond de 10 à 15 œufs mais on observe un important déchet dans les nids, du fait des prédateurs et, certaines années, des gels tardifs.

Q. – Comment aide-t-on la cane colvert au moment de la nidification ?

R. – – En assurant la quiétude des lieux de nidification ;
– en mettant à la disposition de la cane des nids artificiels et en luttant contre certains prédateurs (rats).

Q. – Pourquoi faut-il parfois arrêter la chasse du gibier d'eau, lors de certains hivers très rigoureux ?

R. – 1. Les très grands froids amènent chez nous des oiseaux qui, habituellement, ne quittent pas l'Europe du Nord où ils ne sont pas ou très peu chassés. Ces oiseaux constituent une sorte de « fonds de réserve » de leur espèce, fonds qu'il convient de protéger.
2. Par très grands froids, les plans d'eau de faible profondeur, où les canards de surface trouvent surtout leur nourriture, sont gelés. Les oiseaux, sous-alimentés, sont amoindris.

GIBIER D'EAU

les canards plongeurs

Les canards plongeurs courent à la surface de l'eau pour s'envoler.

Les canards plongeurs (voir planche couleur) ont pour caractéristique de plonger et de nager sous l'eau pour chercher leur nourriture – surtout animale (larves, crustacés, mollusques) sauf chez le milouin. A l'inverse des canards de surface, ils vivent donc sur des plans d'eau assez profonds (au moins un mètre et beaucoup plus) : il leur faut une certaine profondeur d'eau pour se livrer à leurs évolutions immergées.
Ils ont :
– le corps plus court et plus trapu que les canards de surface
– les pattes situées très en arrière du corps, ce qui les aide à se mouvoir sous l'eau.
Ils s'envolent en courant à la surface de l'eau (sauf la nette rousse).

Les canards plongeurs muent, comme les canards de surface.

Quatre espèces de canards plongeurs sont relativement communes en France, au moins en hivernage. Ce sont :

LE MILOUIN
Miroir gris brun ; dos moucheté (mâle). Canard des lacs (il est particulièrement abondant sur le Léman), réservoirs, grands étangs. Ne se hasarde qu'exceptionnellement en mer. Niche surtout en Europe du Nord-Est. Des sujets demi-sédentaires dans la moitié nord de la France (Sologne, Dombes, Marne).

Le milouin est en expansion. Une des causes de sa prospérité tient, semble-t-il, à l'apparition de nombreuses sablières et ballastières (extraction de sable et gravier pour la construction) qui lui fournissent des plans d'eau propices. D'une façon générale, il s'accommode très bien de la civilisation : un millier de milouins hivernent chaque année, sur les pièces d'eau des parcs de Londres.

LE MORILLON.
On l'appelle aussi « pilet huppé ». Sa tête, noire, s'orne, en effet, d'une huppe (chez le mâle). Ventre blanc. Comme le milouin, est surtout un canard des lacs et grands plans d'eau douce. Rare en eau salée. Des sujets nichent en France (Dombes, Sologne), le reste de la nidification s'effectuant surtout en Scandinavie et Europe de l'Est. Comme le milouin, et pour des causes semblables, il est en expansion.

LES MACREUSES

A l'inverse des deux précédentes espèces, il s'agit de canards vivant surtout en mer (chez nous : Manche et partie de l'Atlantique). Nichent surtout en Europe du Nord. On distingue la macreuse noire et la macreuse brune. Celle-ci, de plus forte taille, atteint 55 cm de la pointe du bec à la queue (10 cm de plus que la noire, le milouin et le morillon). Elle présente un miroir blanc ; son bec est différent (v. planche couleur).

Les macreuses noires sont ces oiseaux sombres qu'on voit parfois, posés en longues files ininterrompues, sur la mer, non loin des côtes. Elles sont, hélas, parmi les premières victimes des marées noires.

LA NETTE ROUSSE

Taille d'un colvert. Mâle : bec et tête rouge ; femelle : bec noir, tête en partie blanche. Chez nous, se rencontre surtout en Camargue, le long de la Méditerranée ouest (souvent en zone saumâtre) et en Dombes. Niche en partie là, un peu en Hollande, davantage en Russie du sud, les oiseaux de cette dernière zone émigrant l'hiver vers l'Inde.

AUTRES CANARDS PLONGEURS

Quatre autres espèces de canards plongeurs sont classées gibiers. Leurs principales caractéristiques sont résumées dans le tableau ci-dessous. Nous avons distingué deux groupes : les canards qu'on rencontre surtout sur les plans d'eau douce ou saumâtre (souvent les estuaires) et ceux qui, chez nous, sont surtout marins. Les quatre espèces nichent en Europe du Nord (voire aux abords de l'Arctique) et, sauf exception, ne fréquentent notre pays qu'en hivernage.

	NOMS	SIGNES CARACTÉRISTIQUES
Canards surtout d'eau douce	Milouinan	Un peu plus gros que le milouin. Mâle : ventre blanc, dos gris moucheté ; tête verte. Femelle : brune avec auréole blanche autour du bec. Surtout eaux littorales.
	Garrot à œil d'or	Taille d'un milouin. Iris de l'œil jaune doré. Grosse tête : verte, avec une tache blanche chez le mâle ; marron chez la femelle. Vol produisant un bruit mélodieux.
Canards surtout marins	Eider à duvet	Taille de la macreuse brune. Tête triangulaire : le bord supérieur du bec dans le prolongement du front. Mâle : dos blanc, ventre noir. Très rare au sud de la Bretagne. Le mot « édredon » (on utilisait son duvet) vient de son nom.
	Harelde de Miquelon	Un peu plus gros que le milouin. Mâle : longue queue effilée ; couleur blanche dominante. Ne descend pas au sud de l'estuaire de la Seine. Le meilleur plongeur : jusqu'à 50 mètres de profondeur.

GIBIER D'EAU

foulque, poule d'eau et apparentés

foulques (bec blanc)

Les textes sur la chasse classent comme « gibiers » trois espèces de rallidés : la foulque macroule, la poule d'eau, le râle d'eau.
Il s'agit d'oiseaux d'étangs et de rivières vivant tant sur l'eau que dans la végétation environnante (roseaux), se nourrissant de petites proies (insectes, têtards, etc.) et de végétaux (graines, jeunes pousses, ...).
Ils ont en commun : des pattes aux immenses doigts à demi palmés ou festonnés, qui facilitent leur nage ou leur marche sur des fonds meubles ; des ailes courtes et arrondies. Ils répugnent à s'envoler et ne sont d'ailleurs capables que d'un vol bas, lent, et court qui en fait de piètres oiseaux de chasse. En vol, leurs pattes pendent sous eux.
La foulque, ou judelle, que, dans le Midi, on appelle aussi, à tort, « macreuse » (il ne faut pas la confondre avec ce canard plongeur des rivages atlantiques, voir chapitre précédent) est noire, avec le dessus du bec blanc. Vit en bandes nombreuses sur certains étangs. Plonge. Des sujets sédentaires chez nous. D'autres ne font qu'y hiverner, nichant en Europe du Nord.

La poule d'eau, plus petite que la foulque, au bec rouge, est commune dans toute la France. Elle plonge également.

Le râle d'eau, plus petit encore (environ 30 centimètres de la pointe du bec à l'extrémité de la queue), au corps plus élancé, au bec plus long, ne s'aperçoit guère qu'en période de gel, près des eaux libres. Le reste du temps, très furtif, il est difficile à approcher.

A gauche, le râle d'eau (classé « gibier ») ; à droite, le râle des genêts, protégé (voir le chapitre « Que peut-on chasser ? »). Les deux espèces n'ont pas le même habitat : le râle d'eau est un oiseau des marais, présent chez nous toute l'année ; le râle des genêts est un oiseau des prairies humides, présent en France seulement d'avril à octobre. Autres différences : long bec rouge et plumage à dominante gris chez le râle d'eau ; court bec jaune et couleur rousse dominante chez le râle des genêts.

GIBIER D'EAU

les bécassines
et apparentés

bécassine des marais

Bécassines, vanneau huppé, huîtrier pie, barges, courlis, pluviers, chevaliers, bécasseau maubèche, ne vivent pas sur l'eau, à l'inverse de la quasi-totalité des espèces que nous avons étudiées dans les pages précédentes. Ce sont des oiseaux des bords de l'eau : marécages, vasières, rivages de la mer ou des plans d'eau douce. Les ornithologues les classent dans les limicoles. Ce mot vient de « limon ». En général, ces oiseaux trouvent leur nourriture (vers, coquillages, larves et autres invertébrés, etc.) dans le limon, la vase. Ils ont un bec pointu, souvent long, qui leur permet d'atteindre leur nourriture, de grandes pattes aux longs doigts leur permettant de se mouvoir, sans s'enfoncer, sur les sols les plus mous.
A l'égard de la chasse, les oiseaux les plus intéressants de ce groupe sont les bécassines.

LES BÉCASSINES

Il en existe trois espèces : la bécassine des marais, la bécassine sourde, la bécassine double.

La bécassine des marais atteint une trentaine de centimètres de la pointe du bec à l'extrémité de la queue. Elle a un très long bec (7 à 8 centimètres) avec lequel elle « aspire » ses proies dans la vase. Elle niche surtout en Europe septentrionale et de l'Est mais aussi dans la moitié nord de notre pays. Hiverne chez nous et plus au sud, jusqu'en Afrique.

La bécassine sourde (ainsi appelée parce qu'elle se laisse souvent approcher de très près avant de s'envoler) est un tiers plus petite que la précédente et a le bec moitié plus court. Niche en Sibérie et au nord de la Scandinavie. Commence à arriver chez nous après la mi-juillet (« passage de la Madeleine »), le premier gros passage (« de la Vierge ») se situant vers le 15 août. Certains sujets hivernent sous nos latitudes. D'autres continuent leur voyage vers l'Espagne ou l'Italie et l'Afrique.

Quelques mots de la bécassine double (en fait, pas plus grosse que la bécassine des marais ; bec plus court qu'elle ; dessous plus gris) classée « non chassable » depuis 1987. C'est essentiellement un oiseau du bassin Pacifique, dont la présence est exceptionnelle en Europe de l'Ouest.

Les bécassines, par leurs crochets déconcertants, constituent des gibiers difficiles à atteindre et, par conséquent, passionnants.

LE VANNEAU HUPPÉ

Le vanneau huppé, aux couleurs noir-vert et blanc, à la huppe caractéristique, est très commun dans les deux tiers nord de la France, où il vit souvent en grandes bandes. Niche à proximité des marais, passe la plus grande partie de l'année dans les champs et les prés humides, se rapproche, l'hiver, de la zone maritime. Les bandes de vanneaux sont très difficiles à approcher. Les effectifs de l'espèce semblent en augmentation.

LES AUTRES ESPÈCES

L'HUÎTRIER PIE, comme le suggère son nom, se nourrit surtout de coquillages et est blanc et noir, comme la pie. Il est un peu plus gros que celle-ci, avec un long bec rouge. Des effectifs nichent et vivent toute l'année sur nos côtes.

LES BARGES (environ 40 centimètres de la pointe du long bec, légèrement incurvé vers le haut, à la queue ; longues pattes pendantes en vol) vivent – certaines toute l'année – au bord des marais de la côte atlantique et de l'Est de la France.

LES COURLIS (de 40 à 60 centimètres du bec à la queue, selon les sous-espèces) se caractérisent par un long bec pointu incurvé vers le bas (voir dessin dans le chapitre « Que peut-on chasser ? »). A la belle saison, ils fréquentent les tourbières, les prairies humides. L'hiver, ils se rapprochent des côtes atlantiques ou méditerranéennes.

LES PLUVIERS sont des oiseaux à peu près de la taille des merles, mais au corps plus trapu, sur de grandes pattes. Ils nichent, en général, dans la toundra de l'Europe arctique et hivernent jusqu'en Afrique. Sont chez nous surtout l'été :

le pluvier argenté, sur le littoral ; le pluvier doré à l'intérieur des terres où il peut se joindre au vanneau huppé.

LES CHEVALIERS sont à peu près de la même taille mais avec un corps plus élancé, des pattes encore plus longues et un long bec (sauf le chevalier guignette, voir chapitre «Que peut-on chasser?»). Ce sont des oiseaux des rivages d'eau douce.

LE BÉCASSEAU MAUBÈCHE, de la taille d'un merle, est un oiseau des rivages marins. Il niche en Europe du Nord et dans l'Arctique, arrive chez nous à la fin de l'été, poursuit, le plus souvent, son voyage vers l'Afrique, parfois jusque vers l'Afrique australe (c'est un des plus grands voyageurs de la faune). Se déplace, le plus souvent, en grandes bandes compactes effectuant, à l'envol, des évolutions d'ensemble étonnantes, de coordination. Couleur dominante : rousse, l'été ; grise, l'hiver. Il existe d'autres bécasseaux, tous plus petits. Ils figurent dans la liste des espèces protégées.

NOTE. – La plupart des espèces que nous venons d'énumérer cohabitent avec d'autres, totalement protégées, surtout les espèces des littoraux marins. Les chasseurs pratiquant sur les territoires où ils peuvent les rencontrer doivent se familiariser avec leur aspect avant de les tirer.

A droite, bécasseau maubèche, le plus gros de cette famille d'oiseaux : 25 cm de la pointe du bec à la queue. A gauche, le bécasseau variable : 17 cm environ ; ventre noir l'été (dessin) ; blanc l'hiver.

questionnaire

Q. – Citer au moins deux caractéristiques des canards plongeurs.

R. – Ils ont, sauf le milouin, une nourriture surtout animale (larves, mollusques, insectes d'eau, petits crustacés). Ils s'envolent en courant sur l'eau. On peut citer également : ils ont des pattes très en arrière du corps, ce qui accroît leurs performances de plongée.

Q. – Citer au moins deux espèces de canards plongeurs, parmi les plus communes.

R. – Le milouin, le morillon.

Q. – Qu'appelle-t-on les limicoles ?

R. – Ce sont des oiseaux qui trouvent leur nourriture dans les vasières et les terrains meubles et humides.

Q. – Sachant que les limicoles se nourrissent dans la vase, quelle est, à votre avis, leur caractéristique essentielle :
a) un bec pointu, souvent long,
b) des pattes très en avant du corps,
c) un plumage très épais.

R. – La bonne réponse est a. C'est parce qu'ils ont un bec pointu, souvent long, pouvant s'enfoncer dans le sol, que les limicoles parviennent à y trouver leur nourriture.

Q. – Qu'est la bécassine sourde et pourquoi l'appelle-t-on ainsi ?

R. – C'est un oiseau de marais qui niche en Europe septentrionale et commence à arriver en France en juillet. On l'appelle « sourde » parce qu'elle se laisse approcher de très près. En particulier, elle tient bien l'arrêt des chiens.

Q. – Le bécasseau maubèche est :
a) un canard plongeur,
b) un rallidé qu'on trouve surtout dans les roseaux,
c) un oiseau, de la taille d'un merle, vivant en bandes, très grand voyageur, qu'on rencontre sur nos côtes à la belle saison.

R. – La bonne réponse est c.

Q. – L'eider à duvet, dont le duvet servait à faire les édredons, est :
a) un petit oiseau migrateur des bords des lacs et étangs,
b) un canard plongeur marin qui peut hiverner sur nos côtes.

R. – La bonne réponse est b.

Q. – Une colonie de canards s'est installée sur la retenue d'eau d'un barrage. Y a-t-il de plus fortes chances qu'il s'agisse de colverts ou qu'il s'agisse de milouins ? Pourquoi ?

R. – Il y a de plus fortes chances qu'il s'agisse de milouins. Ceux-ci sont des canards plongeurs et adoptent donc, à l'inverse des colverts, les plans d'eau profonds, ce qu'offrent les barrages.

les dégâts de gibier

Bien que le gibier, jusqu'à sa capture n'appartienne à personne (voir chapitre « Où peut-on chasser ? ») et que, par conséquent, les chasseurs ne soient pas responsables de sa présence, la loi a prévu à leur charge, dans certains cas, une indemnisation des dégâts qu'il peut causer aux cultures.
On distingue deux cas :

1. DÉGÂTS DE SANGLIERS ET GRANDS GIBIERS
La loi a organisé une indemnisation collective pour les éventuels dégâts commis aux cultures par :
– les sangliers,
– les grands gibiers.

> Mouflons, chamois et isards vivant dans des zones où des dégâts ne sont pas à craindre, il s'agit, en l'occurrence, des cerfs, daims et chevreuils.

L'indemnisation est alors assurée sur un fonds commun, alimenté par une part du prix de validation des permis et par diverses cotisations ou taxes (notamment sur les bracelets de plan de chasse).

> Dans le Bas-Rhin, Haut-Rhin et Moselle, est en vigueur, pour les dégâts de sangliers, une cotisation des détenteurs de droits de chasse.

L'agriculteur victime de dégâts de sangliers, ou de cerfs, chevreuils, daims, saisit le secrétariat d'une Commission départementale. Après constatations, et éventuellement expertise, il est indemnisé à 95 % de ces dégâts.

> La prospérité des espèces de grand gibier et du sanglier a considérablement alourdi la note des indemnisations. Elle s'est élevée à 85 471 000 F – 8 milliards et demi de centimes – (avant frais d'expertise) en 1990.
> Les paiements sont administrés par l'Office national de la Chasse qui, à travers la part de la validation nationale des permis affectée à cette charge, perçoit un fort pourcentage des recettes. Pourtant, il a fallu abonder celles-ci. Plusieurs formules ont été successivement mises en œuvre, au début des années 1990 : surcotisation, payable à leur fédération par tous les chasseurs des départements à forts dégâts ; timbres d'accueil, pour les chasseurs venant d'autres départements ; bracelets sangliers payants à fixer à la patte des animaux tués ; en dernier lieu, timbres grand gibier (national et départemental) ;... Aucune de ces formules n'a vraiment donné satisfaction. D'autres sont à l'étude en partant du modèle alsacien (taxe sur les territoires forestiers et non plus sur les chasseurs). La solution n'est pas aisée. Il s'agit : d'assurer suffisamment de recettes ; de faire payer plus ceux qui profitent davantage de la présence en plus grand nombre d'animaux à dégâts ; d'assurer, cependant, une certaine solidarité entre tous les chasseurs.

> La loi précise que :
> – ce qui est indemnisé, ce sont les dégâts aux cultures. Les éventuels dégâts en forêt ne sont pas concernés. Cependant, beaucoup de tribunaux assimilent à des « cultures » les plantations de jeunes arbres ;
> – nul ne peut prétendre à indemnisation pour des dégâts commis par du gibier vivant sur son fonds. Par exemple, le propriétaire d'une forêt où vivent des sangliers ne pourrait demander réparation au titre de dommages à un champ de culture dont il serait propriétaire, en lisière de sa forêt.

2. CAS DES AUTRES GIBIERS

L'indemnisation est alors individuelle. C'est le détenteur du droit de chasse sur le territoire où vit le gibier auteur des dégâts, qui doit payer ceux-ci, si sa responsabilité est retenue. Exemple : dégâts de lapins. L'agriculteur, victime des dégâts, en demande le prix au détenteur de droit de chasse qu'il estime responsable. S'il n'y a pas accord amiable, le litige est soumis à un tribunal. En simplifiant, on peut dire que celui-ci oblige le chasseur à payer des dégâts lorsque, après expertise, il est établi :
– que les animaux responsables des dégâts vivent habituellement sur le fonds du chasseur incriminé ;
– que celui-ci a commis une faute, une négligence ou une imprudence. Tel est le cas s'il a laissé proliférer les animaux, si, par exemple, il n'a pas effectué un nombre de battues correspondant aux habitudes de la région.

Attention : le fait de lâcher des lapins dans un département où l'espèce est classée « nuisible », en dehors des rares « autorisations individuelles » pouvant être délivrées dans ce but par le préfet (voir chapitre "Le Lapin de garenne"), constituerait une faute grave à l'égard de tous les voisins. Elle exposerait au paiement de dégâts constatés sans que les demandeurs aient à prouver une autre faute.

livre 4

questions diverses

La pratique du piégeage est rigoureusement réglementée. L'emploi de certains pièges dits « durs », notamment des pièges à mâchoires, est réservé à des piégeurs ayant obtenu un agrément préfectoral. Pour préparer à cet agrément, beaucoup de Fédérations départementales de chasseurs organisent des « sessions de formation ». Ici, précisément, un cours. Un jeune candidat à l'agrément manipule une chattière, engin qui, lui, fait partie des pièges dits « doux », ne blessant pas. On peut être piégeur agréé sans être titulaire du permis, donc sans avoir encore atteint l'âge minimum d'obtention de celui-ci.

les animaux classés « nuisibles »

Depuis un décret du 30 septembre 1988, les principes de la réglementation concernant les animaux nuisibles et leur destruction sont les suivants :
● Il existe une liste nationale maximum des espèces pouvant être classées « nuisibles ». Elle est la suivante (1) :
Mammifères : belette, fouine, martre, putois, vison d'Amérique, lapin de garenne, rat musqué, ragondin, raton laveur, renard, chien viverrin, sanglier.
Oiseaux : corbeau freux, corneille noire, étourneau sansonnet, geai, pie bavarde, pigeon ramier.
● Dans chaque département, le préfet détermine, avant le 1er décembre, au sein de la liste nationale ci-dessus, les espèces qui seront classées « nuisibles », dans son département, au cours de l'année civile commençant le 1er janvier suivant.
Il promulgue donc une sorte d'arrêté annuel de destruction des « nuisibles ».
Il le fait après avoir pris l'avis du Conseil départemental de la chasse et de la faune sauvage, et de la Fédération des chasseurs, comme pour les arrêtés d'ouverture et de clôture de la chasse (voir chapitre « L'Organisation de la chasse »). Il ne peut pas désigner une espèce autre que celles composant la liste nationale maximum.
Dans un cadre également établi à l'échelon national, il dispose d'une certaine latitude pour définir les modalités de destruction qui s'appliqueront au département (exemple : autorisations individuelles ou simples déclarations à partir de certaines dates ; tir du pigeon ramier étendu jusqu'en juin pour la protection de certaines cultures ; postes fixes ou non pour la destruction de l'étourneau sansonnet, etc.).

> *Il est logique et souhaitable que chaque département ait une liberté de manœuvre vis-à-vis des « nuisibles » car c'est en fonction de densités et de circonstances locales, non en elles-mêmes, que des espèces sont « nuisibles ». Exemple : le renard, dangereux en grande densité (il propage alors la rage), est utile lorsqu'il est peu nombreux. Il détruit les campagnols et les rongeurs des champs, nuisibles aux cultures. Il élimine les animaux gibier malades ou mal venus. Il joue, ainsi, un rôle de « police sanitaire » et favorise la sélection naturelle.*

(1) A noter dans cette liste deux espèces rarissimes chez nous, et qui par conséquent n'y commettent pas de dégâts : le chien viverrin et le raton laveur. La tendance est de détruire les espèces exotiques dont la présence en France a un caractère artificiel. C'est le cas de ces espèces

QUI PEUT DÉTRUIRE LES « NUISIBLES »?

Certaines personnes croient que, puisqu'il s'agit de « nuisibles », chacun a le droit de les détruire. Faux. Le droit de détruire les « nuisibles » appartient seulement : au propriétaire ; au locataire de chasse, par délégation, même tacite, du propriétaire ; au fermier ; à leurs préposés, notamment au garde-chasse.

Lorsque les dégâts sont importants, ou lorsque les ayants droit négligent de procéder aux destructions, des « battues de destruction » peuvent être ordonnées par le préfet ou, dans certains secteurs, par le maire. Ce sont les battues administratives ou municipales. Leur direction est confiée au lieutenant de Louveterie du secteur.

QUAND ET COMMENT PEUT-ON DÉTRUIRE LES « NUISIBLES »?

D'abord, on détruit les « nuisibles » à la chasse et pendant la période de chasse. En outre, on peut, en général, tirer certains d'entre eux jusque fin février, ou fin mars, voire plus tard (pigeons, corbeaux), dans des conditions variant selon les départements.

Les gardes assermentés peuvent détruire les « nuisibles » au fusil, sans restriction, à toute époque de l'année (sauf sangliers, lapins de garenne, pigeons ramiers), sur les territoires confiés à leur surveillance. C'est pourquoi ils peuvent être armés d'un fusil en toute saison.

A noter que la destruction des « nuisibles » au fusil : nécessite qu'on soit titulaire d'un permis de chasser visé et validé ; peut souvent, à l'inverse de la chasse, être effectuée même par temps de neige.

Outre le fusil, les « nuisibles » peuvent être détruits par certains moyens et dans certaines conditions fixés par les arrêtés départementaux (1). Par exemple : pièges ; bourses et furets (lapins) ; déterrage, enfumage (renards)...

LA RÉGLEMENTATION DU PIÉGEAGE

Un arrêté ministériel paru au « J.O. » du 5 juin 1984 a modifié la réglementation du piégeage. Ce texte distingue des pièges « doux », qui capturent sans blesser (boîtes à fauves, belettières, cages-pièges,...) et des pièges « durs », qui blessent (pièges à mâchoires notamment).

Principales dispositions applicables aux pièges « durs » : depuis juin 1987, ils ne peuvent être utilisés (sauf à l'intérieur des bâtiments, cours, jardins et enclos) que par des piégeurs agréés par les Préfets, et relever de nouveaux modèles homologués.

L'agrément préfectoral est accordé sur justification d'une « expérience » ancienne, ou après que le candidat ait satisfait à une « session de formation » d'au moins 16 heures (de telles « sessions » sont organisées par beaucoup de Fédérations départementales de chasseurs).

Les anciens pièges à mâchoires en usage avant 1984 peuvent, dans certaines conditions, être homologués après mise en conformité. Première condition : ils ne doivent pas avoir une ouverture supérieure à 22 centimètres. Autres conditions : leurs dents doivent être arasées : les bords des mâchoires doivent être garnis de plastique ou de caoutchouc.

(1) Dans le Bas-Rhin, Haut-Rhin, Moselle, les moyens de destruction sont fixés par des ordonnances de 1890 et 1912.

> *Les pièges à mâchoires ne peuvent être tendus à moins de 200 mètres des habitations des tiers et à moins de 50 mètres des chemins cadastrés.*
>
> *Que soient utilisés des pièges « doux » ou « durs », les détenteurs de territoires faisant procéder à des opérations de piégeage, ou les piégeurs eux-mêmes, doivent : faire (une fois pour toutes) une déclaration en mairie ; adresser annuellement au préfet un relevé des prises. Les pièges, quel que soit leur type, doivent être visités chaque jour « dans l'heure qui suit le lever du soleil ».*

Ci-dessous et pages suivantes, nous passons en revue quelques-unes des espèces classées généralement « nuisibles ».

Le rôle du chasseur étant, le plus souvent, de procéder à leur destruction, nous indiquerons brièvement comment celle-ci peut être effectuée. <u>Mais la destruction ne doit pas être aveugle. Le chasseur doit se souvenir que le caractère nuisible d'une espèce est fonction d'une densité et de circonstances locales.</u>

> *Même utilisés avec les restrictions mentionnées, les pièges à mâchoires ne sont qu'en sursis. Une décision européenne vise à leur interdiction.*

LE SANGLIER, LE LAPIN, LE RENARD

Voir Livre III. Nous avons étudié ces espèces à propos des « gibiers ».

LA BELETTE

C'est ce petit animal jaune roux, au corps très allongé, très vif sur de toutes petites pattes, qu'on voit parfois traverser une route à toute allure. Taille : une vingtaine de centimètres, plus 5 à 8 cm de queue, de la couleur du corps. Elle vit sous des pierres, dans des trous, etc., et saigne ses proies au cou.

> *Son nom vient de « bel ». Les Anciens, en effet, admiraient ce joli petit animal qui, dans l'Antiquité, avant la domestication du chat, vivait près de l'homme, chassant rats et souris.*
>
> *Le classement de la belette en « nuisible » donne souvent lieu, au niveau départemental, à des polémiques. Les écologistes arguent qu'elle se nourrit surtout de campagnols et souris. Les chasseurs rétorquent qu'avec le retournement des prairies et les façons agricoles modernes, ces proies ne sont plus assez nombreuses pour constituer son ordinaire (qui nécessiterait la présence d'au moins 10 campagnols à l'hectare) et que, par conséquent, elle se tourne, surtout au printemps, période de sa reproduction, vers les nids de perdrix et autres proies gibiers.*
>
> *POUR LA DÉTRUIRE : la belette s'attrape assez facilement dans des « belettières », petites cages comportant un plancher basculant.*
>
> *NOTE. — Proche de la belette mais un peu plus grande, <u>l'hermine</u>, de couleur beige l'été et blanche l'hiver, avec l'extrémité de la queue noire, ne figure plus, depuis 1987, sur la liste maximum nationale des « nuisibles » et ne peut donc plus être classée comme telle ; mais elle reste juridiquement « gibier ». Mœurs et biologie très proches de celles de la belette. Peut-être plus discrète encore que celle-ci. A la fourrure de l'hermine s'attachait, naguère, une image de noblesse (robes de magistrats, armoiries des ducs de Bretagne, etc.). Modes de capture : comme la belette.*

LA FOUINE, LA MARTRE, LE PUTOIS, LES VISONS

Il s'agit d'espèces voisines. La martre vit en forêt ; la fouine et le putois en lisière de forêt ou dans des ruines, voire dans des greniers (surtout la fouine).

Le putois a un pelage foncé avec des <u>taches blanches au-dessus des yeux et au museau</u>. Taille : environ <u>45 cm de long</u>, plus la queue (une vingtaine de centimètres). Chasse la nuit. Bon nageur, modeste grimpeur.

De la famille des putois, quoique plus petits, les visons. Le vison d'Amérique, qui essaime très vite, en Bretagne, à partir d'élevages abandonnés, y est classé « nuisible ». C'est un redoutable prédateur. Le vison sauvage d'Europe, rare, est protégé partout. Signes distinctifs : le vison d'Amérique est plus gros et ne présente qu'une petite tache blanche sous la lèvre, au lieu d'une frange irrégulière tout autour de la bouche chez le vison d'Europe.

La fouine est brun-gris, avec une tache blanche à la gorge se prolongeant vers les pattes. Taille : environ 50 cm de long, plus la queue. Chasse la nuit, en « fouinant » de gauche et de droite. Nage et grimpe bien.

La martre est brun-marron, avec une tache orange à blanchâtre à la gorge ne bifurquant pas vers les pattes. Elle est nettement plus rare que les précédentes espèces, surtout que la fouine. Taille : 60 cm de long, plus la queue. C'est une exceptionnelle grimpeuse, presque aussi à l'aise dans les arbres que les écureuils.

Les trois espèces se nourrissent d'œufs, de rongeurs, d'oiseaux, voire de volailles ; en outre, s'agissant du putois : de poissons et batraciens.

POUR LES DÉTRUIRE : pièges à mâchoires et « chattières » (sortes de cages dont l'entrée se referme lorsqu'un animal est entré).

LES RATS

Le rat commun est un terrible destructeur d'œufs, voire de jeunes oiseaux. Il est d'autant plus dangereux qu'il pullule rapidement.

Le rat musqué (ou ondatra, ou rat d'Amérique), végétarien, est surtout « nuisible » par les dommages qu'il cause, avec ses galeries, dans les digues d'étangs et rives de cours d'eau, où il vit.

Le ragondin, plus gros que le rat musqué et plus rare, lui ressemble beaucoup. Il vit, comme lui, en milieu aquifère.

Le raton laveur, commun en Amérique, ressemble au chien viverrin. Il trempe ses proies (souris, batraciens, ...), mais il consomme aussi des végétaux) dans l'eau avant de les ingérer. D'où son nom.

Rat musqué et ragondin se sont implantés à partir de sujets évadés d'élevages (pour la fourrure). Les premiers ratons laveurs venaient, semble-t-il, après la guerre, de camps américains dont ils étaient les mascottes.

POUR DÉTRUIRE LES RATS : le procédé le plus efficace à l'égard du rat commun, est le poison. On place du grain empoisonné dans des endroits où seuls les rats peuvent s'introduire, par exemple dans des tuyaux ou sous des tuiles en V, placées à même le sol (voir chapitre « Perdrix grise »).
Le rat musqué s'attrape au piège, dans l'eau. On utilise aussi le poison contre lui mais, le plus souvent, dans des opérations de destruction menées sur une vaste échelle, sous le contrôle des Pouvoirs publics.

CAS DU CHAT HARET. – On appelle chat haret un chat domestique, ou de souche domestique, passé à l'état sauvage. On considère que c'est le cas d'un chat rencontré à plus de 200 mètres des habitations. Un tel animal est un redoutable ennemi du petit gibier, notamment des nichées. Jusqu'en 1988, le chat haret était classé « nuisible » dans la quasi-totalité des départements. Tel n'est plus le cas. Il ne figure plus sur la « liste maximum nationale ». Il n'a plus de statut vis-à-vis de la réglementation de la chasse. Son tir alors qu'il serait en train de commettre des rapines serait-il sanctionné par les tribunaux ? Il n'existe encore aucune jurisprudence en la matière.

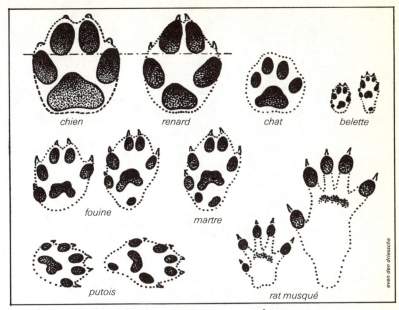

QUELQUES EMPREINTES DE PRÉDATEURS

Quelques empreintes de prédateurs, auxquelles nous avons ajouté celle du chien pour la distinguer de celle du renard (chez celui-ci, le pied est plus allongé et les coussinets antérieurs sont nettement détachés des latéraux, alors que tel n'est pas le cas chez le chien dont le pied a une forme générale plus ronde). Les empreintes sont environ à la moitié de leurs dimensions réelles (excepté celle du chien, chez lequel les dimensions varient considérablement avec les races). Pour mieux fixer les idées, nous avons, à propos de plusieurs espèces, fait figurer un antérieur droit et un postérieur droit. Précisons que, dans la réalité, antérieur et postérieur ne se retrouvent pas, comme ici, côte à côte mais souvent le postérieur en partie dessus l'antérieur ou détaché de celui-ci.

LE PIGEON RAMIER

Voir Livre III. Car ce « nuisible » est, d'abord, un gibier.

LA PIE, LE GEAI, LE CORBEAU FREUX, LA CORNEILLE, L'ÉTOURNEAU SANSONNET

La pie, le geai, la corneille noire, tous très communs, sont un danger pour les nids des oiseaux gibier, notamment les nids de perdrix. A l'occasion, les corneilles, en bande, n'hésitent pas à s'attaquer à un jeune lièvre. Le corbeau freux est essentiellement granivore.

> NOTE. – Peu de personnes font une différence entre corbeau freux et corneille noire, qui ont la même taille, le même aspect, fréquentent les mêmes territoires, et sont, le plus souvent, désignés sous l'appellation globale de « corbeaux ». Le corbeau freux a le tour du bec gris clair, un plumage à reflets violets et les plumes des jambes ébouriffées. Il marche avec une sorte de solennité. La corneille

noire, beaucoup plus dangereuse pour le gibier, a le tour du bec noir, un plumage à reflets verts, les plumes des jambes lisses. A terre, elle marche gauchement.

L'étourneau sansonnet, qui vit le plus souvent en grandes bandes, n'est pas, directement, un ennemi du gibier. Mais ses bandes peuvent être dévastatrices dans les vergers et certaines cultures. Les oiseaux se regroupent parfois, pour la nuit, à plusieurs centaines de milliers de sujets. On appelle « dortoirs » ces bandes immenses et les lieux qu'elles ont choisis.

POUR DÉTRUIRE CES ESPÈCES : tir des jeunes au nid et des parents autour du nid (corbeau freux, corneille...); tir à l'affût (étourneau); cages-pièges.

On parvient à éloigner les « dortoirs » d'étourneaux par la technique des cris d'effarouchement, utilisée notamment pour écarter les concentrations d'oiseaux *de certains aéroports : une bande magnétique diffuse les cris d'effroi de geais, la plupart des oiseaux fuient; en effet, l'inquiétude du geai – qu'on dit être « la sentinelle de la forêt » (ses cris y signalent les allées et venues inhabituelles) – se communique à presque toutes les pespèces.*

questionnaire

Q. – Les « nuisibles » peuvent être détruits :
 a) par tous les moyens, toute l'année ;
 b) par tous les moyens, à certaines époques de l'année ;
 c) par les moyens et aux époques définis par des arrêtés départementaux.

R. – La bonne réponse est c.

Q. – Une nouvelle réglementation du piégeage, prise en 1984 :
 a) interdit les pièges à mâchoires ;
 b) impose une modification des pièges à mâchoires et réserve leur utilisation à des piégeurs agréés ;
 c) réserve l'exercice du piégeage aux seuls gardes-chasse professionnels.

R. – La bonne réponse est b.

Q. – Avant de piéger, même avec un piège dit « doux » (qui ne blesse pas), je dois :
 a) obtenir une autorisation préfectorale ;
 b) obtenir une autorisation du maire ;
 c) faire une déclaration en mairie.

R. – La bonne réponse est c. La déclaration est à faire en 4 exemplaires.

Q. – Pour utiliser un piège à mâchoires, même d'un modèle homologué, je dois :
 a) être agréé par le Préfet ;
 b) obtenir une autorisation de la Fédération départementale des chasseurs.

R. – La bonne réponse est a. L'agrément n'est pas nécessaire pour le piégeage dans les bâtiments et enclos.

les A.C.C.A. et autres associations

Sauf dans quelques régions de grande agriculture (Beauce, Ile-de-France, Picardie, Champagne...) où les droits de chasse sont souvent détenus par des personnes physiques, la chasse se pratique surtout au sein d'associations.
On peut distinguer : les associations loi de 1901, les A.C.C.A., les G.I.C.

LES ASSOCIATIONS LOI DE 1901

Elles sont régies, comme la plupart des associations à but non lucratif (clubs sportifs, associations confessionnelles, etc.) par une loi du début du siècle.

Les formes de constitution sont simples : pour l'essentiel, déclaration et dépôt des statuts à la préfecture ; publication au "Journal Officiel" ; élection d'un "Bureau" (président, trésorier, secrétaire...) ; tenue régulière d'une assemblée générale, qui vote le règlement intérieur.

Le principal intérêt de constituer une association légale est que celle-ci a une personnalité juridique. Elle peut conclure des baux, engager un garde, recevoir des subventions ou dons, être candidate lors des adjudications domaniales, souscrire des assurances (couvrant par exemple la responsabilité de dégâts de lapins), etc.
Dans beaucoup de communes fonctionne une association de chasse loi de 1901 qui regroupe (souvent par apports plutôt que par locations) beaucoup des droits de chasse de la commune.

ASSOCIATIONS DE FAIT

Pourtant, dans certaines petites communes, ce regroupement s'effectue sans cadre juridique. Tacitement, les propriétaires abandonnent leurs droits de chasse aux chasseurs du village qui, entre eux, n'appliquent qu'une sorte de règlement oral. L'association de fait n'a pas de personnalité juridique, ne peut conclure des baux, recevoir des subventions, notamment fédérales.
A la première difficulté (querelle de clocher, dégâts de lapin, chasseur indiscipliné), elle risque d'éclater.

LES A.C.C.A.

Jusque dans les années soixante, les simples associations de fait étaient la règle dans beaucoup de régions de la moitié sud de la France. Souvent, il n'en existait même pas. On était dans le régime de la chasse banale : en période d'ouverture, chacun allait chasser ce qu'il voulait, quand il voulait, où il voulait.
Pour remédier à cette situation, catastrophique pour le gibier, le Parlement définit, en 1964, à l'initiative du sénateur Verdeille (d'Albi), un

nouveau type d'associations de chasse (1): les A.C.C.A. (associations communales de chasse agréés).
Nous avons déjà signalé (voir chapitre "Où peut-on chasser ?") la caractéristique essentielle des A.C.C.A. Elles englobent les droits de chasse sur les territoires non clos (au sens du chapitre "Quand peut-on chasser ?") situés à plus de 150 mètres des maisons, inférieurs à certaines superficies : 20 hectares au minimum pour la plaine et le bois ; 100 hectares pour les territoires de montagne ; 3 hectares pour les marais non asséchés ; un hectare pour les étangs isolés ; ...(2). Ces droits de chasse leurs sont dévolus, même contre le gré des propriétaires.
Les autres caractéristiques principales des A.C.C.A. sont les suivantes :
– il ne peut y avoir qu'une A.C.C.A. par commune,
– elle est, comme son nom l'indique, agréée par le préfet, à qui, notamment, sont soumis les statuts et le règlement intérieur,
– 1/10e de son territoire, au moins, doit être érigé en réserve approuvée (par le préfet, voir sous-chapitre "Les Réserves")
Sont membres de droit de l'A.C.C.A., à leur demande, lorsqu'ils sont titulaires d'un permis de chasser validé :
– tous les apporteurs de droits de chasse, qu'ils aient fait leur apport volontairement ou non.
– le conjoint, les ascendants et descendants directs, quel que soit leur nombre, des apporteurs, même de parcelles de très petite superficie ;
– les fermiers ou métayers cultivant une parcelle donnant lieu à apport à l'A.C.C.A. ;
– les personnes domiciliées dans la commune ou y ayant une résidence pour laquelle elles sont inscrites depuis au moins quatre ans au rôle des Contributions directes.

L'A.C.C.A. doit, en outre, dit la loi, accueillir des chasseurs étrangers à la commune dans la proportion de 10 %. Ces « étrangers » paient une cotisation plus élevée que les membres de droit.
Les A.C.C.A. peuvent être créées selon deux procédures :
1. Dans chaque département, le Conseil général, la Fédération départementale des chasseurs et la Chambre d'Agriculture sont consultés au sujet de leur création. L'avis du Conseil général prévaut sur celui des deux autres organismes. Lorsque cet avis est positif, le ministre peut, à la demande du préfet, prendre un arrêté décidant qu'une A.C.C.A. sera créée dans chaque commune du département, sauf les villes. Cette situation s'est peu à peu étendue à une trentaine de départements, surtout du tiers sud de la France.
2. Dans les départements où il n'y a pas création systématique d'A.C.C.A., une telle association peut, cependant, se constituer à titre isolé dans une commune, sur demande écrite de 60 % des propriétaires représentant 60 % des territoires susceptibles d'être dévolus à l'A.C.C.A.
Plusieurs A.C.C.A. voisines peuvent se grouper en une Association Intercommunale de Chasse Agréée (A.I.C.A.). L'intérêt principal de tels groupements réside dans la constitution de grandes réserves intercommunales.

LES G.I.C.

La chasse moderne se définit comme une gestion du gibier, et la gestion nécessite la réunion de vastes territoires appliquant les mêmes règles.

(1) La loi de 1964 ne s'applique pas au Bas-Rhin, Haut-Rhin et Moselle.
(2) Ces minimums sont, dans certains des départements où une A.C.C.A. doit exister dans chaque commune, doublés ou triplés.

Les responsables de plusieurs chasses voisines, de formes juridiques différentes (chasses privées, associations communales loi de 1901, A.C.C.A., A.I.C.A...) peuvent donc être conduits à créer des "groupements d'intérêt cynégétique" (G.I.C.).

> *Juridiquement, ceux-ci sont régis par la loi de 1901 (avec déclaration à la préfecture, élection d'un Bureau, etc.).*

Les G.I.C. ont pour principal objectif d'appliquer des règles communes de chasse et de gestion (exemples : suspension de la chasse d'une espèce pour une ou plusieurs saisons ; limitations de tir ; période d'ouverture écourtée ; non-tir des poules faisanes ou, chez les sangliers, des grosses laies meneuses, etc.). Mais, <u>hormis la gestion, chacune des chasses membre du G.I.C. continue d'appliquer son propre règlement</u> (montant des cotisations, partage du gibier, choix des jours de chasse, régime des invitations, etc.). Il n'y a pas fusion des partenaires, seulement association.

> *Les G.I.C. semblent promis à un grand essor. Celui-ci est favorisé par deux attitudes :*
> *– l'administration considère souvent le G.I.C. comme constituant la «majorité représentative» qui justifie qu'elle impose un plan de chasse local ou un «plan de gestion agréé» à tous les territoires avoisinants ou enclavés (voir chapitre «Le Chasseur et le gibier»).*
> *– l'Office national de la Chasse et l'Office national des Forêts attribuent aux G.I.C. une aide supplémentaire et d'abord, gratuitement, des animaux de repeuplement d'une ou plusieurs espèces si les G.I.C. s'engagent à ne pas chasser cette ou ces espèces pendant au moins trois ans.*

questionnaire

Q. – Qu'appelle-t-on une A.C.C.A. ?

R. – C'est une Association Communale de Chasse Agréée, régie par une loi de 1964, qui a accordé à ce type d'association certains avantages et leur a imposé certaines obligations.

Q. – Lorsqu'est créée une A.C.C.A., quelle surface minimum doit avoir un droit de chasse pour ne pas lui être dévolu, exception faite des terrains clos, ou situés à moins de 150 mètres d'une habitation.

R. – Au moins 20 hectares pour la plaine et le bois ; 100 hectares pour les territoires de montagne ; 3 hectares pour les marais non asséchés ; un hectare pour les étangs isolés ; un demi-hectare pour les étangs sur lesquels existait une hutte fixe au 1er septembre 1963. Dans certains cas, ces minimums sont doublés ou triplés.

Q. – Vous voulez former une A.C.C.A. dans un département où il n'en est pas créé obligatoirement une par commune. Vous devez (rayer les réponses inexactes) :
a) avoir l'accord du maire et du conseiller général du canton ;
b) réunir les signatures de 60 % des chasseurs ;
c) avoir l'accord écrit de 60 % des propriétaires représentant 60 % des territoires susceptibles d'être dévolus à l'A.C.C.A.

R. – La bonne réponse est c.

l'organisation de la chasse

Jusqu'en 1985 inclus, le seul grand "patron" de la chasse était le ministre de l'Environnement.
Depuis, dans le cadre de la déconcentration, se sont mises en place deux hiérarchies de décision : une, nationale, dont le ministre reste le chef ; une, départementale, dont l'échelon supérieur est le préfet, commissaire de la République.
Parallèlement à ces hiérarchies de décision s'exerce une hiérarchie de gestion dont les principaux pôles sont l'Office national de la Chasse et les Fédérations départementales de chasseurs.

MINISTRE ET PRÉFETS.

Voyons les hiérarchies de décision.
Le ministre de l'Environnement :
– arrête les textes réglementaires nationaux relatifs à la chasse (listes des gibiers, des espèces protégées, liste maximum nationale des « nuisibles » ; conditions d'exercice du piégeage ; programme et organisation de l'examen de chasse ; conditions de délivrance du permis de chasser ; etc.).
– propose au gouvernement, qui les soumet au parlement d'éventuelles modifications aux lois régissant la chasse.
> Le Ministre est assisté d'un organisme de réflexion : le Conseil national de la chasse et de la faune sauvage, qui comprend 34 membres, dont 17 chasseurs représentant les Régions cynégétiques et les différents types de chasse (les 17 autres membres sont, pour la plupart, des fonctionnaires).
> Il exerce son autorité à travers une Direction de son ministère : la Direction de la nature et des paysages dont dépend un "service de la chasse" (trois ou quatre fonctionnaires).

Le préfet, commissaire de la République, signe l'essentiel des arrêtés d'ouverture de la chasse, lesquels peuvent comporter des « plans de gestion agréés » et l'institution de plans de chasse locaux. Il signe également un arrêté annuel de destruction des « nuisibles », les arrêtés individuels de plans de chasse, les agréments de piégeurs, les autorisations de reprise de gibiers vivants, etc.
> Le préfet est assisté, comme le Ministre, d'un organisme de réflexion : le Conseil départemental de la chasse et de la faune sauvage, qui comprend 16 membres : 8 chasseurs, désignés par la Fédération départementale des chasseurs ; 2 agriculteurs ; 2 forestiers ; 2 représentants de sociétés de protection de la nature ; 2 scientifiques. Ce conseil doit notamment être consulté pour la fixation des dates d'ouverture et de clôture de la

chasse. Le préfet exerce souvent son autorité par l'entremise du Directeur départemental de l'Agriculture.

O.N.C., RÉGIONS ET FÉDÉRATIONS.

Voyons maintenant les organismes de gestion :
L'Office national de la chasse, de compétence nationale, est administré par un Conseil de 20 membres, dont 11 chasseurs représentant notamment les Régions cynégétiques. Le président en est un chasseur ; le directeur, un fonctionnaire.
L'Office national de la chasse gère les fonds provenant des redevances cynégétiques versées par les chasseurs au moment de la validation de leur permis. Il est le «patron» des gardes nationaux, qu'il recrute, administre et rémunère. Il comprend d'importants services techniques qui, soit seuls, soit avec le concours des écoles vétérinaires ou d'universités (et, sur le terrain, des techniciens-vulgarisateurs de Fédérations) conduisent en permanence des travaux de recherches en faveur de la faune. Il coordonne et contrôle l'activité des Fédérations départementales de chasseurs. Il paie les indemnisations pour dégâts de sangliers et grands gibiers. Il est chargé par l'État de l'organisation de l'examen.

En descendant les échelons de la hiérarchie de gestion, on trouve sept Régions cynégétiques. Il s'agit d'assemblées régionales réunissant les présidents des Fédérations départementales de chasseurs d'une même zone géographique.

Les présidents des sept Régions cynégétiques siègent au Conseil national de la chasse et de la faune sauvage et au Conseil d'administration de l'Office national de la chasse.

A l'échelon suivant, on trouve les Fédérations départementales de chasseurs, dont le rôle est extrêmement important. Il y a une Fédération par département. Chaque chasseur en est obligatoirement membre, puisque le permis de chasser n'est délivré qu'au vu d'un timbre attestant que l'intéressé a payé sa cotisation fédérale annuelle.

Les Fédérations ont pour principales missions :
– de représenter les intérêts des chasseurs et de lutter contre le braconnage ;
– d'assurer la protection du gibier, notamment par la constitution, l'aménagement et l'entretien de réserves ;
– de favoriser l'amélioration des territoires de chasse ;
– de promouvoir une meilleure gestion technique de la chasse, notamment par l'information des chasseurs.

Le « patron » de la Fédération est un président, nommé pour trois ans par le ministre parmi des administrateurs élus par l'assemblée générale des chasseurs du département.

Des collaborateurs importants du président sont : un directeur et, dans beaucoup de départements, un ou des techniciens-vulgarisateurs.
Ceux-ci sont à la disposition des sociétés de chasse pour leur donner, sur le terrain, et en fonction des problèmes spécifiques qu'elles peuvent rencontrer, tous conseils relatifs aux aménagements de territoire, opérations de repeuplement etc.

> Dans chaque Fédération, les administrateurs, qui sont au nombre de 7 à 15, se réunissent, trois ou quatre fois par an, en un Conseil d'administration qui assiste le président et contrôle son action.
>
> La Fédération tient, une fois l'an, une assemblée générale qui fixe les cotisations fédérales applicables au département et discute de toutes les questions concernant l'exercice et la gestion de la chasse dans le département.
>
> Etant tous membres de la Fédération, les chasseurs y ont tous un droit de vote. Mais droit de vote n'est pas exactement droit de voter. Pour participer à l'assemblée générale, il faut représenter un territoire de chasse. Le chasseur qui n'a pas de territoire remet son droit de vote – matérialisé par un des deux volets du timbre fédéral annuel – entre les mains du président de société ou du détenteur de droit de chasse de son choix.
>
> Outre les chasseurs du département, la Fédération réunit des sociétés de chasse ou des chasses privées qui y font acte d'adhésion. Sociétés et chasses adhérentes paient une redevance dite « de garderie ».

LES LIEUTENANTS DE LOUVETERIE
> Les lieutenants de Louveterie sont des chasseurs émérites désignés par les Préfets, au nombre d'un au moins par arrondissement, pour intervenir contre les « nuisibles » (notamment les sangliers), quand ceux-ci constituent une menace nécessitant l'intervention des Pouvoirs publics. Les lieutenants de Louveterie organisent et dirigent les battues administratives et municipales. Ils sont compétents pour constater certaines infractions de chasse. L'origine de leur fonction remonte aux Carolingiens.

LES GARDES

On distingue deux grandes catégories de gardes :
– les gardes nationaux ;
– les gardes particuliers.

LES GARDES NATIONAUX

Au nombre d'environ 1.500, ils sont rémunérés sur les fonds de l'Office national de la Chasse et sont nommés par le directeur de cet organisme qui les affecte, selon les nécessités du service :
– soit dans les Fédérations départementales de chasseurs ;
– soit dans les brigades mobiles d'intervention contre le braconnage ;
– ou à la surveillance des réserves nationales et des réserves de l'Office.

> Les gardes affectés dans les Fédérations (la très grande majorité) reçoivent leurs directives des présidents de ces Fédérations, lesquels bénéficient, à cet égard, d'une sorte de délégation du directeur de l'O.N.C. Les autres gardes de l'O.N.C. reçoivent leurs missions et directives du directeur de cet organisme.

Les gardes nationaux sont commissionnés par le ministre chargé de la chasse, c'est-à-dire qu'ils reçoivent de lui une sorte d'ordre de mission. Ce commissionnement les rend compétents, dans l'étendue des circonscriptions figurant sur leur commission, pour :
– intervenir sur tous les territoire de chasse, y compris ceux de l'État (forêts domaniales) et ceux dont les détenteurs ne souhaiteraient pas leur intervention ;
– opérer certains contrôles (marchands de gibier, restaurants, marchés ; carniers et poches à gibier des personnes en action de chasse ; etc.).
Le statut des gardes nationaux leur assigne des missions complémentaires à celles de la police de la chasse :
– ils ont à rechercher et constater les infractions à la police de la pêche

fluviale et à la protection de la nature;
- ils peuvent être amenés à participer à :
a) des « actions techniques ou de vulgarisation » : conseils aux associations de chasse, notamment pour les aménagements et le repeuplement; contrôle de l'état sanitaire du gibier; enquêtes statistiques; etc...
b) la lutte contre les incendies de forêts;
c) la destruction des « nuisibles » en excès.

> Les gardes nationaux ne peuvent être maires, ni adjoints. Ils ne doivent pas chasser dans leur circonscription de fonction. Ils ne doivent exercer aucune activité lucrative, notamment : débit de boissons, commerces de gibier ou d'accessoires de chasse. Ces dernières interdictions s'étendent à leurs épouses.

LES GARDES PARTICULIERS

Les détenteurs de droits de chasse (personnes physiques, établissements, « sociétés » de chasse, A.C.C.A.) peuvent charger un garde de rechercher et constater sur leur territoire, les éventuelles infractions portant atteinte à leur droit. Ce garde est dit « garde particulier ».

Le garde particulier est commissionné par son employeur et agréé par le préfet ou le sous-préfet du lieu où il exercera ses fonctions. Il n'est compétent que sur les territoires auxquels s'étend le droit de chasse de son employeur et qui sont désignés sur sa commission.

> Certaines Fédérations ont commencé à recruter, à partir de 1984, des « agents fédéraux ». Leur statut et leur mission s'analysent comme ceux de « gardes particuliers collectifs » au service des chasses, communales ou privées, payant une « redevance de garderie » à la Fédération.

Au-delà des différences importantes de compétence et de statut existant entre les gardes de l'Office national de la Chasse et les gardes particuliers, subsistent trois points communs. Tous doivent :
- être de nationalité française;
- être âgés au moins de 21 ans pour être commissionnés;
- prêter serment, avant leur entrée en fonction, devant un tribunal.

EVOLUTION

D'une façon générale, on assiste à une évolution du rôle des gardes : à celui d'agents répressifs s'ajoute celui de conseillers pour l'aménagement et la gestion des chasses. Le garde devient le gardien de la faune, non seulement contre le braconnier mais contre tout ce qui peut lui nuire. Il devient, plus largement encore, un agent de la protection de la nature, le statut des gardes de l'O.N.C. étendant expressément leur compétence à ce domaine.

Cette évolution (qui fait des gardes nationaux les « gendarmes de la nature ») rejoint celle de la chasse dans son ensemble. Et un des traits d'union qui relient la chasse moderne à la protection de la nature est l'examen de chasse, auquel prépare ce livre.

questionnaire

Q. – L'Office national de la Chasse est :
   a) un organisme national de gestion, dans le Conseil d'administration duquel les représentants des chasseurs sont en majorité ;
   b) une assemblée annuelle de présidents de fédérations ;
   c) un organisme groupant des fonctionnaires du ministère auquel est rattachée la chasse.
R. – La bonne réponse est a.

Q. – Chaque chasseur :
   a) peut voter à l'assemblée générale annuelle de la Fédération de son département ;
   b) a un droit de vote pour l'assemblée générale annuelle de son département, mais doit le remettre entre les mains d'une société de chasse (ou d'un particulier) disposant d'un territoire ;
   c) a un droit de vote lorsqu'il appartient à une même fédération depuis 10 ans.
R. – La bonne réponse est b.

Q. – Qu'est un garde national ?
R. – C'est un garde rémunéré sur les fonds de l'Office national de la chasse et commissionné par le ministre chargé de la chasse. Il y a environ 1 500 gardes nationaux en service.

Q. – Le garde commissionné par le ministre chargé de la chasse peut effectuer des contrôles chez les marchands de gibier, restaurateurs ayant porté du gibier à leur menu, sur les marchés. Vrai ou faux ?
R. – Vrai.

Q. – Quelles sont les principales missions confiées aux gardes nationaux ?
R. – La police de la chasse, de la pêche fluviale, de la protection de la nature ; des actions techniques ou de vulgarisation ; la destruction des « nuisibles » en excès ; la lutte contre les incendies de forêts.

les chiens de chasse

"La chasse, c'est le chien", disent les passionnés de cet animal. Pour eux, le dressage, puis le travail sur le terrain de leur compagnon, comptent beaucoup plus que le coup de fusil final.
Soixante races de chiens sont, en France, utilisées à la chasse. Elles comptent 50 000 naissances homologuées par an. Rappelons que certaines races, comme le lévrier (voir chapitre "Comment peut-on chasser ?") sont interdites pour la chasse.
En simplifiant, on peut regrouper les principales races utilisées (voir certaines d'entre elles, plus loin, en pages couleur), en quelques grandes familles.

LES CHIENS COURANTS

Comme le nom le suggère, il s'agit d'animaux qui poursuivent le gibier à la course : pour les plus coopératifs d'entre eux, en tentant de le rabattre vers leur maitre ; pour les autres, avec le souci principal d'essayer de le capturer. L'expression la plus spectaculaire du chien courant se retrouve dans les meutes de vénerie.
La race la plus répandue est le beagle, d'origine anglaise, dont 20 000 sujets environ sont en activité. Une sous-espèce de la race est le beagle-harrier, dont le nom vient du mot anglais "hare", lequel désigne le lièvre. Les beagles chassent tous les gibiers, mais avec une certaine préférence pour le lièvre et le chevreuil.
D'autres chiens courants, dans l'ordre approximatif décroissant de leurs "populations" : le basset fauve de Bretagne, le basset artésien normand (lapin), les griffons vendéens (lapin, lièvre, renard, chevreuil), le bruno du Jura (lapin et tous grands gibiers), l'anglo-français de petite vénerie issu d'un croisement de harrier anglais et de porcelaine (lièvre), le griffon nivernais (grands gibiers), les bleus de Gascogne, le porcelaine (tous gibiers), le Saint-Hubert...

> Certaines de ces races semblent remonter à des animaux ramenés du proche-Orient par les croisés et qui prospérèrent dans les chenils royaux, sous le nom de "chiens blancs du roy".
> D'autres races, comme les bleus de Gascogne, dont faisait état, au XIVe siècle, Gaston Phœbus, premier grand écrivain de la chasse, semblent avoir eu leur origine en péninsule ibérique.
> Le griffon nivernais fut façonné au Moyen-Age pour le courre du loup. Le porcelaine fut, à l'origine, vers le XVe siècle, une exclusivité des moines de l'abbaye de

Luxeuil, en Franche-Comté. Le saint-Hubert se développa, lui, au VIIe *siècle, à l'abbaye de Saint-Hubert, dans les Ardennes. Le griffon fauve de Bretagne naquit, au siècle dernier, du croisement de chiens bretons avec des chiens anglais venus chasser les loups avec leurs maîtres.*

Dans la chasse à tir, on préfère généralement des chiens courants polyvalents. Ils prennent toutes voies de gibier qu'ils rencontrent, du lapin au sanglier, même s'ils préfèrent une ou deux espèces aux autres.

De plus en plus, on utilise, sur le grand gibier, des chiens courants qui... n'en sont pas tout-à-fait : des sujets peu rapides, (fox, teckels, ...) qui donnent peu de voix. Avantages : le gibier, alors, se dérobe plutôt qu'il ne fuit ; le chasseur a le temps d'identifier sexe et catégorie d'âge ; les autres enceintes du bois ne sont pas vidées. Il s'agit de "battues silencieuses".

En chasse à courre, il s'agit d'éviter le piège du "change", c'est-à-dire d'éviter que les chiens ne quittent la voie d'un animal déjà chassé, et éprouvé par la poursuite, pour se lancer sur celle d'un sujet frais, avec lequel on devrait repartir à zéro. Les veneurs veulent donc des chiens "créancés", c'est-à-dire qui ne chassent qu'une espèce et ensuite, quand ils ont de l'expérience, au sein de l'espèce, qu'un sujet : celui qu'ils ont lancé au début de la chasse. Les chiens deviennent généralement "créancés" au contact de leurs aînés et, s'il le faut, avec quelques menaces de fouet leur faisant comprendre qu'ils se sont fourvoyés.

Quelques expressions : on dit de chiens courants qu'ils sont "cogneurs" quand ils émettent des cris brefs et saccadés ; qu'ils sont "hurleurs" quand, au contraire, leurs cris ressemblent à un hurlement prolongé ; qu'ils sont "céleurs" quand ils veulent chasser pour eux-mêmes sans rameuter d'autres chiens et que, par conséquent, ils évitent de donner de la voix.

LES CHIENS D'ARRET

Il s'agit d'animaux qui, dès qu'ils ont perçu les effluves d'un gibier, s'immobilisent complètement, parfois même la patte en suspens. Le maitre, qui les observe, les rejoint, leur donne l'ordre de "bourrer" et tire, devant eux, le gibier qui prend son élan. En général, le chien rapporte le gibier abattu. On compte 23 races de chiens d'arrêt en activité en France. Celle, de loin la plus répandue est l'épagneul breton. Elle est née, elle aussi (voir sous-chapitre précédent) du croisement de chiens bretons avec des chiens anglais, surtout des setters, dont les maîtres venaient chasser la bécasse (alors extrêmement abondante) en Armorique. Une quarantaine écartait d'Angleterre, pour des raisons sanitaires, les chiens qui avaient séjourné en Europe continentale. Les maîtres laissaient donc leurs compagnons en pension sur le lieu de chasse français. Et il se passait, entre ces pensionnaires et les fils canins de la maison (ou les filles) ce qui devait se passer...

A l'inverse des chiens courants dont plusieurs races s'esquissaient dès le haut Moyen-Age, les chiens d'arrêt sont de création récente. Presque toutes les races sont nées de différents croisements, au XIXe *siècle, encore que, selon certains, les épagneuls aient leurs origines dans l'Espagne des XII*[e] *et XIII*[e] *siècles, et même dans la Rome antique.*

Après l'épagneul breton (plus de 5 000 naissances enregistrées par an) les chiens d'arrêt les plus répandus sont le setter anglais (environ 4 000 naissances), le braque allemand (2 000), le korthals (1 600), le pointer (1 500), le setter gordon (1 100).

Tous les setters (gordon, anglais, irlandais, laverack) sont originaires du Royaume-Uni. Le korthals, est, lui, une production allemande (également du XIXe *siècle). Sir Gordon, sir Laverack, Edouard Korthals étaient de grands chasseurs dont les noms se sont transmis aux races qu'ils ont fixées.*

La première chasse de jeunes beagles harriers (à gauche, un fauve de Bretagne). La joie

D'autres races de chiens d'arrêt, dans l'ordre approximatif décroissant de leurs populations : l'hirsute drahthaar, qui fait penser, en un peu plus grand, au korthals, le chien le plus populaire en Allemagne (35 000 naissances par an dans ce pays ; 1 000 en France ; son nom allemand exprime bien ce qu'il veut dire : "poil fil de fer"). Puis, le braque de Weimar, l'épagneul français, le braque d'Auvergne, le braque français, le braque du Bourbonnais, le braque hongrois, le petit munsterlander, l'épagneul picard,... Une mention particulière pour le pointer, magnifique chien, dont le travail est un régal, mais qui se raréfie car c'était surtout le compagnon des grands chasseurs de perdrix.

Le travail du chien d'arrêt relève d'un <u>dressage</u> minutieux et parfois difficile. La première attitude à obtenir d'un élève est le <u>"down"</u>, par lequel il se couche devant le maître ; puis l'arrêt proprement dit, le rapport, l'<u>"arrêt à patron"</u> par lequel, si un autre chien a décelé un gibier, il se fige, comme lui, là où il se trouve, sans aller lui disputer sa trouvaille.

LES RETRIEVERS

Le rôle des retrievers commence là où s'arrête celui des chiens d'arrêt. Les retrievers sont chargés de retrouver le petit gibier - éventuellement blessé, et qui a pu se faufiler - qui vient d'être tiré.

Le plus répandu et le plus apprécié est le <u>labrador</u> (noir ou gold, c'est-à-dire de couleur jaune sable). Près de 5 000 naissances par an, en France. Loin derrière par la population, le golden retriever (500 naissances).

Le cocker spaniel (2 500 naissances) et le springer spaniel sont utilisés à la fois comme retrievers et comme lanceurs de gibier (voir ce sous-chapitre).

Selon la petite histoire, le labrador était, à l'origine, un chien de marin qui plongeait

*pour rattraper les morues échappées du filet. Il a les coussinets des pieds palmés.
Le golden retriever, lui, était un chien de berger utilisé en Europe de l'Est, et si malin qu'il était devenu un chien de cirque.
Beaucoup de chiens sont... des retrievers qui s'ignorent : un grand nombre de chiens d'arrêt, et même beaucoup de corniauds, rapportent, plus ou moins bien, avec la dent plus ou moins dure.
Le retriever spécifique, qu'on n'utilise qu'à cette fonction, est l'apanage des chasseurs de grandes battues de plaine dont le labrador ou le golden, assis à leurs pieds, mémorise les endroits où est tombé le gibier et va le chercher à la fin de la battue.*

LES LANCEURS DE GIBIER

On groupe, dans cette catégorie, dite aussi des "broussailleurs" des animaux dont l'attitude, lorsqu'ils ont senti un gibier, consiste généralement à marquer un temps d'arrêt (qui alerte le maître), puis à "bourrer" ce gibier ; souvent, ensuite, ... si le maitre est adroit, à rapporter l'animal ou l'oiseau levé. En quelque sorte, des chiens à tout faire, du moins à l'égard du petit gibier.
Le plus répandu reste le cocker spaniel, qui semble descendre de l'épagneul du Moyen-Age, mais dont la vogue, cependant, est décroissante : le nombre des naissances est tombé, en vingt ans, de 7 000 par an à environ 2 500.
Viennent, ensuite, le springer spaniel, puis le cocker américain.

LES CHIENS DE DETERRAGE

Il s'agit de chiens utilisés pour une forme particulière de chasse que nous avons déjà évoquée (voir paragraphe "Le Déterrage" dans le chapitre "Le Savoir chasser"). Le travail qu'on demande à ces chiens nécessite qu'ils soient, en général de petite taille, ardents, acharnés, bagarreurs (parfois acceptant, voire recherchant, le combat sous-terre avec les renards ou blaireaux qu'ils cernent).
Principales races (toujours dans l'ordre approximatif décroissant des populations) : les teckels à poil ras, à poil dur, à poil long, les fox-terriers, d'origine anglaise, le jagdterrier, l'airedale-terrier. La dernière en date des races : le jack-russel terrier (anglais), minuscule mais qui, à la façon d'un furet pour les lapins, suffit à faire sortir les renards du terrier.

Beaucoup de ces races sont utilisées dans les "battues silencieuses" à grand gibier que nous avons évoquées.

LES CHIENS DE SANG

La recherche au sang (voir chapitre "Le Savoir-chasser") est, à l'origine, une pratique allemande. Elle n'est pas l'apanage de races spécifiques. Elle relève d'un dressage. Pourtant des sujets de certaines races y excellent particulièrement : teckels, jagdterriers, munsterlanders, braques, chiens de Saint-Hubert, chiens de rouge du Hanovre, chiens de rouge de Bavière, etc.

*Ces deux dernières races sont les plus aristocratiques. L'association qui les régit ne reconnait, comme étalons, que les animaux qui ont fait leur preuve sur le terrain et ... comme maîtres pour les futurs chiots, que des chasseurs qui ont, eux-mêmes fait leurs preuves en matière de dressage.
Celui-ci est très technique et demande, parfois, plusieurs années. Le summum est représenté par le chien qui, lorsqu'il a retrouvé le grand gibier blessé, revient vers son maître en tenant dans sa bouche une lanière de cuir accrochée à son collier, ce qui signifie "mission accomplie". Le maître n'a plus qu'à suivre son élève jusqu'à l'endroit où gît le gibier.*

L'utilisation de chiens de sang se développe très vite grâce, en grande partie, à une "Union nationale des utilisateurs de chiens de rouge" qui organise des stages à l'intention des chasseurs intéressés par cette catégorie de chiens et leur dressage.

LES CHIENS D'EAU

Certains chiens de différentes races sont particulièrement à l'aise (et enthousiastes) dans la chasse au gibier d'eau. Ce sont des sujets dont la peau secrète un suint abondant qui les protège de l'eau et du froid et qui, en outre, sont particulièrement bons nageurs pour avoir, comme les labradors, des coussinets palmés.

Principales races dans lesquelles se recrutent des chiens d'eau : le labrador, la plupart des épagneuls (bretons, picards, de Pont-Audemer etc.) le barbet.

Dressage à la recherche au sang d'un teckel à poil dur, à l'aide d'une peau de sanglier. La jeune conductrice avait déjà remporté plusieurs coupes à l'âge de 12 ans.

GESTION DES RACES

N'est chien de race que celui qui peut montrer, sinon patte blanche, du moins un <u>pedigree</u>, c'est-à-dire une fiche d'identité mentionnant son nom et ceux de ses ancêtres jusqu'à la quatrième génération. Le nom commence par une <u>même lettre</u>, selon l'ordre de l'alphabet, pour tous les sujets de toutes les races nés une même année. Ainsi, il indique en même temps l'âge du chien. Le nom est souvent suivi d'un <u>affixe</u> qui est une sorte de "marque de fabrique" attachée à l'élevage de naissance.

A l'âge d'environ un an, le jeune chien reçoit, comme les premiers communiants, la <u>confirmation.</u> Elle est le fait d'un juge qui constate et certifie que l'animal correspond au "standard" de la race (taille, squelette, articulations, attache des oreilles, etc.).

Ensuite vient, entre 15 mois et 8 ans, le <u>"brevet de chasse"</u> pour les chiens courants. Cette fois, le juge observe l'animal sur le terrain. Les brevets vont, selon le tra-

vail effectué, de la mention "bien" à "excellent".
Pour les chiens d'arrêt, l'épreuve de vérité est le field-trial où le chien est jugé au travail par un jury.
Autre type de compétition où le maître est jugé en même temps que son élève : les "concours Saint-Hubert" qui comportent du tir réel sur gibier arrêté, puis ramassé.
Pour les chiens de déterrage, des concours sur terriers artificiels : un renard se déplace dans une galerie à fleur de sol qui comporte des trappes par lesquelles on peut suivre le travail du chien.
Des fields et concours sont également organisés pour les retrievers et les chiens de sang.
Au terme des concours, toute une série de distinctions qu'on désigne par des sigles : C.A.C. (certificat d'aptitude au championnat), C.H.T. (champion de travail), C.H.B. (champion de beauté), etc.

Chaque race est régie (pedigree, confirmation, concours, etc.) par un club. Les clubs sont réunis en une Société centrale canine (S.C.C.) qui tient à jour le "Livre des origines françaises (L.O.F.), c'est-à-dire le fichier de tous les pedigrees, et qui centralise tous les renseignements de tatouage.

MALADIES ET REPRODUCTION

En effet, les chiens sont, en général, tatoués (à l'intérieur de la cuisse ou sur le lobe d'une oreille). Ces tatouages sont obligatoires dans les départements où subsiste la rage. Ils sont également obligatoires lorsque le chien est vendu et, dans ce cas, le tatouage s'accompagne d'un carnet de santé.

Plusieurs maladies, surtout la maladie de Carré, certaines formes d'hépatites (affections du foie) et la piroplasmose (transmise par les tiques) menacent les chiens. Contre la plupart de ces maladies, existent des vaccinations.

Une notion de biologie : dans les deux sexes, l'âge du début de reproduction se situe vers dix mois. Les femelles sont réceptives selon des périodicités variables : de 6 à 18 mois. Les chaleurs durent de deux à trois semaines, la période la plus féconde se situant entre le 9e et le 13e jour. Les éleveurs font, en général, procéder, dans ce laps de temps, à deux saillies à 48 heures d'intervalle. La période de gestation est de l'ordre de deux mois.

jouez à l'examen

Dans les pages suivantes, nous publions, à titre de tests et d'instrument de révision, des questionnaires correspondant au programme de l'examen.
Le lecteur trouvera, ensuite, à raison de deux par page (détachable), des grilles de correction, sur papier transparent.
Jouons à l'examen. Avant chaque question, nous trouvons défini, *en caractères italiques*, le document filmé qui, éventuellement, lui sert de support. S'il n'y a pas d'indications en italique, c'est que la question ne comporte pas de présentation de film.
Prenons, à titre d'exemple, l'épreuve n° 1. Imaginons que vous considériez qu'à la première question, la bonne réponse est c. Alors, parmi les trois cases figurant au regard du chiffre 1, vous cochez la case c par une large croix joignant les coins en diagonales. Vous procédez ainsi jusqu'à la question 21, en marquant chaque fois d'une grande croix la case de ce que vous pensez être la bonne réponse. Parvenu à la fin de l'épreuve, vous appliquez sur le tableau des cases la grille de correction 1, dont vous avez détaché la page. Chaque fois qu'une croix de la grille de correction recouvre une de celles que vous avez tracées, vous comptez une bonne réponse. Vous devez en avoir seize pour être reçu.

Les questions des examens-tests qui suivent sont du même type que celles posées au véritable examen. Elles en sont parfois très proches. Cependant, en général, pour rendre service au lecteur-candidat, nous les avons voulu d'un degré de difficulté un peu supérieur.

(Modèle de présentation déposé. Dépôt Paris n° 77.191).

épreuve n° 1

1	A	B	C
2	A	B	C
3	A	B	C
4	A	B	C
5	A	B	C
6	A	B	C
7	A	B	C
8	A	B	C
9	A	B	C
10	A	B	C
11	A	B	C
12	A	B	C
13	A	B	C
14	A	B	C
15	A	B	C
16	A	B	C
17	A	B	C
18	A	B	C
19	A	B	C
20	A	B	C
21	A	B	C

ÉPREUVE 1

1. *Une bécasse.* Cette espèce niche : a) entièrement dans les pays plus au sud que le nôtre ; b) entièrement plus au nord ; c) en partie chez nous.

2. Les terres argileuses sont défavorables à la perdrix grise, parce que : a) les jeunes perdreaux s'y engluent ; b) les vers y sont plus rares ; c) la végétation y est moins haute.

3. *Perdrix grises.* Dans cette espèce, la période normale des premières éclosions se situe en : a) mai-juin ; b) juillet-août.

4. *Des perdrix dans la neige.* Nous sommes début décembre. A la fin de l'hiver, ces oiseaux seront morts dans la proportion de (en moyenne) : a) 10 % ; b) 30 % ; c) 50 %.

5. *Un faisan.* Cet oiseau passe la nuit : a) en plaine ; b) souvent, branché.

6. *Chasseur palpant la patte d'un lièvre.* Par cette palpation, je détermine s'il s'agit : a) d'un sujet de moins de 8-9 mois ; b) d'un mâle ; c) d'un lièvre d'Europe centrale.

7. *Oiseau du genre corbeau, au bec entièrement noir, et qui marche gauchement.* Cet oiseau est : a) une corneille noire ; b) un corbeau freux.

8. L'usage du piège à mâchoires est : a) réservé aux gardes professionnels ; b) interdit à moins de 200 mètres des habitations des tiers ; c) soumis partout à autorisation.

9. *Chasseur tirant depuis sa voiture.* a) je n'ai jamais le droit ; b) j'ai le droit si je tire un « nuisible » ; c) j'ai le droit si je suis garde assermenté.

10. La reproduction, chez le sanglier, est grandement influencée par : a) l'abondance des glands ; b) la précocité de la pousse d'herbe ; c) la pluviosité.

11. *Trophée de sanglier.* Ces défenses sont : a) des excroissances osseuses ; b) les canines du maxillaire supérieur ; c) les canines du maxillaire inférieur.

12. *Chasseur armé sur un esquif à pédales (type pédalo) :* a) j'ai le droit ; b) j'ai le droit en zone maritime ; c) je n'ai nulle part le droit.

13. *Perdrix rouge.* En année et conditions moyennes, le chasseur peut prélever sur un cheptel de ces oiseaux : a) 40 % ; b) 60 % ; c) 70 %.

14. *Chasseur entrant dans un champ de maïs.* J'ai le droit de chasser dans ce champ : a) après le 1er novembre ; b) s'il s'agit d'une A.C.C.A. ; c) si j'ai l'accord du propriétaire de la récolte.

15. L'arrêt à patron est l'attitude : a) du chien se figeant au commandement de son maître ; b) du chien qui prend l'arrêt en voyant un congénère le faire.

16. *Chevreuils.* Dans cette espèce, l'accroissement annuel est normalement de l'ordre de : a) 90 % ; b) 60 % ; c) 30 %.

17. *Un chasseur en rejoint d'autres dans une battue.* Avant de m'approcher : a) j'ouvre mon fusil ; b) je mets le cran de sûreté ; c) je mets mon fusil en bandoulière.

18. Le visa du permis de chasser est valable : a) pour l'année civile ; c) une année à dater du jour de la délivrance ; c) du 1er juillet au 30 juin.

19. Les plombs n° 5 d'une cartouche de calibre 12 sont plus gros que les plombs n° 5 d'une cartouche de calibre 20 : a) vrai ; b) faux.

20. *Deux balles de carabine à canon rayé.* La balle a) est blindée, donc non expansive ; la balle b) est expansive. Laquelle est autorisée à la chasse ?

21. Lorsque, accidentellement, au départ d'une cartouche, des plombs s'agglutinent en grappes, la portée maximum : a) se trouve diminuée ; b) peut considérablement augmenter.

épreuve n° 2

1	A	B	C
2	A	B	C
3	A	B	C
4	A	B	C
5	A	B	C
6	A	B	C
7	A	B	C
8	A	B	C
9	A	B	C
10	A	B	C
11	A	B	C
12	A	B	C
13	A	B	C
14	A	B	C
15	A	B	C
16	A	B	C
17	A	B	C
18	A	B	C
19	A	B	C
20	A	B	C
21	A	B	C

ÉPREUVE 2

1. *Perdrix grise.* S'il est natif de l'année, cet oiseau présente à l'ouverture : a) un bec plus court ; b) des pattes plus claires ; c) certaines plumes plus pointues.
2. *Milouin.* Ce canard : a) est protégé ; b) peut être chassé.
3. *Poule faisane suivie de jeunes.* Des mois de : a) avril ; b) juin ; c) août, quel est celui où, dans cette espèce, se produit le plus grand nombre d'éclosions ?
4. *Jeune chamois avec des cornes longues de 4 à 5 centimètres.* Compte tenu de la longueur des cornes, cet animal est âgé de : a) 6 mois ; b) 18 mois ; c) deux ans.
5. *Chevreuils au gagnage.* Dans des conditions moyennes, le prélèvement annuel de chasse, sur cette espèce, peut être de : a) 40 % ; b) 50 % ; c) 25 %.
6. *Une hase.* Cette femelle adulte a, en général, sa dernière portée de l'année en : a) juillet ; b) septembre ; c) novembre.
7. *Entrée d'un terrier présentant comme une rigole.* Ce terrier a été creusé par : a) un rat musqué ; b) un renard ; c) un blaireau.
8. Sont membres de droit d'une A.C.C.A., les apporteurs : a) de toutes les parcelles ; b) des parcelles d'une certaine superficie ; c) même des petites parcelles, lorsque l'apport a été volontaire.
9. *Renard.* Cette espèce est responsable de la propagation de : a) la tularémie ; b) la rage ; c) la bronchite vermineuse.
10. Certains délits de chasse peuvent être sanctionnés par la suspension : a) du passeport ; b) du permis de conduire ; c) des droits civiques.
11. La liste des « nuisibles » est fixée dans chaque département par : a) un arrêté préfectoral ; b) la Fédération des chasseurs, en accord avec les syndicats agricoles ; c) un décret ministériel.
12. *Chasseur tirant du haut d'un tracteur.* a) j'ai le droit ; b) je risque que mon tracteur soit confisqué ; c) j'ai le droit si c'est un lapin que je tire.
13. *Les gardes nationaux* sont nommés par : a) les préfets ; b) le ministre de l'Environnement ; c) le directeur de l'Office national de la Chasse.
14. *Attestation d'assurance chasse.* L'assurance obligatoire couvre : a) les accidents corporels causés aux tiers, en action de chasse ; b) tous les accidents de la chasse ; c) les accidents aux chasseurs et animaux.
15. *Ligne de tir au bois. Le chasseur a) se tient ventre au bois ; b) au milieu de l'allée ; c) sur le bord extérieur de l'allée.* Dans cette battue à grand gibier, quel est le chasseur correctement placé ?
16. Le choke est : a) un poinçon ; b) un resserrement du canon ; c) un type de mécanisme.
17. La portée maximum normale d'une cartouche de plombs n° 4 est de (environ) : a) 150 m ; b) 280 m ; c) 400 m.
18. Dans une carabine 7 x 64, 7 désigne le diamètre : a) du culot de la munition ; b) du bourrelet de la douille ; c) du projectile.
19. *Chasseur d'une ligne de tir faisant tomber un gibier.* Je dois : a) aller aussitôt ramasser le gibier tiré ; b) aller le ramasser, mais après avoir prévenu mes voisins ; c) attendre la fin de la battue.
20. Un plan de chasse peut s'appliquer : a) à tous les grands gibiers, sauf le sanglier ; b) à tous les gibiers mammifères ; c) à tous les gibiers.
21. Un plan de gestion agréé peut s'imposer : a) aux seules sociétés communales d'un groupe de communes ; b) aux seules chasses privées ; c) à tous les territoires des communes considérées.

épreuve n° 3

1	A	B	C
2	A	B	C
3	A	B	C
4	A	B	C
5	A	B	C
6	A	B	C
7	A	B	C
8	A	B	C
9	A	B	C
10	A	B	C
11	A	B	C
12	A	B	C
13	A	B	C
14	A	B	C
15	A	B	C
16	A	B	C
17	A	B	C
18	A	B	C
19	A	B	C
20	A	B	C
21	A	B	C

ÉPREUVE 3

1. *Rut du cerf.* Cette photo a été prise : a) en mai ; b) en septembre ; c) en janvier.
2. Une hase adulte met au monde, par an, en moyenne : a) 6 petits ; b) 2 petits ; c) 15 petits.
3. *Coq et poules faisans.* Dans cette espèce, la bonne proportion mâle/femelles est : a) 1/10 ; b) 1/5 ; c) 1/3.
4. *Cygne.* a) je tire ; b) je ne tire pas.
5. *Jeunes perdreaux.* Jusqu'à l'âge de trois semaines, ces oiseaux se nourrissent surtout : a) de graines ; b) d'insectes ; c) de jeunes pousses de plantes.
6. *Chamois* (ou *isards*). Dans cette espèce, les cornes : a) tombent chaque année vers novembre ; b) ne tombent jamais ; c) tombent vers l'âge de 10 ans.
7. *Un furet.* Cet animal est utilisé par le chasseur : a) dans la destruction des lapins ; b) comme appât ; c) dans les palombières.
8. *Chasseur achevant au fusil, depuis son territoire, un gibier qui s'est réfugié chez le voisin :* a) j'ai le droit ; b) je n'ai pas le droit.
9. *Chevrette.* Chez la femelle du chevreuil, la durée de la gestation est de l'ordre de : a) 5 mois ; b) 8 mois ; c) 9 mois 1/2.
10. *Cartouches de chevrotines.* L'utilisation de ces munitions est : a) en règle générale, interdite ; b) permise sur les « nuisibles » ; c) permise aux gardes.
11. L'examen d'un premier tableau de lièvres révèle la présence de 50 % de sujets de l'année. Donc le prélèvement peut être porté à : 70 % de la population ; b) 20 %.
12. Dans certains départements, on commence à tirer le sanglier le 15 août : a) faux ; b) vrai.
13. *Compagnie de sangliers se déplaçant.* Dans un tel groupe, l'animal de tête est presque toujours : a) un vieux mâle ; b) une femelle reproductrice ; c) une femelle stérile.
14. *Bateau en mer, dans lequel se trouvent 3 chasseurs armés.* Ces chasseurs sont : a) en règle ; b) en règle s'ils sont à plus de 300 m des côtes ; c) ne sont pas en règle.
15. Dans le tir d'une balle de carabine à canon rayé, la limite dangereuse est de l'ordre de : a) 500 m ; b) 1.000 m ; c) plus de 1.500 m.
16. En tirant dans un canon chambré à 65 mm une cartouche de 70 mm : a) je crée un danger ; b) j'allonge la portée ; c) j'accrois le diamètre de la gerbe.
17. *Faisan s'envolant à hauteur d'homme devant une haie :* a) je tire ; b) je ne tire pas.
18. *Chasseur regardant dans le canon de son fusil.* Je fais ce geste après une chute car, avec un canon bouché : a) le coup suivant est dévié ; b) la portée est diminuée ; c) il y a risque d'explosion.
19. *Chasseur montant en voiture.* En voiture, je garde mon fusil : a) posé à plat sous le siège ; b) déverrouillé ; c) démonté ou en étui.
20. Des plombs n° 4 : a) ont un diamètre de 4 mm environ ; b) sont disposés en 4 couches dans une cartouche de calibre 12 ; c) ne sont pas définis par les réponses précédentes.
21. *Sanglier en livrée.* Cet animal peut être âgé de : a) 3 à 6 mois ; b) 8 à 12 mois ; c) plus d'un an.

épreuve n° 4

1	A	B	C
2	A	B	C
3	A	B	C
4	A	B	C
5	A	B	C
6	A	B	C
7	A	B	C
8	A	B	C
9	A	B	C
10	A	B	C
11	A	B	C
12	A	B	C
13	A	B	C
14	A	B	C
15	A	B	C
16	A	B	C
17	A	B	C
18	A	B	C
19	A	B	C
20	A	B	C
21	A	B	C

ÉPREUVE 4

1. *Bande de sangliers.* En année moyenne, le chasseur peut prélever, dans cette espèce : a) 30 % ; b) 50 % ; c) 80 % d'un cheptel.
2. *Plume de perdrix grise* présentant une seule raie claire. Cette plume est celle : a) d'une poule de l'année ; b) d'une poule âgée ; c) d'un coq.
3. *Une cane colvert sur son nid.* Cet oiseau couve généralement en France : a) en septembre ; b) en novembre ; c) en mars.
4. Un G.I.C. est : a) un type d'association communale ; b) une forme de plan de chasse ; c) une association de territoires en vue d'une gestion commune.
5. *Une buse.* Cet oiseau est : a) en général classé « nuisible » ; b) protégé partout ; c) protégé seulement en montagne.
6. *Empreinte d'un animal avec des rides bien marquées entre le talon et les « ergots », ceux-ci importants.* Il s'agit de l'empreinte de : a) un chevreuil ; b) un vieux cerf ; c) un vieux sanglier.
7. *Chevreuil avec une tache fessière en forme de cœur.* Cet animal est : a) un mâle ; b) une femelle.
8. *Chasseur tirant un lièvre dans la neige.* Nous sommes début décembre : a) j'ai le droit ; b) je n'ai pas le droit.
9. Une A.C.C.A. doit mettre en réserve au moins : a) 10 % de son territoire ; b) 20 % ; c) 25 %.
10. Le lieutenant de Louveterie : a) est le conseiller obligatoire du préfet pour les problèmes de chasse ; b) organise les battues administratives ; c) régit la chasse dans les forêts de l'État.
11. Dans le plan de chasse, en règle générale, le bracelet doit être fixé : a) aussitôt après la capture, sur place ; b) au plus tard, à la sortie de la forêt ; c) au plus tard, au retour au village.
12. Pour retarder l'ouverture chez elle, une A.C.C.A. a besoin de l'accord : a) du préfet ; b) de la Fédération ; c) elle peut la retarder de sa propre autorité.
13. Les dégâts commis aux cultures par les espèces sanglier, cerf, daim, chevreuil sont indemnisés par : a) le propriétaire de la forêt ; b) le détenteur du droit de chasse ; c) l'ensemble des chasseurs.
14. Le V.H.D. est : a) une maladie du lapin et du lièvre ; b) un accessoire de tir interdit à la chasse ; c) un appareil de liaison radio interdit en battue.
15. De trois fusils de calibres : a) 12 ; b) 16 ; c) 20, quel est celui qui utilise les plus grosses cartouches ?
16. De trois cartouches de plombs : a) n° 2 ; b) n° 4 ; c) n° 8, quelle est celle qui a la plus longue portée ?
17. *Chien, tenu en laisse par son maître, suivant une piste.* La recherche au sang doit se pratiquer : a) dans l'heure qui suit le tir ; b) plutôt le lendemain ; c) au moins deux jours plus tard.
18. Une balle de fusil a une portée maximum normale de (environ) : a) 800 m ; b) 1.200 m ; c) 2.000 m.
19. Les ricochets sont particulièrement à craindre sur : a) l'eau ; b) le sable ; c) la terre labourée.
20. *Chasseurs en bateau.* Je chasse avec un ami. Nous nous tenons : a) tous deux à l'avant ; b) tous deux à l'arrière ; c) dos à dos.
21. Lorsqu'on veut accroître une population de sangliers, mieux vaut exercer les prélèvements sur : a) les sujets de moins de 50 kilos environ ; b) les solitaires ; c) les sujets de 80 kilos et plus.

CHIENS DE CHASSE

épagneul breton (chien d'arrêt)

labrador gold (retriever)

setter anglais à l'arrêt

pointer (chien d'arrêt)

labrador noir (retriever)

l'heure du field-trial

CHIENS DE CHASSE

fauves de bretagne (chiens courants)

petite meute de courants à base de beagles

fox-terrier et un déterreur : félicitations mutuelles

cocker spaniel (lanceur)

rouge de Bavière en recherche au sang

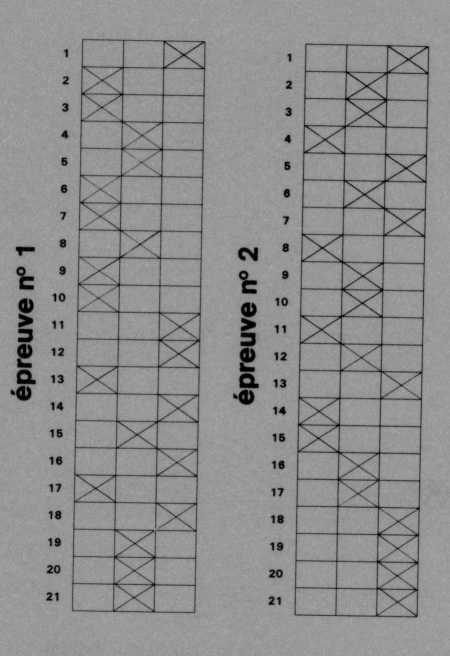

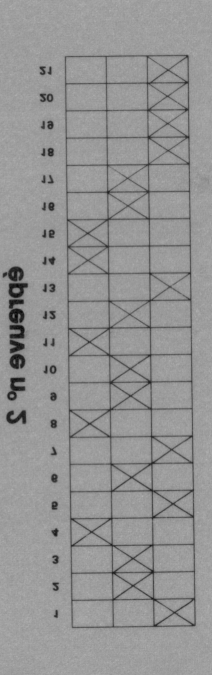

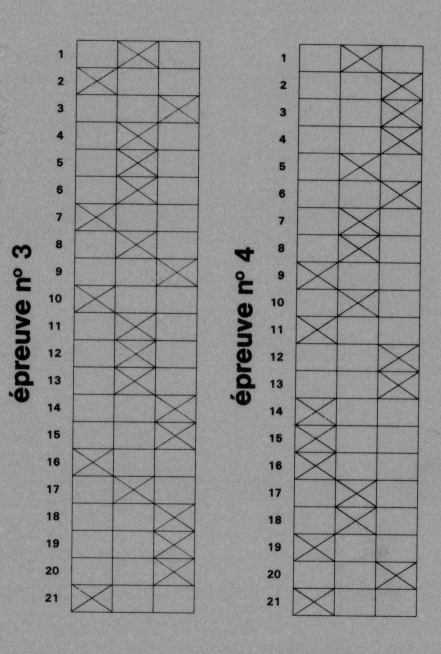

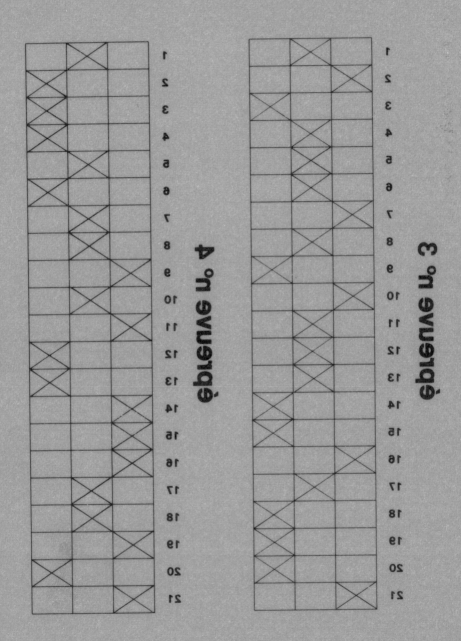